朝倉 実践心理学講座 1 海保博之 監修

意思決定と経済の心理学

坂上貴之 [編]

朝倉書店

シリーズ監修

海保博之	東京成徳大学・教授，筑波大学名誉教授

編　集

坂上貴之	慶應義塾大学文学部・教授

執筆者（五十音順）

井垣竹晴	東京女学館大学国際教養学部・准教授
伊藤正人	大阪市立大学大学院文学研究科・教授
川越敏司	公立はこだて未来大学システム情報科学部・准教授
坂上貴之	慶應義塾大学文学部・教授
佐伯大輔	大阪市立大学大学院文学研究科・准教授
嶋崎恒雄	関西学院大学文学部・教授
高橋雅治	旭川医科大学医学部・教授
恒松　伸	立命館大学文学部・非常勤講師
広田すみれ	東京都市大学環境情報学部・准教授
増田真也	慶應義塾大学看護医療学部・准教授
森久美子	関西学院大学社会学部・教授
山岸侯彦	東京工業大学大学院社会理工学研究科・准教授

はじめに

　私たちの一生は，「魅力あるもの」を「選ぶこと」でできあがっている．こう簡単にいってはみたが，はて「魅力あるもの」を「選ぶ」のは，ある意味であたりまえではないか．選んだこと自体は，それに魅力があったからではないだろうか．だとすれば魅力あるものは選ばれたものをいい，選ばれたものは魅力あるものと名前がついているだけではないだろうか．
　それではそもそも，「魅力がある」とは「選ばれる」ということと同義なのだろうか．生き物を惹きつけるもの，これを少し古い心理学では誘因とかインセンティブとよんできた．「誘因が高い」とは，いいかえれば「魅力が大きい」ことをいう．これに対して，生き物の中にある，この誘因に対応するものを動因とかドライブとよんでいた．なぜこの2つを区別するのだろうか．どんなに魅力ある食べ物でも，同じものをたくさん食べた後では選ばれない．魅力がなくなったので選択されないということはいえても，魅力がなぜ減っていくか，選択がなぜなされなくなるのかが，魅力＝選択という考え方だけでは説明できないからである．誘因と組みになる生き物の中にあるものを動因と考え，誘因をもつものの消費によって動因が低下したことが，それが選ばれなくなった原因だとすればうまく説明できるのではないか，と考えたのである．
　誘因を制御するには，そのもののいろいろな特性を変化させればよい．たとえば，食べ物であれば，味や外観をレベルを高いものにすればよい．動因を制御するには，食べ物ならば，それに接近をさせないように生き物と食べ物との間を遮断しておけばよい．こうして誘因は外的な何か，動因は内的な何か，と心理学では考えて，この2つを使って，「魅力あるもの」を「選ぶこと」を語ってきた．もう一度まとめれば，魅力を表すものを誘因，選ぶという行為を生み出すものを動因と結び付けて説明しようとしたのである．
　外的な何かと内的な何かを結びつけながら魅力があるものを選択することを説明するのは，何も心理学に限ったことではない．経済学では，魅力あるものは選好の内的な表現である効用と結び付けられる一方，実際の選択はさまざまな外的な制約を受けていると考える．この2つが釣り合う場所，つまり効用と制約の折

り合いのついた場所が，魅力あるものと貨幣とが交換されるところであり，ここで魅力あるものが選択されたということになる．効用は他の代替品の存在や，これまでの消費量によって変化するだろう．一方制約は，たとえば自分の所得が高くなったり，品物の値段が安くなれば緩むであろう．

こう見てくると心理学も経済学も，何が魅力を形成するのか，あるいは何が選択を決定しているのかを探求しようとする学問領域であることがよくわかる．つまり心理学も経済学も誘因の科学であり，選択の科学であるといえる．しかし，その関心が共通しているからといって，両者の知識がすぐにおたがいに利用可能になるわけではない．両者は方法論においても，表面的な対象にしても，背後にある思想にしても，大きくかけ離れているからである．

本書は，最近の「行動経済学」にみる心理学と経済学の交流を意識しつつ，心理学の側からこの誘因（本書では誘因に代わり現代的な用法である「強化効果」という言葉がそれに当たる）と選択（本書では「意思決定」という言葉で心理学のさまざまな関心をまとめようとした）の問題を取り扱おうと考えた．その交流のためのキーワードは，序章で述べるように，「実験」である．「行動経済学」は，その領域や目指しているものについて，心理学の中でも，心理学と経済学との間でも，さまざまな解釈がなされてきた学問領域ではあるが，心理学と経済学のここ50年ほどの新しい実験がもたらした成果の上に，着実に築き上げられてきた実験科学であるといえる．そして，その実験の対象は，まぎれもなく「魅力あるもの」や「選ぶこと」に向けられてきた．本書はシリーズの一環として編まれたものではあるが，上で述べたような，いわば境界領域の研究の理解のために，心理学を専門としていない人々を念頭に書かれたものである．とくに応用という側面から，この領域の研究をどう異なる分野の人々に利用していただけるかを考え，方法論・具体的手続き・測定指標といった部分に力を入れた．社会科学的なフィールドで実験を行うことは，倫理的な問題を含め，大変な困難をともなう．しかし，実験で得られた知の価値は，観察で得られたそれをはるかに凌ぐものがあることは，この領域で仕事をしてきた一人として，痛感するものである．

本書が読者にとっての「社会科学的」問題を解決する糸口や，新しい発想のきっかけを与えることができたら幸せである．

2009年10月

坂上貴之

目　次

序章　コンビニのある物語によせて……………………〔坂上貴之〕1
1. 価値を測る ……………………………………………………… 1
2. 行動分析学と行動経済学 ……………………………………… 2
3. 不確実性を測る ………………………………………………… 4
4. 大きな枠組から考える ………………………………………… 6
5. 心理学と経済学との出会い …………………………………… 7

第Ⅰ部　価値を測る

第1章　マッチング関数を使う ………………………〔伊藤正人〕9
1. 日常生活の中の選択 …………………………………………… 10
2. 好ましさの表し方 ……………………………………………… 11
3. マッチング法則 ………………………………………………… 13
　　コラム1　バイアスパラメータ b を用いた選好の尺度化 ……… 18
　　コラム2　ヒトや動物はなぜ群れるのか ……………………… 25
4. 逆マッチング …………………………………………………… 26
5. 効用関数としてのマッチング関数 …………………………… 27

第2章　需要関数を使う ………………………………〔恒松　伸〕30
1. 私たちの消費行動に与える価格の影響 ……………………… 30
2. 実験的行動分析における行動経済学と本章の目的 ………… 31
3. 行動経済学の基本的な概念と個体の消費行動の分析 ……… 33
4. 個体の消費行動に影響を与える経済学的要因 ……………… 36
　　コラム3　個体内比較法を用いた行動実験のスタイル ……… 38
5. 需要関数と反応支出関数による消費行動の数量的分析と2つの行動指標
　 …………………………………………………………………… 40
6. 相対的強化子効力に対する行動経済学的アセスメント …… 42

7. 強化子の価値の尺度化に対する期待 ································· 47
　　　　コラム4　行動経済学の応用行動分析への適用例 ················· 48

第3章　遅延割引関数を使う ································· 53
　　1. 遅延割引の基礎的事実 ···························〔佐伯大輔〕53
　　　　コラム5　経済・経営場面における遅延割引 ················· 60
　　2. 遅延割引の応用 ·····························〔高橋雅治〕62

第4章　変化抵抗を使う ···················〔井垣竹晴〕69
　　1. 変化抵抗についての一般的知見 ································· 70
　　2. 変化抵抗研究の応用 ······································· 75
　　3. 価値を示す他の行動指標との関係 ································· 79
　　4. 価値指標研究の意義と今後の展望 ································· 83
　　　　コラム6　行動モメンタム概念のスポーツへの適用 ················· 85

第Ⅱ部　不確実性を測る

第5章　随伴性を測る ···················〔嶋崎恒雄〕89
　　1. 随伴性とは ··· 89
　　2. 随伴性の指標 ··· 92
　　3. 随伴性に対する敏感さ ··· 92
　　4. 人間を対象とした随伴性の判断実験 ··························· 94
　　5. 判断の方略 ··· 97
　　6. 随伴性と因果性 ·· 101
　　7. 随伴性学習研究の今後 ··· 102

第6章　リスク性を測る ···················〔広田すみれ〕104
　　1. リスク性と不確実性 ··· 104
　　2. キャリブレーションにおける主観確率の導出の方法 ·················· 110
　　3. キャリブレーションカーブと「自信過剰」 ························· 112
　　4. 自信過剰への影響要因 ··· 115
　　5. キャリブレーションにおける文化差 ··························· 119

目次　v

第7章　曖昧性を測る──2次確率から見る──　〔増田真也〕125
1. エルスバーグのパラドクス　125
2. 曖昧性忌避に関する研究と経済現象　127
3. 2次確率分布による曖昧性の把握と選好　129
4. 有能感からの説明　135

第8章　インセンティブ両立的な手段で測る　〔川越敏司〕140
1. はじめに　140
2. インセンティブ両立的メカニズム　141
3. BDMメカニズム　144
4. BDMメカニズムの実験　146
5. 被験者の選好の特定化をめぐる諸問題　151
　　コラム7　オークション　152

第Ⅲ部　不確実状況の意思決定を考える

第9章　行動的意思決定理論から考える　〔山岸侯彦〕156
1. 意思決定研究の分類　156
2. 規範的意思決定理論　157
3. 人間の決定と規範的決定理論の齟齬　158
4. 記述的決定理論　160
5. 確率判断の非合理性　162
6. 処方的アプローチ　164
7. より近年の動向　165
8. 将来の展望：フォン・ノイマンの彼方へ　166

第10章　行動的ゲーム理論から考える　〔森久美子〕169
1. 他者という不確実性　169
2. よく用いられるゲーム，よくみられる現象　170
3. 他者を考慮する心　178
　　コラム8　神経経済学　184

第 11 章　意思決定以前の選択から考える …………………〔坂上貴之〕189
  1. 同一物間選択 ………………………………………………………… 189
  2. 反応バイアス：選ばれやすい内容の選択肢 ………………………… 193
  3. 多肢選択肢問題での選択と正答が置かれた位置 …………………… 195
  4. 異質選択肢がある多肢選択肢問題 …………………………………… 198
  5. 選択からの逃避：「五分五分」回答 ………………………………… 203
  6. 原始的な選択原理からの出発 ………………………………………… 206

索　　引 ………………………………………………………………… 209

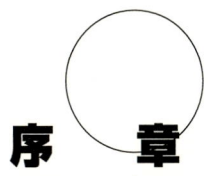

序章
コンビニのある物語によせて

坂上貴之

あるコンビニエンスストアでは，レジを打つときに性別と大体の年齢を打ち込むことで，「どの時間帯に，どのような顧客が，どのような商品を購入するか」をPOSデータ（商品の認識番号を読み取る装置とレジとを連動させて金銭処理をするシステム）から解析している．最近では，EdyやSuicaといった電子マネーを利用するお客が多くなったために，より多くの顧客特性を，商品購入と結びつけることができるようになってきた．どのような商品をどの時間帯にどの程度用意すればよいのかがわかることは，売上高を大きくするだけでなく，適正な在庫を用意することもでき，そのうえ，時をおかずに顧客の好みを知ることで，お店としての魅力を増すことができる．また，商品特性を見ることで，定番商品と新商品の割合を考えたり，商品の位置と結びつけてディスプレイの効果や棚のレイアウトを工夫することもできる．

研究者から見ると，このようなコンビニは，数量として購買行動をとらえることができる，購買の現場における実験箱のようなものである．日々このような大量のデータを取り扱い，それを分析し，新商品の導入などの新しい条件の下で予測をすることでは，購買の現場であっても，研究の現場であっても，そう大きく異なる点はない．研究の現場では，企業の発展や利益の増大を目指すということはないけれど，おそらくは少し異なるタイプの競争の下で，新しい知識の集積や展開が期待されている．本書で取り扱いたいのは，研究の現場で進んでいる，判断・意思決定・選択といった行動の研究の一部である．

1. 価値を測る

合理的な意思決定ができるのは，何も人間に限ったことではない．近くにある2つのコンビニのうち，一方では飲み物の新商品が平均して10日で1つ，もう

一方では15日で1つ開発され，いずれも，ある飲み物フリークの人にとって，はずれのない商品であったならば，この人は毎日1回行くコンビニの選択を，1ヵ月平均では18日と12日（3：2）の割合で振り分けるだろう．実験室のハトも餌の与えられ方に応じて，このような選択の割合を見せることがわかっている（第1章）．

　コンビニにはいわゆる生活必需品から，贅沢品まで，数千種にわたるさまざまな商品が置かれている．もしその価格が上昇した場合，どんな商品の購買が影響を受けるのだろうか．経済学，とりわけ消費者の購買行動の分析を手がけてきたミクロ経済学の研究から，お米やパンのような日々必要となる商品に比べると，お菓子や映画のチケットなどの購買量が，大きく下降することが知られている．このような価格の上昇を，餌を得るために必要な労働の増加でおきかえてやると，動物でも同じような購買行動の違いを見つけることができる（第2章）．

　ダイエットは，心理学ではセルフ・コントロール（自己制御）とよばれる研究領域で取り扱われる話題である．小腹のすいたあなたにとって，今すぐに手に入れられる乳脂肪たっぷりのアイスクリームと，6ヵ月先の検診でのメタボ解消とでは，あまりに前者の魅力が大きいのではないだろうか．ある選択とその選択の結果までの遅延が，ここでは大きな鍵を握っている．ヒトも含めたさまざまな研究から，自分に得にならない結果を選んでしまうという，一見非合理的な行動がさまざまな種類の動物で見られるだけでなく，その程度が条件によっていろいろと変わることもわかってきた（第3章）．コンビニの便利さは，そういう意味ではセルフ・コントロールをさせない仕組みをもっているともいえる．

　コンビニのアルバイトの店員さんの笑顔に魅かれているあなた．アルバイト期間がおわってその店員さんがもう現われなくなっても，きっとあなたは，「今日はいるのではないか」と，そのコンビニを訪れるのではないだろうか．訪れる頻度や長さは，きっとその店員さんのアルバイト期間にも，笑顔のすばらしさにも，あるいは勤務のシフトの特性にも依存しているに違いない．同じことが動物の実験でも確かめられており，逆にそこでの研究結果が，人間の教育・訓練場面にも応用されている（第4章）．

2. 行動分析学と行動経済学

　ここまでに紹介した本書の第Ⅰ部を構成する4つの章と次の第5章は，学習心

理学，とくに行動分析学とよばれる心理学の一領域の仕事である．この学は，ヒトも含めた動物個体の，行動の予測と制御にかかわりのある環境要因を見出すことを目指している．とくに，第2章や第3章で紹介された内容は，「行動経済学」と名づけられ，1970年代中盤から発展してきた分野である．そこでは，行動分析学で実験的に分析されてきた行動を，ミクロ経済学の考え方を利用してとらえなおしたり，理論化したりすることがなされてきた．需要関数とか弾力性といった用語は，経済学由来のものであるが，環境や行動の性質を分析する道具として，こうした用語の概念に新しい意味を付与したところに，この「行動経済学」の果たした重要な役割があった．

しかし現代では，「行動」という接頭語は，対象行動の「記述的」研究に対して冠される単語ともなっている．したがって行動経済学という用語も，経済的諸行動の記述的研究という意味で使われることが多い．その背景には，それまで経済学を支えてきた期待効用理論を中核とする規範的解釈では説明がつかない現象を指摘する声が大きくなってきたこと，こうした規範から逸脱する経済的行動をも包括しうるような新しい実験的記述的な研究が求められていること，がある．

ではなぜ，経済学の研究者がこうした性格をもつ行動経済学に注目するようになったのだろうか．その最大の原因の1つは，プロスペクト理論（くわしくは第9章）を作ったトヴェルスキー（Tversky, A.）とカーネマン（Kahneman, D.）の研究と，後のカーネマンのノーベル経済学賞（2002年）の受賞にある．心理学と経済学の交差点の1つにあたる，判断・意思決定・選択といった行動の記述的研究には，最近ではとくに行動的意思決定という名称がつけられることが多くなったが，行動的意思決定研究の1つのランドマークが，この理論であるといってよい．

もうひとつの原因は，カーネマンと同時に受賞した経済学者スミス（Smith, V. L.）による実験経済学の展開と基礎づけである．本書では，実験経済学についてほとんどふれてはいないが，第8章ではこの実験経済学の1つの重要な方法論がその専門家によって紹介される．ここで述べられる方法は，新しいタイプの手続きとして，実験経済学・行動経済学にとどまらず，最近では実験心理学の領域でも採用されるようになってきた．こうして，判断・意思決定・選択といった行動の実験的記述的研究が，いまや多くの関連領域の研究者に注目されており，本書のタイトルである「意思決定と経済の心理学」も，このような経緯を踏まえてつけられたものである．

3. 不確実性を測る

　さて第Ⅱ部以降は，おもにこの行動的意思決定研究に携わる，認知心理学，社会心理学を専攻とする研究者に登場していただく．すでに見てきたように行動分析学で発展している「行動経済学」や選択行動の研究だけでは，「意思決定と経済の心理学」で表現したい領域すべてをカバーすることはできないからである．引き続き，コンビニのある物語を続けてみよう．

　環境の事象どうしの間で，あるいは行動と環境の事象の間で，時間的に一方がもう一方の後に続いてきたり，ある割合で一緒に現われたりすることがある．たとえばコンビニの中では，その系列会社独自の製品を開発して販売しているものがある．そのコンビニで買い物した商品に，別のスーパーマーケットで購入した商品と同じマークを発見したりすると，はじめのうちはそれとはっきり意識されないが，何度か重なることで，「ああ，ここは同じ系列なんだな」ということがわかってくる．

　ここで重要なのは，コンビニでの購入品に必ず同じマークがついているというわけではないことである．こうした関係は随伴関係とよばれているが，私たちは意識するしないにかかわらず，この関係の中でさまざまな結びつきを学習している（第5章）．店舗や商品についての印象や好み（選好）の形成も，こうした随伴関係が大きな力をもっていると考えられる．

　もし，ある商品になんらかの望ましくない特性が認められた場合，それを製造する，または販売する企業は，その商品を回収するだろう．とくに，その望ましくない特性が，人体に直接の被害をもたらすものである場合には，新聞やテレビをはじめとするメディアが大きくそれを取り上げる．私たちは，仮にそのような被害に遭う可能性がめったにない場合でさえも，その商品や類似の商品を購買することを避けるのであるが，この被害にあう可能性と，避けるという行動とを関連づけてくれるのがリスクの測定である（第6章）．私たちの生活場面のいたるところにあるリスク（不確実性）を測ることができれば，被害のような避けたいものだけでなく，土地や株による将来の利益のようなものについてまでも，その判断の支えを得ることができよう．

　私たちには新しい商品を好む傾向がある一方で，それを嫌う傾向もある．新しいものとは，いいかえればその商品についての知識がないことも意味しており，

そのことが「嫌い」に結びつくことがあるからである．曖昧性忌避という現象は，不確実なものでありながらその確率がよく知られているリスク性に比べて，いろいろな確率でその事象が起こりうるような曖昧性をより避ける傾向をいう（第7章）．

「アタリとハズレが50本ずつ入った」くじ引きを引くことと，「100本くじはあるがアタリとハズレのそれぞれの数はわからない」くじ引きを引くこととを想像してみてほしい．前者のくじ引きがひけるコンビニのほうに，より人気が集まると予想されるが，それはこの曖昧性忌避の1つである．

第I部が「使う」ということがテーマであったのに対して，この第II部は「測る」ということがテーマである．その最後を飾るトピックが，インセンティブ中立という概念である（第8章）．心理学では，たとえば「確率50%で10000円が当たるくじ」は，100%で当たる何円のくじに相当するのかという主観的等価点（経済学ではこの値を確実性等価とよぶ）を求めるのに次のような極限法を使う．

はじめ「100%で当たる1000円のくじ」を提示し，50%で10000円のくじとの選択を見る．おそらく後者が好まれるであろう．その選択のあと，100%で当たるくじの賞金額を，決められた大きさに上げて（たとえば1000円上げて2000円）再び選択を調べる．こうして徐々に100%当たるくじの値を上げていき，初めてこのくじへと選択が変化した金額を記録する．今度は逆に，「100%で当たる10000円」からはじめて，この金額を減らし，「50%で10000円のくじ」へと選択が変化するところを記録して，2つの平均をとる．

しかし，金銭（ここでいうインセンティブ）が実際に与えられるような場面でこの極限法を使うと，ヒトの場合だと正しく自分の主観的等価点を報告しないで，実験で得る金額が多くなるような方略を使ってしまうことがある．インセンティブ中立性を考慮に入れた方法とは，このような方略に対抗する手続き（もしくは制度）の1つであるといってよい．

コンビニ各社は，顧客に魅力ある商品を提供しようと常に商品開発を怠らない．たまたまある商品が複数の企業の目に留まったとしよう．無論，各社はできるだけ安いお金で仕入れようとするし，その商品の製造元は高く売ろうとする．上で述べた方略が発揮される事態がここに生まれているのだが，このときに導入される制度，たとえば封印入札（複数の買い手が買値を書いたものを相手にわからないように投票し，最も高い買値の買い手がその商品を手に入れられる手続き）が，ここで述べられる方法と深く関連している．

4. 大きな枠組から考える

　第Ⅲ部では，大きな枠組みについて考えるための材料を用意した．まず行動的意思決定理論の代表格として，先述したプロスペクト理論とそれに至るさまざまな規範的経済理論からの逸脱現象（アノマリー）を紹介する（第9章）．そこではさまざまな判断についてのヒューリスティクスについてふれている．これは完璧な解法を求めることが困難な不確実な状況下で人間がとる手軽で便利な，しかし，不完全なもしくは誤った解決法を意味している．

　コンビニのクリスマスセールの1つとして，「店員さんとじゃんけんして，買ったら商品をもらえる」というギフトがあったとしよう．その店員さんが4回負けたあとと，4回勝ったあととでは，後者のほうでその店員さんに挑戦したくはないだろうか？

　街にある各社のコンビニがまったく同じ店舗であったならば，さぞかし味気のないものだろう．コンビニがそれぞれの特徴を出しながら，顧客の異なる購買の側面に訴える工夫をしているからこそ，私たちはさまざまなコンビニに行ってみるのである．その意味では，各コンビニは顧客の選択や購買をめぐってある種のゲームをしているといえる．ディスプレイ，ディスカウント，ポイント，各種サービスなど，それぞれは損失もあれば利益もある．どの手を採ることでどのような結果を得ることができ，相手を凌ぎつつ，その街で安定した営業ができるのか，こんな分析にかかわるのが行動的ゲーム理論である（第10章）．この例からもすぐわかるように，第8章で述べられる制度や手続きの問題は，ここでのゲーム理論と深い関係がある．

　最後に，たとえば街にある複数のコンビニがまったく同じ店舗であるような，上で述べたようなまったく味気ないと考えられる選択をあえて取り上げよう（第11章）．しかしこんな場合にも，選択行動はちょっと複雑なのである．あるコンビニに，購入が1個に制限された，まったく同じ新製品が，棚に5段4列に並んでいるとしよう．店員さんが補充しなければならないのは，おそらく上から2段目と3段目，しかも真ん中の2列分だけになるはずである．ただし購入が2個以上できるときには，だいぶ状況は変わるはずであるが．

5. 心理学と経済学との出会い

かなり無理やりコンビニのある物語を綴ってきたが,「コンビニが心理学と経済学との出会いの場である」という編者の主張は,ちょっとは通じたであろうか.実は心理学も経済学も,それぞれ独立に判断・意思決定・選択にかかわる領域と,(餌や金銭といった)インセンティブにかかわる領域を取り扱ってきた.それがここ数十年の間に,たがいの領域でなされている仕事に積極的に興味をもち,またともに共同研究をすることで,新しい共同領域を形成してきたのである.その一方で,わが国ではこうした共同領域がなかなか育ってこなかった.それはこの種の著書や学会での活動が少ないことからもよくわかる.しかしこうした情勢の中で,2007年からはじまった「実験社会科学―実験が切り開く21世紀の社会科学―」(文部科学省特定領域研究,代表・西條辰義大阪大学教授)は,心理学者と経済学を含む他の社会科学者との交流の場を提供する点で注目することができるであろう.

この研究の目的は,「異なる領域に属する社会科学者が『実験』を共通言語として協働し,より高い説明能力と政策提言能力を有する社会科学を構築すること」となっており,心理学からも社会心理学を中心に多くの実験的研究にかかわってきた研究者が参加している.この共同研究の大きな意義は,「実験」を共通言語にする点であり,それは本書にも貫かれている基本的姿勢ともいえる.

系統だった操作と観察をすること,これが実験の最も基本的な出発点であるとすれば,私たちがしなければならない第1のことは,操作対象の変化の次元を定義し,その変化がもたらす観察対象の変容の次元を定義することであろう.そして第2に,この2つの間に想定した関係を,考案された手続きを通して実現したり再現したりできるかを,検討することである.各章の担当をされた方々もまた,こうした実験をご自身で何年間も積み重ねてきた.

言葉では難解に聞こえる「実験」は,大学や研究所にいる研究者の独占物ではない.「実験」は,私たちが現実の場面で行っている営みの1つにすぎないのである.コンビニの店内の明るさと集客量の関係も,新製品の価格と購買量の関係も,それぞれ操作と観察の次元が定義され,きちんと測定されることで,私たちの重要なデータの1つとなっていく.

たとえば,コンビニの店内の明るさと同時に,棚のディスプレイの方法も一緒

に変えてしまえば，仮に集客量が変わっても何が原因であるのかを決定することはできない．あるいは集客量を以前と異なる方法で測ったならば，誰もそこで得られた結果が比較可能なものだとは考えないだろう．つまり，系統だった操作と観察をすること，すなわち「実験」することで得られた関係は，他者とも共有できる関係であり，未来について検討できる関係なのである．本書を通じて，こうした「実験」のもつロジックの楽しさにも，ふれていただければ編者としてこれほどうれしいことはない．

●さらに学習したい人のための読書案内

「第Ⅰ部 価値を測る」で使われている行動分析学の基本的な考え方を知りたいのであれば，1) が比較的よくまとまっている．また，実験的な事実と理論について，さらに詳しく知りたいのであれば，海外の多くの大学で学習や行動関係の標準的な教科書として採用されている 2) がよいと思う．個別的で専門的な内容については，3)，4) を薦める．

「第Ⅱ部 不確実性を測る」の中で第5章はヒトの随伴性についての問題を取り扱っている．5) は行動研究にとってもう1つの大切なタイプの条件づけ研究の最近の知見をまとめた数少ないものである．第6章ならびに7章，そして「第Ⅲ部 不確実な状況での意思決定を考える」の第9章ならびに第10章については，編者も参加している 6) をあげることができる．手前味噌で恐縮ではあるが，この本は判断・意思決定・選択の問題を比較的広い範囲にわたって取り扱っている点に特徴がある．

「第Ⅱ部」第8章の著者には7，8) のような実験経済学についての本と翻訳がある．7) はこの領域の展望を与える数少ない本である．8) は経済的な実験の具体的な場面が描かれ，私たちの想像力を刺激する．

1) オドノヒュー，W. T.（著）佐久間 徹（訳）(2005)．スキナーの心理学——応用行動分析学（ABA）の誕生　二瓶社
2) メイザー，J. E.（著）磯 博行・坂上貴之・川合伸幸（訳）(2008)．メイザーの学習と行動（日本語第3版）二瓶社
3) 日本行動分析学会 (1997)．特集 選択行動研究の現在　行動分析学研究, **11**, (1-2).
4) 日本行動分析学会 (2002)．特集 行動経済学の現在　行動分析学研究, **16**, (2).
5) 今田 寛（監修）中島定彦（編）(2003)．学習心理学における古典的条件づけの理論——パヴロフから連合学習研究の最先端まで　培風館
6) 広田すみれ・増田真也・坂上貴之（編著）(2006)．心理学が描くリスクの世界——行動的意思決定入門（改訂版）慶應義塾大学出版会
7) 川越敏司 (2007)．実験経済学　東京大学出版会
8) ミラー，R. M.（著）川越敏司（監訳）・望月 衛（訳）(2006)．実験経済学入門——完璧な金融市場への挑戦　日経BP社

第I部　価値を測る

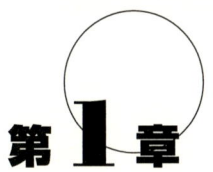

第1章

マッチング関数を使う

伊藤正人

「どのような術もどのような論究も，行為も選択もみな同じように，あるひとつの善いものをめざしていると考えられる」（アリストテレス『ニコマコス倫理学』）

オペラント条件づけ研究とマッチング法則の発見

　ハトを被験体としたオペラント条件づけ研究は，1940年代のおわり頃からはじめられたが，その技法は1950年代の初頭には確立したことが，この時期に公刊されたファースター（Ferster, C. B.）の論文「行動の分析における自由反応場面の使用」（Ferster, 1953）や，ファースターとスキナー（Skinner, B. F.）の共著「強化スケジュール」（Ferster & Skinner, 1957）からわかる．この技法は，図1.1に示すように，実験箱の前面パネルの中央に設けられた円形窓（キーという）へ

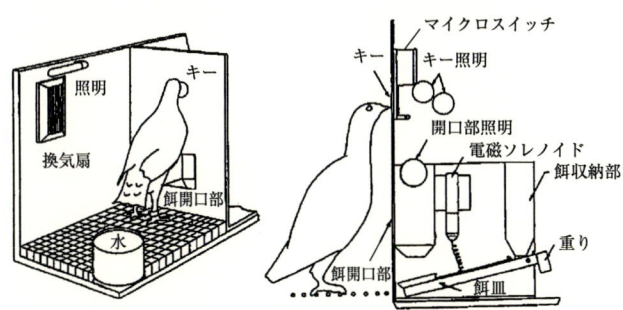

図1.1　ハトのキーつつき反応を用いたオペラント条件づけ装置の模式図
　　　　（Ferster & Skinner, 1957；一部改変）
右側は側面図である．キーつつき反応を検出するためのマイクロスイッチや刺激呈示用のランプ，穀物（強化子）呈示装置の仕組みを示す．

のつつき反応を用いる手続きであり，その後の標準的手続きとなった．

オペラント条件づけとは，「行動の結果によりそのあとの行動の起こり方が変化すること」である．図1.1に示した実験箱におけるハトのキーつつき反応を例にとると，空腹なハトが実験箱の正面パネルに設けられた円形窓（キー）を偶然つついた結果，穀物が呈示されることで，再びキーつつき反応が起こることである．キーつつき反応の結果として生じる穀物の呈示は，キーつつき反応を強める働きをもつと考えられるので強化子（reinforcer）とよばれる．このように，キーつつき反応に随伴して強化子を呈示することを強化（reinforcement）という（伊藤，2005）．

選択行動研究への契機は，この実験箱にもうひとつのキーを追加し，2つのキーを設けたことにはじまる（Herrnstein, 1961）．2つのキーのそれぞれを選択肢とした手続きにより，ハトの2つのキーへのつつき反応の配分が，2つのキーから得られる強化事象と一致するという規則的な関係，すなわちマッチング法則（matching law）が見出されたのである．

1. 日常生活の中の選択

私たちの日常生活はさまざまな選択から成り立っている．たとえば，「今日の夕食を和食にするか，中華にするか」という食事の選択から，ギャンブル，職業の選択，治療法の選択などの個人の選択や，企業の投資，政治の選択などの集団・社会の選択までさまざまである．これらの選択のうち，どちらを選んでも確実に結果が得られるものもあれば，選んだ結果が必ずしも確実には得られない場合もある．食事の選択は，どちらを選んでも確実に結果の得られる事例であるが，宝くじを買うことや，株を売り買いすることなどは，選択の結果が確実に得られるとは限らない事例である．

このような選択状況に置かれたとき，私たちはどのように選択するのであろうか．また，私たちはどのように選択したらよいのであろうか．こうした問いに答えようとする研究分野が「選択行動研究」あるいは「意思決定研究」である（広田・増田・坂上，2006）．

前者の問いは，実際に私たちが行っている選択の仕方を明らかにしようとするもので，記述的アプローチとよばれる．一方，後者の問いは，ある理論の前提に基づいて，どのように選ぶべきかを明らかにするもので，規範的アプローチとよ

ばれる．このうち，規範的アプローチは，本書第Ⅱ部，第Ⅲ部で取り上げられるので，ここでは，オペラント条件づけ研究の中から誕生した「選択行動研究」に基づく記述的アプローチを中心に取り上げることにしよう．また，結果が確実には得られない場合の選択問題は，本書第Ⅱ部「不確実性を測る」に譲り，確実に選択結果が得られる場合における選択対象の好ましさの定量的表現について考えてみたい．

選択行動研究

選択行動研究は，1960年代初頭にオペラント条件づけ研究のなかから誕生した意思決定研究の一分野である．もうひとつの意思決定研究分野である「認知的意思決定研究」については，本書第Ⅱ部でふれられるので，ここでは取り上げない（佐伯・伊藤，2001）．選択行動研究においては，後述するように，ヒトや動物の選択原理であるマッチング法則の発見を背景に，実際の選択場面における個人の選択行動に影響するさまざまな要因の探索が指向され，理論的側面では，マッチング法則の一般化やその拡張，経済学や生物学における最適化理論の影響を受けた，さまざまな選択行動の理論化に焦点があてられた．こうした研究の進展のなかから，選択行動研究は，経済学との学際的研究領域である行動経済学（behavioral economics）や，生物学との学際的研究分野である行動生態学（behavioral ecology）などを生み出すことになった．

ここでは，こうした選択行動研究の成果に基づいて，意思決定の基礎にある，選択対象の好ましさのとらえ方について考察するが，その際，行動経済学との密接な接点が明らかになろう（行動経済学的考え方の詳細については第2章参照）．

2. 好ましさの表し方

ある選択対象が私たちにとって，どれほど好ましいのか，いいかえれば，「どれほどの価値をもっているか」を調べること考えてみよう．つまり，この選択対象について私たちが感じる主観的価値（subjective value）をどのような方法で定量的に表せるかという問題である．心理学では，好ましさのことを主観的価値，経済学では効用（utility）という用語で表すが，どちらも同じ意味である．

主観的価値の測り方にはさまざまなものが考えられるが，そのひとつに，「ある鞄の主観的価値は，それを手に入れるために要するコストから測ることができ

る」とする考え方がある．つまり，より多くのコストをかけたものが，より価値のあるものといえるのである．コストとは，ある対象を手に入れるために費やした行動や時間の量である．行動経済学では，これらは，行動価格（第2章）として表現される（恒松，1999）．

選択とは，個体の側から見ると，「選択対象に対してどの程度行動を配分するか」という問題になる．ある選択対象に行動が配分されるということは，他の選択対象よりもその選択対象が個体にとって好ましいからであると考えられる．これを選好（preference）というが，ここには，当該の選択対象と他の選択対象についての好ましさの比較という過程がある．

反応数と従事時間

まず，「好ましさを何により表したらよいか」という問題を考えてみよう．選択行動研究では，行動の量を基本的な測度として扱っているが，これには，行動をなんらかの装置で測定した反応数や，ある行動に従事していた時間（従事時間）が区別できる．反応数の場合には，反応数が多いほど好ましさが強いこと，従事時間の場合には，時間が長いほど好ましさが強いことを表していると考えられる．したがって，ある選択対象の主観的価値は，「反応数の多い・少ない」，あるいは「時間の長い・短い」で表現できることになる．

しかし，選択対象に対する反応数（絶対反応数）を見るだけでは，好ましさの違いを表すには不十分であることが明らかになっている．この点について，単一の選択対象に対する反応数を継時的に測定する場合と，2つの選択対象に対する反応数を同時的に測定する場合を比べたカタニア（Catania, A. C.）の実験では，前者の方法から得られる反応数では，異なる強化量に対する絶対反応数の違い（選好）を見出せないこと，が示されている（Catania, 1963）．

選択反応比と選択反応割合

このため，選択対象への好ましさを調べるには，同時に複数の選択対象を呈示し，好ましさの比較を行わせればよい．この方法として，2つの選択肢からなる二者択一場面（binary choice）が用いられる．そこを出発点として，2つ以上の選択肢からなる多肢選択場面に拡張していくというのが，心理学に限らず，経済学や生物学でとられている一般的な研究の戦略である．

好ましさを比較する場合，それぞれの選択肢の好ましさを反応数で表すものと

し，R_1 と R_2 とすると，それらの比（ratio）の形にした選択反応比（R_1/R_2）として比較するか，あるいは，これら2つの選択肢の好ましさの合計に対する一方の選択肢の好ましさの割合（proportion）の形にした選択反応割合（$R_1/(R_1+R_2)$）として比較することが考えられる．

いずれにせよ，これらは，ある対象の好ましさを相対的に表現していることになる．前者の場合では，選択反応比が1.0のときは，どちらの選択肢も同じように好まれていること，つまり好ましさに違いがないので，無差別（indifference）であるという．選択反応比が1.0より大きければ，R_1のほうがR_2より好まれ，1.0より小さければ，逆に，R_2のほうがR_1より好まれていることを表すことになる．一方，選択反応割合の場合は，0～1.0の間で変化することになり，選択反応割合が0.5のときは，無差別であることを表している．選択反応割合が0.5～1.0のときは，R_1のほうがR_2より好まれ，選択反応割合が0.5以下のときは，逆にR_2がR_1より好まれることになる．

3. マッチング法則

ある選択対象の主観的価値（選好）を求める方法は，以下に述べるような，2つの選択肢が同時に呈示される同時選択手続きに基づく二者択一の選択場面である．ここでは，このような実験手続きを用いて，どのような結果が得られたのかを見ていくことにしよう．

同時選択手続きとマッチング法則

1960年代の初頭に，ハーンスタイン（Herrnstein, R. J.）は，ハト用の実験箱にもうひとつのキーを追加して，それぞれを選択肢とした実験手続きを考案した（Herrnstein, 1961）．図1.2に示したように，この手続きは，2つの選択肢が同時に呈示される同時選択の手続きであり，各選択肢に異なる強化スケジュールが配置されているので，並立スケジュール（concurrent schedule）とよばれる．また，選択期と結果受容期を操作的に分けた同時選択手続きを，並立連鎖スケジュール（concurrent-chains schedule）という．これらの同時選択手続きに対し，選択肢が継時的に呈示される継時選択手続きがフィンドレイ（Findley, J. D.）により考案されている．この継時選択手続きをフィンドレイ型選択（または強化スケジュール切り替えキー）手続き（Findley, 1958）という．

a. さまざまな選択手続き

　並立スケジュールあるいは並立連鎖スケジュールの選択期には，一般に，VIスケジュールが配置される．VIスケジュールとは，先の強化子呈示から次の強化子呈示が可能になるまでの時間（強化子は，反応が生起してはじめて呈示される）が固定されているのではなく，変動する手続きである．したがって，多数回の強化子呈示間隔を平均すると，たとえば，1分となる場合には，VI 1分スケジュールとよばれる．各選択肢には独立したタイマーが配置してあり，あらかじめ決められた時間間隔を満たすと，強化子が呈示されるまで（反応が生起するまで）計時を休止する．強化子呈示後，次の時間間隔の計時を開始する．通常，時間間隔は指数分布によりランダムになるように決められる．このようなVIスケジュールを選択期に用いる理由は，選択期において安定した多数回の反応を行わせるためである．いずれのスケジュールでも，選択期における反応から，選好を表現するのであるが，並立スケジュールでは，選択反応と結果受容反応が複合しており，並立連鎖スケジュールでは，純粋に選択反応のみという相違がある．並立連鎖スケジュールでは，選択反応と結果受容反応を分離できるので，より詳細な分析が可能となる．

　フィンドレイ型選択手続きでは，2つの選択肢のうちどちらか一方の選択肢が呈示される選択肢キーと，被験体が選択肢を切り替えるための切り替え反応キーからなる．被験体が切り替えた直後に，強化されると，選択肢キーと切り替え反応キーとの間で頻繁な交替が起こると考えられる．これを防ぐために，通常，切り替え反応が起きた直後には，強化しない切り替え反応後強化遅延（changeover delay：COD）が設けられる．

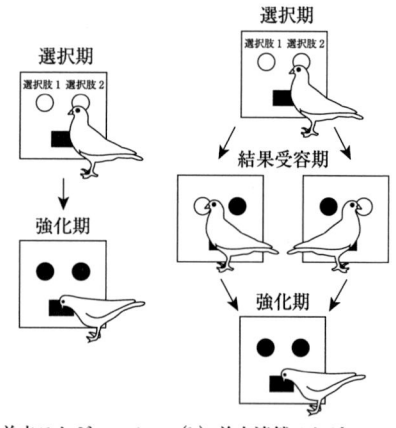

(a) 並立スケジュール　(b) 並立連鎖スケジュール

図 1.2　同時選択手続きの模式図（伊藤，2005）

3. マッチング法則

ハーンスタインは,ハトを被験体として,並立スケジュールに基づく同時選択手続きを用いて,2つの選択肢の一方では,変動間隔 (variable interval: VI) 強化スケジュール1分を用いることにより,強化率(1分当たりの強化数)を固定し,他方でVIスケジュールの値を組織的に変化させることで,強化率を変化させたところ,ハトの2つの選択肢への反応の配分は,2つの選択肢から得られる強化率に一致することを見出した.これをマッチング関係あるいはマッチング法則といい,(1.1) 式または (1.2) 式のように表すことができる.(1.1) 式と (1.2) 式は代数的に等しいので,(1.1) 式から (1.2) 式,あるいはその逆に書きかえることができる.

$$\frac{R_1}{R_1+R_2} = \frac{r_1}{r_1+r_2} \quad (1.1)$$

$$\frac{R_1}{R_2} = \frac{r_1}{r_2} \quad (1.2)$$

ただし,R は選択反応数,r は強化率(単位時間当たりの強化回数)を,数字は選択肢1と2をそれぞれ表す.

図1.3は,3個体のハトのデータを示しているが,縦軸は (1.1) 式の左辺を,横軸は右辺をそれぞれ表している.(1.1) 式の左辺のような形で表現した選択反応割合を,選択率 (choice proportion) ともいう.傾き45度の直線は,(1.1) 式を表している.これを完全マッチング (perfect matching) とよぶ.各個体のデータは,(1.1) 式の直線のまわりに密集していることがわかる.

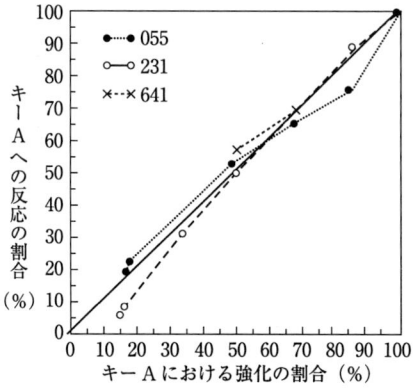

図1.3 マッチング法則の成立 (Herrnstein, 1961)
強化割合の変化に対する選択反応割合の変化.

マッチング法則の拡張

　実際のデータは，しばしばこの直線から逸脱することがある．このため，こうしたデータも扱えるように，(1.3) 式のベキ関数（power function）に基づくマッチング法則の一般化が提案された．これを一般マッチング法則（generalized matching law）という（Baum, 1974, 1979; 伊藤，1983; 髙橋，1997）．(1.3) 式のベキ関数は，両辺を対数変換することで 1 次関数（線形関数）の形にすることができる．(1.4) 式に示したように，この変換の利点は，ベキ関数の指数（a）と係数（b）を，1 次関数の傾き（a）と切片（$\log b$）として容易に求められることである．

$$\frac{R_1}{R_2} = b \left(\frac{r_1}{r_2} \right)^a \tag{1.3}$$

$$\log \left(\frac{R_1}{R_2} \right) = a \log \left(\frac{r_1}{r_2} \right) + \log b \tag{1.4}$$

ただし，b は一方の選択肢へのなんらかのバイアス，a は強化率要因に対する被験体の感度を表す．a が 1.0 のときは完全マッチング（perfect matching），a が 1.0 より大きいときは過大マッチング（overmatching），1.0 より小さいときは過小マッチング（undermatching）という．その他の記号は (1.1) 式と同じである．

　傾き a と切片 $\log b$ を推定するには，(1.4) 式をデータに当てはめて行うのであるが，そのため，これらのパラメータの推定は，常に実験実施後に行われることになる．したがって，実験の前にはこれらのパラメータの値を予測することができない点に注意が必要である（この問題の扱い方は Ito & Nakamura (1998), Ito et al. (2008) を参照）．a が 1.0，b が 1.0 のときは，(1.3) 式は，(1.2) 式になることから，(1.2) 式は (1.3) 式の特別な場合であることがわかる．この意味で，(1.3) 式を一般マッチング法則とよぶのである．

バイアスと完全マッチングからの逸脱

　二者択一の選択場面における現実のデータは，しばしば完全マッチングから逸脱することが知られている．この逸脱を詳しく見れば，バイアスと完全マッチングからの逸脱（過小マッチングあるいは過大マッチング）を区別することができる．バイアスは，2 つの選択肢のいずれかへの偏好として定義される．この偏好は，(1.3) 式の a を 1.0 とおく（$a = 1.0$）と，図 1.4 に示したように，両軸とも

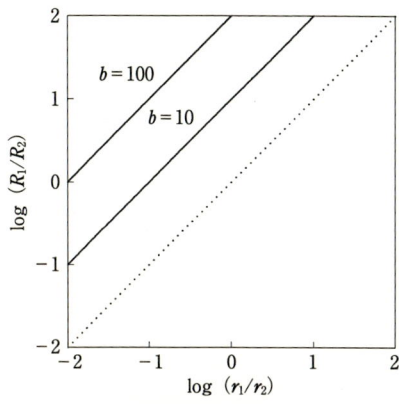

図1.4 (1.3)式の指数 a を1.0としたときのバイアスパラメータ b の変化により切片 ($\log b$) が変化する様子

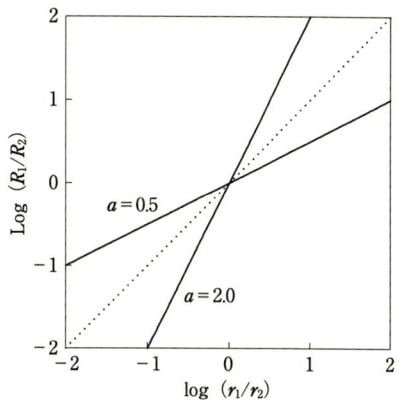

図1.5 指数パラメータ a による直線の傾きの変化

対数軸上で傾き45度の直線となる．$b>1.0$ のときは選択肢1への偏好，$b<1.0$ のときは選択肢2への偏好があることになる．$b=1.0$ のときは，いずれの選択肢にも偏好がなく，図中の点線で表される．このように，(1.3) 式は，b の値により，完全マッチングを表す点線に対して平行移動するのである．バイアスは，実験の手続き上，選択肢を左右という空間的に配置したり，識別のために各選択肢に赤や緑という色刺激を付加することから，位置偏好や色偏好として現れることが考えられる．これらは，実験の手続きの中で操作される，強化率や強化量などの独立変数とは異なる剰余変数である（伊藤，2006）．これ以外にも，質的に異なる強化子間の選択の場合にも，強化子間の相違を (1.4) 式の切片の値 ($\log b$) として表現できる (Hollard & Davison, 1971; Miller, 1976)．

一方，(1.3) 式の指数パラメータ a は，図1.5の横軸に置かれた強化率や強化量などの強化事象の比の1単位の変化に対応して，縦軸の選択反応比がどのように変化するかを表すもので，強化事象の要因に対する被験体の感度を表現するものと考えられる．これは，感覚・知覚の研究において見出された，物理的世界と心理的世界の関係を記述するべキ法則（心理物理関数）が，刺激変化（物理的世界）の大きさに対する感覚の変化（心理的世界），つまり感度を表しているのと同様である．$a<1.0$ となる過小マッチングの原因は，強化事象の相違を十分に区別できない場合や，同時選択手続きにおける2つの選択肢の独立性が低い場合，食物や水などの強化子の剥奪水準が十分ではない場合（あまり空腹でない場

合）など実験操作が不適切な場合も考えられるが，こうした場合を除けば，強化率や強化量などの要因に対する被験体の感度を表現していることになる．$a>1.0$ となるときは，刺激変化に対して敏感であることを表しているが，後述する事例を除けば，きわめてまれである．

コラム1 ●バイアスパラメータ b を用いた選好の尺度化

ミラー（Miller, 1976）は，フィンドレイ型の継時選択手続きを用い，強化率を組織的に変化させて，麻の実，小麦，そばの実の3種類の強化子を各一対ずつハトに選択させた．強化率の要因については，ほぼ完全なマッチング関係が成立し，各強化子の質的相違が，図1.6に示したように，バイアスパラメータ b により表現できることが示された．そばの実と麻の実では，b は 0.043 となり，そばの実がわずかに好まれ，小麦とそばの実では，b は 0.145 となり，小麦が好まれ，麻の実と小麦では，b は -0.150 となり，小麦が好まれていることがわかる．もうひとつ重要な点は，最初の2対の結果から，3つ目の対（麻の実と小麦）の結果が予測できることである．このことは，選択の推移性（transitivity）が成立していること，つまり選択行動に一貫性のあることを示しているのである．

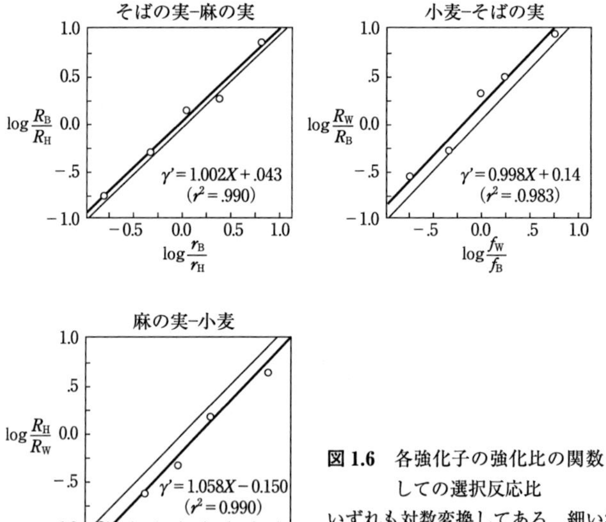

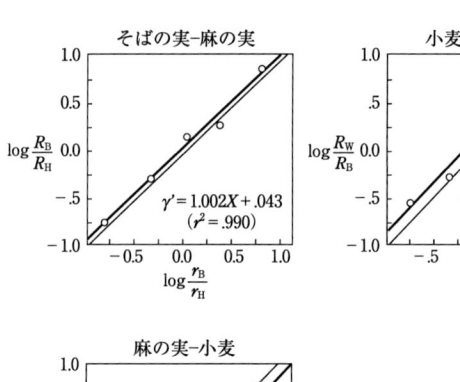

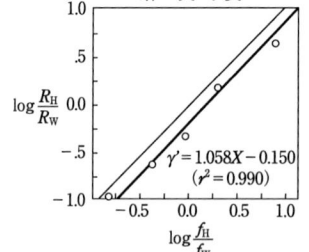

図 1.6　各強化子の強化比の関数としての選択反応比
いずれも対数変換してある．細い実線は完全なマッチングを示す．

3. マッチング法則

◯ 単一反応の記述と予測への拡張

マッチング法則は，単一反応の記述と予測（先に述べたように，厳密には事後的な当てはめである）にも拡張することができる（Herrnstein, 1974）．(1.1) 式を出発点として，ある反応を R_A，この反応以外のすべての反応を $R_{\bar{A}}$ と表し，$R_A + R_{\bar{A}} = k$ とおき，変形すると，以下の (1.5) 式が導出できる．

$$R_A = \frac{kr_A}{r_A + r_{\bar{A}}} \tag{1.5}$$

ただし，R_A はある反応の生起率，r_A はその反応の強化子数，$r_{\bar{A}}$ はその反応以外のすべての反応に従事することにより得られる強化子数，k は最大総反応数を，それぞれ表している．

(1.5) 式は，ある反応がその反応自身の強化子だけではなく，その反応以外のすべての反応の強化子の影響も受けることを示している．つまり，この反応を増加させるには，その反応の強化子を増やすか，別の反応の強化子を減らすことである．同じように，この反応を減少させるには，その反応の強化子を減少させるか，別の反応の強化子を増やすことである．このように，この等式は，反応を増加，減少させる方法を示しており，臨床場面における問題行動の抑制に適用する治療法の理論的根拠となっている（山口・伊藤，2001）．

◯ 2要因の選択場面への拡張：セルフ・コントロールと衝動性

これまでの事例は，すべて強化率や強化量など単一要因の選択を扱っていたが，強化量と遅延時間の2要因からなる選択状況，すなわち，即時に得られる小強化量と長い遅延時間後に得られる大強化量のような選択の場合にも，一般マッチング法則を拡張することができる．このような強化量と強化遅延時間の2要因からなる選択場面は，セルフ・コントロールと衝動性の問題を扱っている．長い遅延時間後の大強化量の選択はセルフ・コントロール，即時の小強化量の選択は衝動性とよばれる（Rachlin & Green, 1972）．

ここでは，ラックリンとグリーン（Rachlin & Green, 1972）の実験を例に説明していこう．彼らは，図1.7に示したように，即時に得られる2秒間の餌と4秒後に得られる4秒間の餌を選択肢とした選択場面を基本とした，2段階の選択場面を構成した．第1段階（A）の選択では，T 秒後に上記の選択場面が呈示され

るか，上記の選択肢のうち，4秒後の4秒間の餌という選択肢のみが呈示されるかを決めるものであった．後者の選択肢を選ぶことは，あらかじめ自らの選択の余地をなくすという意味で自己拘束（commitment）とよばれる．第2段階（B）は，T秒前に決定した選択場面が前者であれば，選択場面になる．逆に，後者であれば，選択の余地なく，セルフ・コントロールを示すことができることになる．

このような選択場面に直面したヒトや動物は，即時小強化量選択肢を選ぶこと（衝動性）が多いが，この理由は，遅延大強化量選択肢の主観的価値が遅延時間により減衰するからであると考えられている（伊藤，1999）．これを価値割引（discounting）というが，価値割引からの説明は，1980年代では概念的レベルにとどまっていたが，1990年代以降には価値割引に関する実証的な研究（たとえば，Rachlin et al., 1991）が進展し，実証的レベルでも可能になった（第3章）．ここでは，具体的な実験例として，グリーンら（Green et al., 1981）の実験を取り上げよう．

彼らは，ラックリンらの実験（Rachlin & Green, 1972）の問題点を改良した同じ2段階の選択手続きを用いて，追試を行っている．選択肢は，即時の短い食物呈示（2秒間）と4秒遅延後の長い食物呈示（6秒間）であり，前者の選択は衝動性，後者の選択は自己制御を表すものになる．これらの選択肢が呈示されるT秒前にあらかじめ選択を行う機会を設け，この時間（T）を2〜28秒の間で組織的に変化させ，ハトに選択させた．その結果，Tが短いときは，即時の短い食物呈示選択肢を選び，Tが長くなると，遅延後の長い食物呈示選択肢を選ぶようになることが認められた（図1.8）．この事実は，ハトはどのような場合も衝動性を示すのではなく，Tの時間とともにセルフコントロールを示すことを明らかにしている．このような選好が変化する現象は，選好逆転（preference reversal）の1つの例を示している．このような選好の逆転は，2つの選択肢の価値割引の過程が異なることから説明できる．

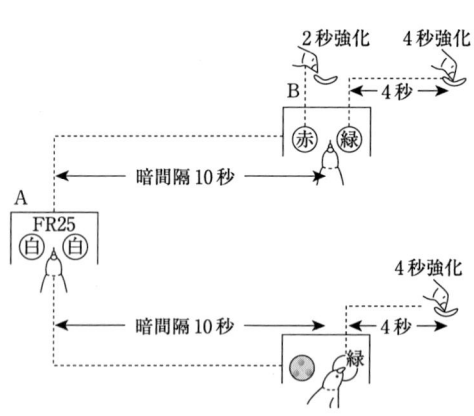

図 1.7 選択手続きの模式図（Rachlin, 1976；一部改変）
T（暗間隔）= 10秒の場合を示している．

3. マッチング法則

図 1.9 に示されているように,双曲線関数（hyperbolic function）による価値割引の過程を前提にすると,選択肢が呈示される直前の時点（T_1）では,即時の小強化量選択肢の価値が高いので,これが選ばれ,時間的に離れた時点（T_2）では,逆に遅延される大強化量選択肢の価値が高くなるので,こちらが選ばれると考えられる。こうした遅延時間による価値の割引現象は,ヒトから動物のさまざまな対象と場面で実証的に明らかにされている（Green & Myerson, 2004; 伊藤, 1999; Rachlin et al., 1991）.

このような 2 要因からなる選択場面に適用できるようにマッチング法則を拡張したものが以下の（1.6）式である．

$$\frac{R_1}{R_2} = \left(\frac{A_1}{A_2}\right)\left(\frac{\frac{1}{D_1}}{\frac{1}{D_2}}\right) = \left(\frac{A_1}{A_2}\right)\left(\frac{D_2}{D_1}\right) \quad (1.6)$$

ただし,A は強化量,D は遅延時間をそれぞれ表す．遅延時間は短いほうが好まれるので,即時性（$I = 1/D$）により表す．その他の記号は（1.3）式と同様である．

強化量と強化遅延時間の 2 要因からなる選択場面の選択も,1 要因の選択場面

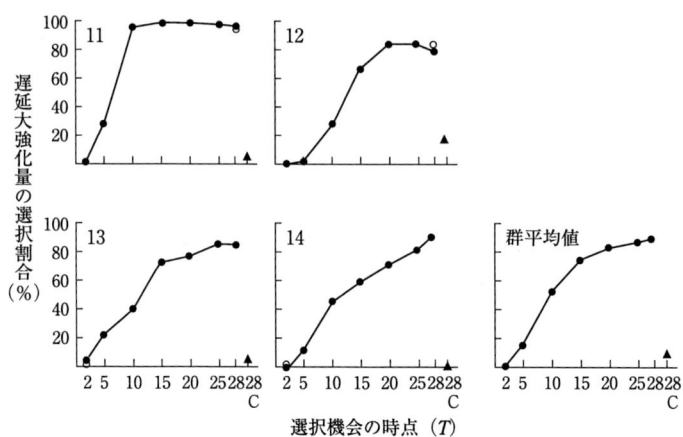

図 1.8 選択機会の時点（T）の関数としての遅延大強化量選択肢への選好の変化
   （Green et al., 1981）
4 個体のデータ（左上の数字は個体番号）と群データを示してある．

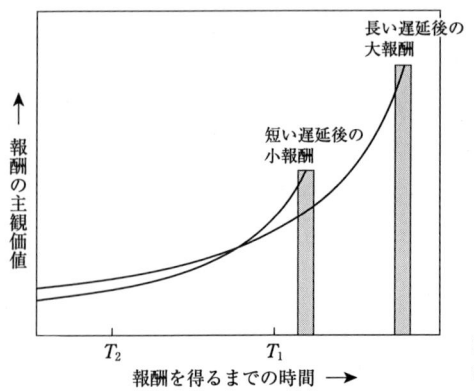

図 1.9 即時小強化量と遅延大強化量の割引過程
縦軸は主観的価値，横軸は選択を行う時点を表す．

と同様に，(1.6) 式からしばしば逸脱するので，(1.3) 式の一般マッチング法則を拡張した多変量ベキ関数（multivariate power function）を用いて記述することができる．

一般マッチング法則の適用

一般マッチング法則の適用は，実験室のハトやネズミはもちろんのこと，野外の動物や，ヒトについても行われている（伊藤，1997）．ここでは，ラットによる強化量の選択行動を扱った実験室実験とハクセキレイの採餌行動を扱った野外観察の研究，さらに個体と個体との相互作用を扱った社会的場面に適用した研究を取り上げることにしよう．

伊藤（Ito, 1985）は，並立連鎖スケジュールに基づく同時選択手続きを用いて，強化量の異なる組み合わせ，すなわち一方の選択肢の強化量は餌ペレット（餌を錠剤状に固めたもの）1 個（45mg）とし，他方の選択肢の強化量を餌ペレット 2 個，3 個，5 個とした 4 条件をラットに選択させたところ，各個体の強化量比と選択反応比の関係は，(1.3) 式の一般マッチング法則によりうまく記述できることが示された．また，(1.3) 式の両辺を対数変換して得られた直線の傾きは，餌ペレットを得るまでの遅延時間の長さにより異なることが見出され，遅延時間が 5 秒のときは，$y=0.59x-0.06$ となり，1.0 より小さく，過小マッチングを示した．一方，遅延時間が 20 秒のときは，$y=1.50x-0.06$ となり，1.0 より大きく，過大マッチングを示した．この事例では，バイアスパラメータ b の値はかなり小さいので，偏好はないものとみなせる．

3. マッチング法則

これまで, 強化率, 遅延時間, 強化量などの要因を選択対象とした多くの実験では, 一般に過小マッチングを示すことが多いが, この実験のように過大マッチングを示す事例はまれである. この結果は, (1.3) 式の指数パラメータ a が強化量という要因だけではなく, 同時に遅延時間にも影響を受けることを示している.

行動生態学者のヒューストン (Houston, A.) は, テムズ川の川辺 (Tと表す) と堤防外の荒れ地 (Fと表す) の2ヵ所を採餌場所とした, ハクセキレイの採餌行動を観察したデータに, (1.3) 式の一般マッチング法則を適用している (Houston, 1986). 横軸に2ヵ所の餌場で得られる強化量比 (R_F/R_T) の対数を, 縦軸に2ヵ所の滞在時間比 (T_F/T_T) の対数をとってデータをプロットすると, 強化量比と滞在時間比の関係は, 線形 (1次関数) となり, ハクセキレイの餌場間の行動配分は, マッチング法則に従っていることを示した. 図中の白丸と黒丸は, 観察時期の異なるデータを示している. 図1.10 から明らかなように, この場合は, $y=0.79x-0.26$ となり, 直線の傾きが1.0より小さいので, 過小マッチングである. また, 切片が負なので, 川辺の餌場 (T) への偏好が認められる.

一般マッチング法則は, これまで述べてきた強化率, 強化量, 遅延時間などの強化事象の効果ばかりではなく, 個体と個体の相互作用という社会的要因の効果をも扱うことができる.

伊藤ら (2007) は, ハトを被験体として, 他個体と共有する餌場の主観的価値を調べるために, (1.3) 式のマッチング法則を適用している. ここでの共有と

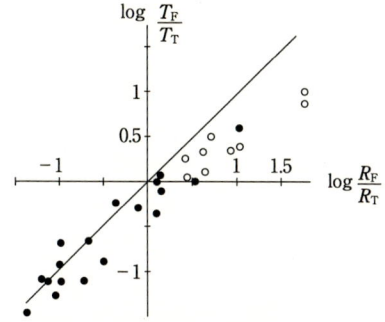

図1.10 ハクセキレイの餌場間の行動配分 (Houston, 1986)
縦軸は草地での滞在時間と川辺での滞在時間の比, 横軸はそれぞれの場所で摂食される餌の数の比である. ただし, いずれも対数変換された値である. 図中の傾き 45 度の右上がりの直線は (1.2) 式が予測する行動配分.

は，呈示される餌ペレットを複数の個体で摂食するため，そこには競合的な側面があるので，共有する個体数が増加することは，その餌場の好ましさを減少させる要因となると考えられる．この手続きでは，両端に8分割された小部屋からなる八角形の餌場とそれらをつなぐ中央部分（ニュートラル・ゾーン）をもつ実験箱（図1.11）を用いた．一方の餌場では共有個体数を1個体とし，他方の餌場では，共有個体数を1〜5個体の範囲で変化させ，実験箱の中央部分に置かれた実験個体に，左右のいずれかの餌場へ移動することにより選択させた．いずれの餌場でも，呈示される強化量は，ハト用餌ペレット（1個20mg）7個と10個の2条件を設けた．その結果，2つの餌場への選好を（1.4）式を適用して分析すると，共有個体数比（N_x/N_1）に対する選択反応比（R_x/R_1）の変化は，7個条件では，$y = -2.66x - 1.60$，10個条件では$y = -2.07x - 0.86$となり，いずれも過大マッチングであった（図1.12）．

このことから，共有個体の増加が餌場の主観的価値を大きく低下させることが明らかになったといえる（図1.12において，直線が右下がりとなっていることは，このことを示している）．この事実は，ハトが餌場において共有する他個体の増減にきわめて敏感であることを示唆しているが，このような結果の背後には，他個体と共有する餌の主観的価値が減少する社会割引（social discounting）の過程があると考えられる（伊藤，2000；Ito et al., 2003；Jones & Rachlin, 2006）．

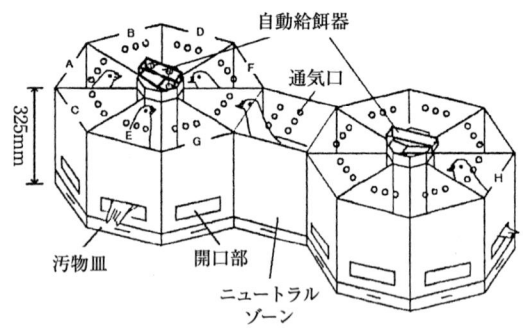

図1.11　八角形餌場を両端にもつ実験箱

3. マッチング法則

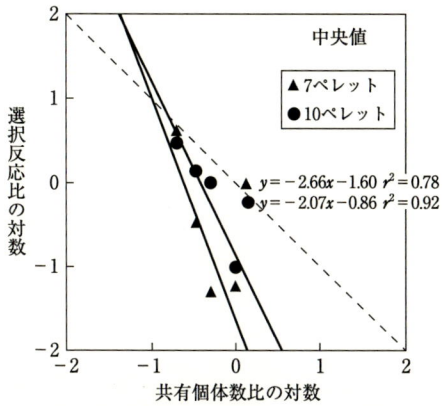

図 1.12 共有個体数比の関数としての選択反応比
両軸とも対数軸共有個体数の増加が餌場の価値を低下させるので，直線は右下がりとなる．

コラム2 ● ヒトや動物はなぜ群れるのか

混雑している駅構内で切符を買うときに，どの券売機に並んだらよいか迷うときがある．また，買い物のあと，どのレジに並ぼうか迷うこともある．このような問題は，個体の分布の問題として，行動生態学のトピックスの1つになっている．ヒトや動物が2ヵ所の場所にどのように分布するかを説明する理想自由分布理論（ideal-free distribution theory）が提唱されているが，この理論は，(1.2) 式のマッチング法則と同じように，2ヵ所から得られる報酬の比が個体の分布を決めることを表している（山口・伊藤, 2006）．つまり，2ヵ所に分布する個体の比は，2ヵ所の報酬の比と一致することを示しているのである．これを行動生態学では，生息地マッチングとよんでいる（Fretwell & Lucas, 1970）．

$$\frac{N_1}{N_2} = \frac{A_1}{A_2} \tag{1.7}$$

ただし，Nは個体数，Aは各場所に存在する強化量，添字は場所をそれぞれ表す．

この理論が (1.2) 式と異なるのは，左辺が反応数ではなく，個体数であるということである．集団を構成する個体がどのように2ヵ所の場所に分布するのかという問題は，個体が2つの選択肢にどのように行動を配分するかという問題にきわめて似ている．このように，マッチング法則は，個体レベルから集団レベルの主観的価値の1つの表現を与えることができるのである．なお，先の伊藤ら（2007）の研究では，個体数は独立変数であったが，ここでは従属変数となっていることに注意してほしい．

4. 逆マッチング

　マッチング法則とは，先に述べたように，2つの選択肢への行動配分（選択反応比）が2つの選択肢から得られる強化子（強化比）に一致することである．しかし，このようなマッチング関係の見られない場合が報告されている．

　ハーシュ（Hursh, 1978）は，2個体のアカゲザルの反応を並立変動間隔（concurrent VI VI）1分スケジュールで食物（第1選択肢）と水（第2選択肢）により強化する場面に，第3の選択肢として食物強化子を種々の値のVIスケジュールにより呈示（その結果として第3選択肢の強化率が変化する）した．そうすると，VI 1分スケジュールで維持されている食物強化子への反応は，減少するのに対し，水強化子への反応はむしろ増加することを見出した．この関係を(1.3)式により表現してみると，食物強化子（第1選択肢）と食物強化子（第3選択肢）の間には，図1.13の右側に示されているように，マッチング関係が認められたのに対し，水強化子（第2選択肢）と食物強化子（第3選択肢）の間には，図1.13の左側に示されているように，マッチング法則とは逆の関係が認められたのである．これを逆マッチング（anti-matching）という．

　これらの事実は，行動経済学（第2章3・4節参照）の概念を用いて説明することができる（Hursh, 1980）．(1.2)式を書きかえると，以下の(1.8)式になる．

$$\frac{R_1}{r_1} = \frac{R_2}{r_2} \tag{1.8}$$

　この式は，1単位の強化子（たとえば強化率）を得るのに要した反応数（R/r）が2つの選択肢間で等しくなることを表している．1単位の強化子を得るのに要する反応数とは，行動経済学では価格のことである．この観点からもう一度，ハーシュ（Hursh, 1978）の実験結果を述べてみると，第3選択肢の食物強化子の価格が増加すると，第1選択肢の食物の価格は増加したが，第2選択肢の水強化子の価格は，逆に減少することになるのである．この事実は，強化子間の関係を表現する代替性と補完性という行動経済学の概念を用いることで説明できる（Hursh, 1980; 山口・伊藤, 2001）．

　代替性とは，バターとマーガリンの間の関係に示されているように，バターの価格が上がると，バターの消費量（購買量）は減少し，代わりに，マーガリンの消費量が増加するような場合である．つまり，マーガリンとバターは代替可能な

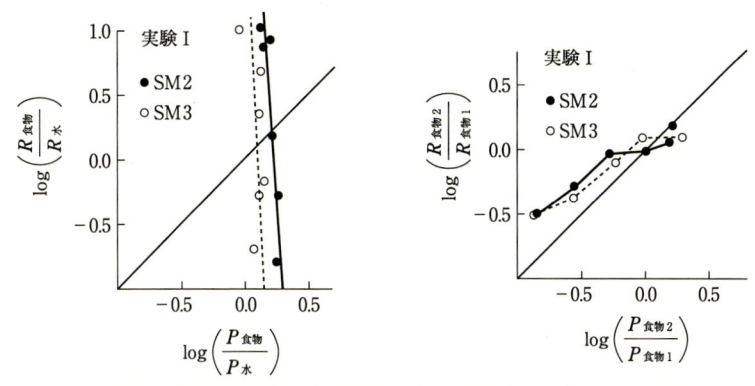

図1.13 水強化子（第2選択肢）と食物強化子（第3選択肢）の逆マッチング関係（左）と食物強化子（第1選択肢）と食物強化子（第3選択肢）のマッチング関係（右）（Hursh, 1978；一部改変）

関係である．一方，補完性とは，飲酒と喫煙の間に見られる関係のように，お酒（アルコール）の価格が上がると，お酒の消費量は減少し，それと同じようにタバコ（ニコチン）の消費量も減少する場合である．つまり，飲酒と喫煙は，相互に補完した関係にある．

このような観点から，第1と第3選択肢の食物強化子の間には，代替関係が成立し，第2選択肢の水強化子と第3選択肢の食物強化子の間には，補完関係が成立するといえる．したがって，マッチングの等式（(1.2) 式）が成立するのは，2つの強化子が食物のような代替可能であるときの特別な場合（完全マッチング）であり，2つの強化子が食物と水のような補完関係にある場合には，この等式は成立しないことを示している．

5. 効用関数としてのマッチング関数

以上のように，マッチング関数を用いて選択対象の価値を表現する研究事例を紹介してきたが，マッチング関数の適用は，強化率や強化量などの単一要因から，強化量と遅延時間の複合要因，さらに社会的関係を含む選択対象までかなりの広範囲に及ぶ．こうした研究の目的は，ある要因の個々の選択対象に対する価値を表現することだけではなく，むしろこれらを含むその要因全体の価値を定量的に表現することである．こうした要因全体の価値を定量的に表現したものを効用関数という．ある要因に関する効用関数が適切に同定されれば，さまざまな選

択場面に直面した個体の選好を予測することができるのである．マッチング関数とは，そうした効用関数の1つである．つまり，このマッチング関数は，古代ギリシアの先達が述べている「善きもの」(アリストテレス『ニコマコス倫理学』)に現代的な実体を付与するものと考えられる．

マッチング関数における価値の表し方は，選択反応比や選択反応割合のような相対的表現である．こうした価値の相対的表現は，たとえば，強化率や強化量などの強化事象の絶対量が異なっていても，比が同じであれば，(1.3)式の指数(感度)パラメータ a の値は変化しないことを前提にしている．たとえば，強化量比が1：3で，絶対量が2：6，あるいは3：9の場合には，結果が同じであること，つまり感度に違いがないことを予測するのである．しかし，最近の研究から，絶対量が変わると指数(感度)パラメータ a の値も変化する場合のあること(例：内田・伊藤, 2000)が明らかになっているので，今後は，こうした事例の探索とマッチング関係の適用範囲の限界を明らかにしていく必要があろう．

文 献

Baum, W. H. (1974). On the two types of deviation from the matching law: Bias and undermatching. *Journal of the Experimental Analysis of Behavior*, **22**, 231-242.

Baum, W. H. (1979). Matching, undermatching, and overmatching in studies of choice. *Journal of the Experimental Analysis of Behavior*, **32**, 269-281.

Catania, A. C. (1963). Concurrent performances: A base-line for the study of reinforcement magnitude. *Journal of the Experimental Analysis of Behavior*, **6**, 299-300.

Ferster, C. B. (1953). The use of the free operant in the analysis of behavior. *Psychological Bulletin*, **50**, 263-274.

Ferster, C. B., & Skinner, B. F. (1957). *Schedules of reinforcement.* New York: Appleton-Century-Crofts.

Fretwell, S. D., & Lucas, H. L. Jr. (1970). On territorial behavior and other factors influencing habitat distribution in birds. *Acta Biotheoretica*, **19**, 16-36.

Green, L., Fisher, Jr., E. B., Perlow, S., & Sherman, L. (1981). Preference reversal and self control: choice as a function of reward amount and delay. *Behaviour Analysis Letters*, **1**, 43-51.

Green, L., & Myerson, J. (2004). A discounting framework for choice with delayed and probabilistic rewards. *Psychological Bulletin*, **130**, 769-792.

Herrnstein, R. J. (1961). Relative and absolute strength of response as a function of frequency of reinforcement. *Journal of the Experimental Analysis of Behavior*, **4**, 267-272.

Herrnstein, R. J. (1974). Formal properties of the matching law. *Journal of the Experimental Analysis of Behavior*, **21**, 159-164.

広田すみれ・増田真也・坂上貴之 (編) (2006). 心理学が描くリスクの世界——行動的意思決定入門 [改訂版] 慶應義塾大学出版会

Hollard, V., & Davison, M. C. (1971). Preference for qualitatively different reinforcers. *Journal of the Experimental Analysis of Behavior*, **16**, 375-380.

Houston, (1986). The matching law applies to wagtail's foraging in the wild. *Journal of the Experimental Analysis of Behavior*, **45**, 15-18.

Hursh, S. R. (1978). The economics of daily consumption controlling food-and water-reinforced responding. *Journal of the Experimental Analysis of Behavior*, **29**, 475-491.

Hursh, S. R. (1980). Economic concepts for the analysis of behavior. *Journal of the Experimental Analysis of Behavior*, **34**, 219-238.

伊藤正人（1983）．選択行動　佐藤方哉（編）現代基礎心理学6　学習Ⅱ　東京大学出版会

Ito, M. (1985). Choice and amount of reinforcement in rats. *Learning & Motivation*, **16**, 95-108.

伊藤正人（1997）．選択行動研究の現在　行動分析学研究, **11**, 2-8.

伊藤正人（1999）．セルフコントロールと衝動性　人文研究, **51**, 1017-1028.

伊藤正人（2000）．他者との共有による報酬の価値割引　人文研究, **52**, 547-562.

伊藤正人（2001）．行動経済学は行動研究にどのような貢献をなしたのか──行動経済学特集にあたって　行動分析学研究, **16**, 86-91.

伊藤正人（2005）．行動と学習の心理学──日常生活を理解する　昭和堂

伊藤正人（2006）．心理学研究法入門──行動研究のための研究計画とデータ解析　昭和堂

Ito, M., & Nakamura, K. (1998). Humans' choice in a self-control choice situation: Sensitivity to reinforcer amount, reinforcer delay, and overall reinforcement density. *Journal of the Experimental Analysis of Behavior*, **69**, 87-102.

Ito, M., Saeki, D., Yamaguchi, T., & Taniguchi, S. (2003). Discounting of shared reward in pigeons. *Paper presented at the 27th Annual Conference of the Society for the Quantitative Analyses of Behavior.*

伊藤正人・佐伯大輔・山口哲生（2007）．ハトにおける共有個体数の異なる餌場間の選択行動の分析：報酬量の効果　日本動物心理学会第67回大会発表

Ito, M., Saeki, D., & Sorama (2008). Local and overall reinforcement density as a determiner of self-control and impulsiveness in preschool children. *Jinbunkenkyu*, **59**, 94-109.

Jones, B., & Rachlin, H. (2006). Social discounting. *Psychological Science*, **17**, 283-286.

Miller, H. L. Jr. 1976 Matching-based hedonic scaling in the pigeon. *Journal of the Experimental Analysis of Behavior*, **26**, 335-347.

Rachlin, H (1976). *Behavior and learning*. Freeman.

Rachlin, H., & Green, L. (1972). Commitment, choice and self-control. *Journal of the Experimental Analysis of Behavior*, **17**, 15-22.

Rachlin, H., Raineri, A., & Cross, D. (1991). Subjective probability and delay. *Journal of the Experimental Analysis of Behavior*, **55**, 233-244.

佐伯大輔・伊藤正人（1997）．不確実状況における意思決定を巡る「選択行動研究」と「認知的意思決定研究」の融合　行動分析学研究, **11**, 56-70.

高橋雅治（1997）．選択行動の研究における最近の展開──比較意思決定研究にむけて　行動分析学研究, **11**, 9-28.

恒松　伸（1999）．行動経済学における価格研究の展開　動物心理学研究, **49**, 19-39.

内田善久・伊藤正人（2000）．ラットの餌選択における相対強化率と全体強化率　動物心理学研究, **50**, 49-59.

山口哲生・伊藤正人（2001）．喫煙・飲酒・薬物摂取の行動経済学　行動分析学研究, **16**, 185-196.

山口哲生・伊藤正人（2006）．理想自由分布理論に基づく個体分布の実験的研究──絶対報酬量と集団サイズの効果　心理学研究, **76**, 547-553.

第2章

需要関数を使う

恒松　伸

1. 私たちの消費行動に与える価格の影響

　私たちは，日常的に，さまざまな財（商品）を購買し，最終的にはそれらを消費して生活しているが，各財をどの程度購買するか，あるいは，まったく購買しないかの決定には，どのような経済学的要因が影響を与えているのだろうか．たとえば，ある喫煙者が，いつも喫煙しているタバコを購買するか否かの選択には，そのタバコの価格や，別のタバコを含めそれと代替可能な財の価格，また，それらを購買するために使うことのできる金銭の量など，さまざまな要因が考えられる．

　最近，後藤ら（2008）は，行動健康経済学の立場から，タバコの価格，公共性の高い場所での喫煙に対する罰金の有無，健康へのリスクの3要因が，喫煙者のタバコ喫煙意思（タバコを吸い続けるか否かの判断）に及ぼす効果を調べるために，大規模な質問紙調査を実施した．喫煙者は，タバコの依存度を調べるFTND (fagerström test for nicotine dependence) テストにより，高・中・低度のニコチン依存度群（各1640名）に分けられたが，分析の結果，3群に共通して，タバコの価格（仮想的な600円）が，喫煙者の喫煙継続確率を低下させる主要因であることが確認された．一方，マーフィーら（Murphy et al., 2007）は，心理学の立場から，大学生の飲酒に関する行動経済学研究を再検討し，キャンパスで問題となる飲酒の量を減らすための方略として，アルコールの金銭的価格や行動的価格（手に入れるための労働や時間など）を増加させること，薬物のない活動（たとえば，研究，キャリア形成，ボランティア活動）へ従事する機会を増やすことなどの重要性を指摘している．

上述のタバコやアルコールのように過度の使用により依存性が高くなる性質をもつ財に限らず，価格は，さまざまな財の購買や消費行動に影響を与える主要因の1つであることは疑いようのない事実である．しかし，ある財の価格の広範囲の上昇は，私たちヒトや他の動物種の個体レベルで観察される消費量の減少，および，他財の消費量の変化に対して，どのような効果をもたらすのだろうか．また，一般に，財の価値（value）は，価格の関数として，どのように減衰するのだろうか．

　本章では，このような疑問の一端に答えるために，心理学の一体系である行動分析学の実験的行動分析の立場から，需要関数を用いた個体の消費行動の実験的研究を概観する．なお，第3節でふれるように，本章では，経済学における財を心理学における強化子（第1章 p.10 参照）と等価な概念とみなして記述する．また，財，すなわち，強化子の価値を，個体の消費行動を維持するために必要な強化子の効力（strength）という観点からみていく．

2. 実験的行動分析における行動経済学と本章の目的

　個体行動の科学的な理解を目指す行動分析学（behavior analysis）において，経済や選択の問題と最も関係の深い領域は，実験的行動分析（experimental analysis of behavior）であろう．この領域では，実験によって環境変数を直接的，体系的に操作し，機能的に定義された行動を変容させることで，環境と行動の因果関係を明確にすることを目的とする（坂上ほか，1994）．そのため，ヒトのみならず，実験条件の統制や長期間に及ぶ実験への従事が比較的容易な動物も有効に活用されてきた．

　実験的行動分析の主要な課題の1つであるマッチング法則の研究（第1章参照）は，1960年代にはじまり，その後，さまざまな動物種を対象に，強化頻度，強化量，強化遅延の量的次元で変化する2つの強化子の相対的な価値を行動の配分により数量的に記述することに成功してきた（たとえば，高橋，1997）．しかし，その他の要因が変化した場合，個体の行動はどのように変化するだろうか．たとえば，2つの強化子に質的違いがある場合や強化子を得るための機会が制約された場合に，個体の選択行動はどのような影響を受けるのだろうか．また，そもそも，個々の強化子の効力を測定したり，質的に異なる強化子間の関係を調べ

たりするには，どのような方法をとるべきなのだろうか．このような疑問や関心から，実験的行動分析の一部の研究者は，ミクロ経済学の概念や分析手法を導入した新たな枠組みに基づいて，強化子の機能をより包括的に理解しようと試みている．1970年代からはじまったこの試みは，行動経済学（behavioral economics）とよばれている．

行動経済学は，実験的行動分析の実験方法（オペラント条件づけを中心とした諸手続き）とミクロ経済学の幅広い概念（たとえば，需要，価格，弾力性など）の組み合わせにより形成された学際的研究領域であり，所得や時間などの制約（constraint）があるシステムにおいて個体の行動配分を明らかにすること，個体の消費行動に影響を与える経済学的要因の効果をさまざまな実験条件で分析することの2点を研究の目的とする（Bickel et al., 1998; Madden, 2000）．

これまで，個体を対象とした経済理論（消費者行動理論や労働供給理論など）の理論的・実験的検証に関心をもつ心理学者と経済学者の共同作業（たとえば，Rachlin et al., 1981）や，強化子のさまざまな機能を実験的・数量的に分析するための経済学的概念・分析手法の導入と新たな行動指標の開発（たとえば，Hursh & Winger, 1995）などを通じて，ヒトと動物の経済行動が，さまざまな実験条件下で体系的に調べられてきた（Hursh & Silberberg, 2008; Kagel et al., 1995）．とくに，本章の主題である需要関数（demand function）は，価格の関数として変化する食物強化子や薬物強化子（たとえば，タバコやコーヒーなどの嗜好品，コカインやヘロインなどの麻薬）の消費量を数量的に分析するための有効な道具として活用されている（たとえば，Hursh et al., 2005; 山口・伊藤，2001）．

行動経済学は，ミクロ経済学を構成する理論・概念・分析手法のうち，どの水準のものを適用すべきかについて，見解の異なるさまざまな研究者によって支えられており，今日まで，数多くの実証的・理論的研究が蓄積されてきた（たとえば，坂上，2006）．そのため，本章でそのすべての知見に言及することはできないが，以下では次の5点を整理していく．まず，①ミクロ経済学の需要の概念を導入した行動経済学において，価格の変化に対する個体の消費量の変化はどのように分析されるかについて述べる．次に，②個体の消費行動に影響を与える経済学的要因を整理し，強化子間の関係を調べる方法と，代替性による関係の分類を明らかにする．さらに，③消費量の数量的分析を促進するために導入された需要関数と2つの行動指標（P_{max}とO_{max}）を紹介する．そして，④相対的強化子効力の行動経済学的アセスメントのために，③の需要関数と行動指標を導

入した最近の研究動向を概観する．最後に，⑤強化子の価値の尺度化に貢献するという観点から，需要関数に対する期待を述べる．

本章では，以上の5点を通して，行動経済学の需要関数が，個体の消費や選択行動を理解するうえでいかに有効であるか，その一端を示すことを目的とする．

3. 行動経済学の基本的な概念と個体の消費行動の分析

需要曲線と行動価格

需要（demand）は，ミクロ経済学より導入された最も重要な概念の1つであり，所与の価格のもとで，経済主体により購入された財やサービスの量を表す．ミクロ経済学において，経済主体は，企業・家計・個人をさすが，行動経済学では，さまざまな動物種における個体をさす．需要曲線（demand curve）は，価格（price）の関数としての財（consumption）の消費量を記述したものであり，価格の変化が需要量に及ぼす効果を調べるために用いられる．財を獲得した結果，個体がその行動をくり返すならば，その財は強化子と共通した特性をもつとみなすことができる．このような場合，行動経済学では，財と強化子を等価な概念として理解する（Green & Freed, 1998; Lea, 1978）．

さらに，ミクロ経済学において，価格は，財やサービスのある量を購入するために必要な金銭の量（金額）と定義されるが，行動経済学では，その初期の頃より，1強化子あたりの自発反応数，すなわち行動価格として定義され，比率（ratio）や間隔（interval）強化スケジュールで設定されてきた（Hursh, 1978, 1980）．そのなかでも，一定の反応数に対して各強化子が提示される固定比率（fixed ratio：FR）スケジュールは，両者の交換比率が常に一定である点で，金銭を支払い，財を購入するヒトの日常行動と類似している．そのため，実験的研究では使用頻度が高い．

また，行動実験では，金銭の支払いよりも，被験対象に応じて，プランジャー引き（ヒト），レバー押し（ラット），キー押し（ハト）といった操作体に対する自発反応が要求される場合が多い．その理由として，さまざま動物種間で消費行動の一般性を確認できる点や，価格の広範囲の操作が需要曲線の形状に及ぼす効果の詳細な検討が可能である点（Lea, 1987）があげられる．

需要の価格弾力性と需要・供給曲線

価格の上昇に対して，個体の消費量がどの程度減少するかは，強化子によって異なり，それぞれの需要曲線の傾きに反映される．たとえば，消費者は，牛乳のような必需品の価格が上昇しても，その消費量をほとんど減少させないかもしれない．しかし，高級アイスクリームのような贅沢品の価格が上昇すると，その消費量を大きく減少させるであろう．このような価格の変化に対する消費の変化を数量的に分析するために，行動経済学では，ミクロ経済学の需要の価格弾力性（price elasticity of demand; 以下，価格弾力性）という概念を適用する．価格弾力性は，次の（2.1）式で表される．

$$e_p = (\Delta q/q)/(\Delta p/p) \qquad (2.1)$$

ここで，e_p は価格弾力性を，p と q は価格と消費量を，Δp と Δq は価格と消費量の変化をそれぞれ表す．図2.1は，価格の関数としての消費量の変化を記述した需要曲線の模式図である．両対数軸上にプロットしたとき，需要曲線の傾きは，任意の価格における価格弾力性（e_p）と一致するため，需要曲線は両対数軸上に描かれている．価格の変化率に比べて消費量の変化率が小さい場合，図中①のように非弾力的需要（inelastic demand）となり，一方，価格の変化率に比べて消費量の変化率が大きい場合，③のように弾力的需要（elastic demand）となる．需要曲線の傾きが価格弾力性を表すのに対して，高さ（height）は任意の価

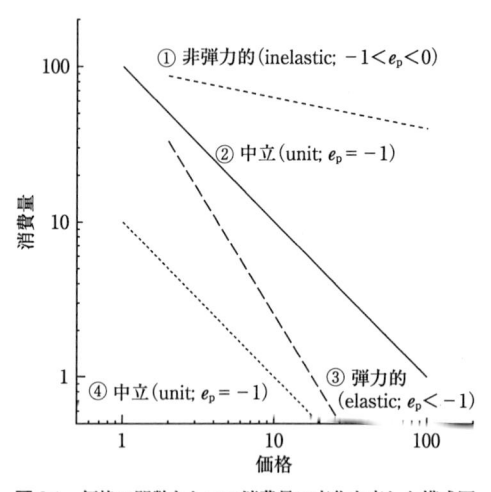

図2.1 価格の関数としての消費量の変化を表した模式図

格における消費量の水準（level）を表す．

ハーシュ（Hursh, 1980）によると，この高さは強化子の強度性（intensity）を示す指標であり，強化の大きさ（量や強度など）や遮断化の程度により規定される．たとえば，ハーシュ（Hursh, 1984）は，被験体にラットを，強化子にその強度が2段階で変化する脳内電気刺激を用いたハーシュとネーテルソンの実験（Hursh & Natelson, 1981）を再分析した．強度が小さい条件と大きい条件で需要曲線の傾きはほとんど同じであったが，前者に比べて後者では高さが上方に平行シフトした（図2.1の④から②への変化を参照）．このように，需要曲線による消費量の変化の分析では，傾き（価格弾力性）と高さ（消費量の水準）による変化を区別する必要がある．

広範囲の価格の上昇に対して，価格弾力性は一定ではなく，多くの場合，非弾力的から中立（unit）を経由して，弾力的需要へ変化する．たとえば，フォルティン（Foltin, 1994）は行動価格をFRスケジュールの5つの値（FR2, 16, 32, 64, 128）で設定し，行動価格の関数として，8頭のヒヒの食物消費量を調べた．図2.2は，各FR値において，1日当たり23時間の実験セッションに従事した1頭のヒヒの食物獲得の結果を示したものである（コラム3参照）．

ここで図中の5つの垂直線は，各FR値により決定された供給曲線（supply curve）を表す．FRスケジュールでは，1強化当たりの要求反応数が一定である

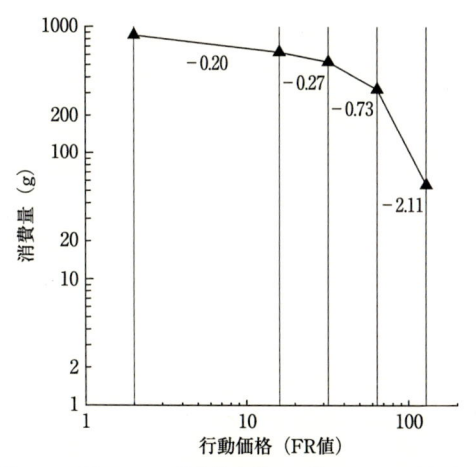

図2.2　1頭のヒヒの消費量を結んで描かれた需要曲線と強化スケジュールによって設定された供給曲線
（Foltin (1994) の別表をもとに再分析した）

ため,供給曲線は,縦軸に平行な直線となる（Hursh, 1980）.また,各FR値で得られた個体の食物消費量（▲印）は,需要と供給が釣り合った均衡点を示し,図2.2では,5つの均衡点を結んで,需要曲線が描かれている.さらに図中の数字は,(2.1)式をもとに各FR値の中間点における価格弾力性を算出したものである.広範囲の行動価格において,個体の食物需要は非弾力的であったが,高い価格（FR64と128の中間点）で弾力的に変化した.非弾力的から弾力的に同じ財で切り替わる混合弾力性とよばれる同様の変化は,他の個体でも確認された.

4. 個体の消費行動に影響を与える経済学的要因

前節では,個体の消費量に直接影響を与える量的変数として価格が指摘され,ミクロ経済学の諸概念の導入と価格弾力性の分析により,強化子の特性の記述が可能であることが示された.しかしながら,個体の消費行動は,強化子の価格の大小のみで規定されない.ヒトと動物を対象とした,これまでの行動経済学研究より,①価格や②強化子の性質に加え,③所得,④経済環境,⑤強化子間の関係,⑥強化子（報酬）を受けとるまでの時間や受けとれる確率（第3章参照）などの経済学的要因も,個体の需要や選択に影響を与えることが明らかにされている（Hursh & Bauman, 1987; Madden, 2000; Rachlin et al., 1991; 坂上,2007）.

このうち,③の所得（income）は,ある期間内において個体が獲得可能な強化の量と定義され（DeGrandpre et al., 1993）,行動実験では1セッションを単位として,所持金の量・総反応数・試行回数・セッション時間の長さ・試行間間隔の長さなどにより操作されてきた（コラム3参照）.つまり,行動経済学において所得とは,1セッション内の各試行において,個体が自発反応数と一定の強化子の量を交換する機会を,金銭・時間・回数などによって制約するものである.

一方,④の経済環境は,自発反応とは無関係の別の強化子が,実験セッションの内外で,不労（無料）で入手できるか否かにより,開放経済的実験環境[*i]（open economy）と封鎖経済的実験環境（closed economy）に分けられる.ヒト

[*i] **用語解説●封鎖・開放経済的実験環境** 1回の実験セッション内で,個体が強化スケジュールに対する自発反応によって獲得した強化子の総量が,1日当たりの総消費量と一致する実験環境を封鎖経済的実験環境といい,両者が一致しない実験環境を開放経済的実験環境という.後者の実験環境では,個体の自発反応とは無関係の財（同一または代替可能な強化子）が,実験セッションの内外で,不労（無料）で与えられる.

と動物に共通して，一般に，前者に比べて後者の価格弾力性は小さくなることが報告されている（コラム4参照）．

また，⑤の強化子間の関係では，ある強化子と代替可能な別の強化子が存在するが，④とは異なり，別の強化子を得るために自発反応が要求される．そして，両者の関係は，その組み合わせによって，大きく3つに分類される．以下では⑤の要因を整理する．

強化子間の関係

一般に，価格以外の他の要因の影響が一定であるならば，価格の上昇に対して，1つの強化子の消費量は減少する．ミクロ経済学において，需要の法則（law of demand）とよばれるこの現象は，さまざまな動物種（ヒト，ヒヒ，ラット，ハトなど）と強化子（食物，水，薬物など）を用いた行動経済学研究により確認されてきた（たとえば，DeGrandpre & Bickel, 1996）．しかし，個体の日常において，1つの強化子のみに接近可能な場面は少ないことから，同時に存在する複数の強化子間の関係により，需要がどのように変化するかを調べる必要がある．

行動経済学では，代替性（substitutability）の観点より，並立的に利用可能な2つの強化子間の相互作用は，完全な代替と完全な補完を両端とした一連続体上に位置づけられると考える（Green & Freed, 1993）．そして，この考えに基づいた消費行動の分析を行うために，ミクロ経済学の需要の交差価格弾力性（cross-price elasticity of demand）という概念を適用する．

ここで，質的に異なる2つの強化子が選択可能な場面を仮定すると，一方の強化子の価格の上昇に対して，通常，その強化子の消費量は減少するが，価格が一定の他方の強化子の消費量は，増加する場合と，減少する場合と，変化しない場合に分けられる．この3つの場合において，後者の強化子は，前者の強化子に対して，順に代替（substitutes），補完（complements），独立（independents）の関係を示す．また，3つの関係で，後者は前者の代替財，補完財，独立強化子として機能したとされる（Bickel et al., 1995）．

ジョンソンとビッケル（Johnson & Bickel, 2003）の実験結果（かこみa）は，複数の強化子の組み合わせにより強化子間の代替性が変化することを，また，代替性が価格を操作した強化子の需要曲線の形状に影響を与えることを示した．

この実験において，段階②よりも段階③と④のタバコの消費量の減少幅が大きくなった事実は，タバコと薬理学的な共通特性をもつニコチンガムよりも，それをもたない金銭のほうが，タバコの使用を効果的に減少させる可能性を示唆している．

a. 強化子間の関係を調べた実験例（Johnson & Bickel, 2003）
　複数の喫煙者を対象としたこの研究では，所得が3時間セッションに設定され，紙巻タバコと他の2種類の強化子の代替性と消費量が調べられた．実験は，①タバコのみ，②タバコとニコチンガム，③タバコと金銭，④タバコと2種類の強化子（ニコチンガムと金銭）の4段階より構成された．各段階において，タバコの行動価格はセッション間で増加した（FR10, 100, 1000, 10000）が，他の強化子の行動価格はFR10に固定された．また，各試行における要求反応数の完了につき，タバコ，ニコチンガム，金銭の獲得量は，それぞれ，いつも喫煙しているブランドの3回の吸引，60秒間のガム噛み，10セントであった．

　実験の結果　行動価格の増加に対するタバコの消費量は全段階で減少した．また，タバコの行動価格の関数として，段階②のニコチンガムの消費量は増加したが，段階③の金銭の消費量はほぼ一定であり，ニコチンガムがタバコの代替財として，また，金銭がタバコの独立強化子として機能したことを示した．さらに，段階④において，タバコと金銭は，再度，独立の関係を示したが，タバコとニコチンガムは，段階③の代替から独立の関係へ変化した．一方，タバコの需要曲線の比較より，段階②に比べて段階③と④のタバコの消費量の減少幅が大きくなることが確認された．

・・・・・コラム3●個体内比較法を用いた行動実験のスタイル・・・・・

　心理学では，ある行動に影響する要因の効果を検出するために，しばしば実験が行われる．実験の方法は，群間比較法（group comparison design）と個体内比較法（within-subjects comparison design）に大別されるが，心理学の一体系である行動分析学では，実験の環境が許す限りにおいて，後者の方法が選択される．その理由は，群全体の代表値（たとえば，群間の平均値に示される統計的に有意な差）を用いて要因の効果を検出することではなく，現実に存在する各個体の行動を制御している要因を環境の中に同定することによって，個体行動の科学的な理解が達成されると考えられているからである．

　個体内比較法とは，同一の個体（被験者，被験体）に対して，異なる値の要因（以下，独立変数）をくり返し適用し，実験で得られた行動データの比較から，独立変数の効果を検出する方法のことである．行動実験では，個体の行動がしばしば変動することから，当該行動が安定するまで，各値につき，複数のセッションが実

施される場合が多い．ここで，1セッションとは，1回の実験のはじまりからおわりまでの期間のことであり，1試行とは，1セッション内において，ある弁別刺激（反応を自発する機会を与える刺激）のもとで，個体が要求された自発反応を開始し，それの完了の直後に，一定の強化子の量を獲得するまでの期間のことである．たとえば，ハトの行動実験において，1試行は反応キーのうしろから色光（白色光など）が照射されることによって開始される．そして，個体が要求反応数を完了すると，色光が消灯し，それと同時に強化子が一定時間（たとえば3秒間）呈示されて終了する．

　行動経済学研究において，所得とよばれる経済学的要因は，1セッションにより規定され，行動実験では，所持金の量，総反応数，試行回数，セッション時間の長さ，試行間間隔の長さなどによって操作されてきた（恒松，2001）．そして，個体は，所与の所得条件下で，一定の反応数（行動価格）を完了し，一定の強化子の量を獲得することをくり返し，試行を重ねていく．ここで，試行間間隔とは，1試行の完了から次の試行の開始までの時間間隔のことであり，その間，個体はオペラント行動に従事することができない．このように1セッションが，独立した試行のくり返しによって構成される実験のことを離散試行（discrete trial）型実験という．これに対し，上述の試行間間隔以外の所得操作では，設定された値の上限に達するまで，個体のオペラント行動が中断されることがない．このように，1セッション内において，個体の自由な行動が許容された実験のことを自由オペラント（free operant）型実験という．

　たとえば，本文中のフォルティン（Foltin, 1994）の実験は，1セッションの長さを23時間に，試行間間隔を30秒に設定した離散試行型実験であり，1試行の完了につき1グラムの食物ペレットが呈示された．そして，5つのFR値（FR2, 16, 32, 64, 128）が2, 3セッションごとに上昇系列で操作され，その効果は，最終セッションの食物消費量で調べられた．もし，FR値（独立変数）の変化にともない，食物消費量（従属変数）の値が段階的に変化したならば，その変化はFR値の操作による可能性が高いと判断することができるが，図2.2の食物消費量（▲印）の減少は，FR値の効果を明確に示している．しかし，行動データの安定性（stability）が十分に確認されないまま，FR値を2, 3試行ごとに上昇させている点で，データの信頼性（reliability）には問題が残されており，行動の安定基準を導入したさらなる検証が必要である．

　なお，この実験では，FR値の効果が複数の個体（ヒヒ8頭）で示されたことから，同種の異なる個体間でデータの一般性（generality）が確認されたといえる．個体内比較法を用いた実験で，データの一般性をさらに高めるには，異なる種間，異なる実験者間，異なる実験場面間で，同様の事実が得られるかを調べる必要がある（たとえば，伊藤，2006；Sidman, 1960）．

5. 需要関数と反応支出関数による消費行動の数量的分析と2つの行動指標

図2.2では，個体の消費量を分析するために，5つの実測値を結んで需要曲線を描いた．そして，(2.1)式を用いて，近接する2点の中間点における価格弾力性を算出し，価格の上昇に対して，消費量の減少幅が大きくなる事実を示した．この中間点の方法は，価格の変化の方向（低価格から高価格またはその逆）にかかわらず，同じ値が得られる利点があることから，ミクロ経済学の教科書では，価格弾力性を算出するための優れた方法として紹介されている（Mankiw, 2004）．

しかしながら，一般に，価格を広範囲に操作すると，需要曲線は直線的ではなく曲線的に変化することから，弾力性値（e_p）の算出のみならず，各強化子の価格弾力性の連続的な変化や，その変化の比率が異なる複数の強化子間の比較に対応しうる数量的な分析が必要となる（Hursh & Silberberg, 2008）．このため，行動経済学では，消費量の実測値に対して，需要関数とよばれる数理モデルを適用する．ハーシュら（Hursh et al., 1988）は，価格の上昇に対して非弾力的から弾力的に変化する典型的な需要曲線の特徴を表す需要関数として，次の(2.2)式を提出した．対数を単位としたとき，価格（P）に対する消費量（Q）は，

$$\ln Q = \ln L + b(\ln P) - aP \tag{2.2}$$

によって記述され，L, a, bの3つのパラメータが事後的に推定される．ここで，Lは価格1における消費量の水準を，aは価格の上昇に対する需要関数の傾きの変化率を，bは需要関数の最初の傾きを表す．多くの場合，bは0に近い負の値をとるため，需要関数の傾きの変化率（加速的な減少）は，aの大小で表される（Hursh & Winger, 1995）．すなわち，この値が大きくなるほど，需要はより弾力的な変化を示す．一方，価格の変化に左右されない消費量の水準はLで表され，この値が大きくなるほど，消費量の水準は高くなる．また，需要関数が(2.2)式で記述されるとき，曲線の傾きが-1（図2.1の中立）となるときの価格は，$P_{\max}$とよばれ，以下の(2.3)式で算出される．

$$P_{\max} = (1+b)/a \tag{2.3}$$

この値が大きくなるほど，個体が非弾力的な需要を示す価格範囲は広くなる．

図2.3は，図2.2と同じ個体の食物消費量の実測値（▲印）に対して，式(2.2)をあてはめて需要関数を描いたものである．広範囲の価格操作に対して，

個体の消費量は，非弾力的から弾力的需要へ変化し，そのときの行動価格（P_{max}）は59.5回であった．一方，実測値に対する等式のあてはまりのよさは，決定係数（R^2）の値により評価される．この係数は，消費量の総変動のうち，需要関数で説明される変動の割合を示し，0〜1の値の範囲をとる．そして，1に近づくほど，当該関数のあてはまりがよい．決定係数を算出した結果，値は0.98となり，実測値に対して（2.2）式のあてはまりがよいことが示された．

ハーシュとウィンガー（Hursh, 2000; Hursh & Winger, 1995）によると，種（ヒトと動物）や強化子の種類（食物強化子と薬物強化子）の違いにかかからず，(2.2)式のあてはまりはよい（典型的には0.90〜0.99の値の範囲をとる）とされるが，需要関数を用いた多くの行動経済学研究はこれを支持している（たとえば，Madden et al., 2005）．このことは，1セッションを単位とし，両対数軸上の需要関数の形状で評価した場合の強化子の効力は，低価格ではほとんど低下しないが，価格が上昇するにつれて加速的に減衰することを示唆している．

図2.3では消費量と同時に，それを得るために自発された1セッション当たりの総反応数の実測値（△印）とそれに近似した反応支出関数（response output function）も描かれている．対数を単位としたとき，価格（P）に対する反応支出（response output: O）は，

$$\ln O = \ln L + (b+1)\ln P - aP \tag{2.4}$$

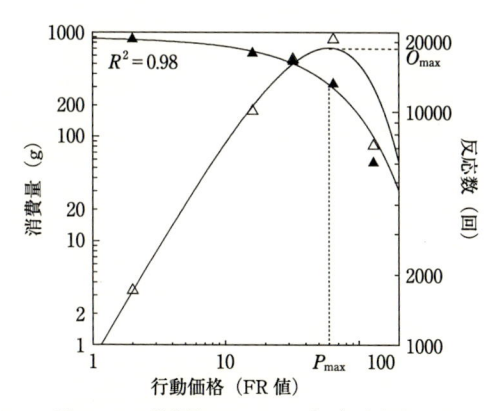

図2.3 1頭のヒヒの消費量のデータに（2.2）式をあてはめて描いた需要関数と（2.4）式によって算出された反応支出関数．Foltin（1994）の別表をもとに再分析した．前者と後者の尺度はそれぞれ左と右の軸に示されている．

によって記述され，L, a, b の3つのパラメータは，(2.2) 式と共通である．すなわち，(2.2) 式で算出されたパラメータの値を使って，(2.4) 式で反応支出を記述したものが，反応支出関数である（たとえば，Johnson & Bickel, 2006）．また，P_{max} の値を (2.4) 式に代入して得られる反応支出は，O_{max} とよばれ，個体により自発された最大の反応支出の推定値を示す．

図 2.3 において，行動価格が P_{max} のときの O_{max} の値は 18734 回／セッションであった．ここで注目すべき点は，非弾力的から弾力的な需要に変化する価格（P_{max}）を境界として，価格の変化が消費量と反応支出に及ぼす効果に違いが生じることである．非弾力的な需要の範囲では，価格の上昇に対して，消費量は減少するが，逆に反応支出は増加する．一方，弾力的な需要の範囲では，価格の上昇に対して，消費量と反応支出はともに減少する．このように，行動経済学では，価格の変化に対する個体の消費行動の予測と制御（任意の消費量や反応支出を生み出すための環境条件の設定）に役立てるために，需要関数の記述と行動指標の算出を行う．

6. 相対的強化子効力に対する行動経済学的アセスメント

行動分析学に隣接する応用領域に薬物の強化効果や弁別効果などの検証を目的とした行動薬理学（behavioral pharmacology）がある（安東・髙田，1989）．本節では，行動薬理学で先に提出された相対的強化子効力（relative reinforcer 〔reinforcing〕 efficacy）の概念を検証するために，需要・反応支出関数と2つの行動指標を適用した行動経済学のアセスメント研究について紹介する．

相対的強化子効力とは

グリフィスら（Griffiths et al., 1979）によると，相対的強化子効力とは「異なった実験条件下で明らかにできる，ある薬物の投与量の行動維持力」と定義され，その効力は，おもに異なった実験条件で得られる3つの測度を使って調べられてきた（Bickel et al., 2000）．すなわち，単一の強化子のみに接近可能な条件における累進比率（progressive ratio：PR）スケジュール下のブレイクポイント（breakpoint，反応停止点）と最大の反応支出，並立する2つの強化子に接近可能な条件における選択の3つである．ここで，PR とは1試行（強化）ごとに次

の要求反応が一定数増加するスケジュールのことで，ブレイクポイント（以下，BP）とは要求反応数（行動価格）の上昇に対して，個体がその完了に失敗した最初の比率の値のことである．

彼らの定義に従うと，強化子Aが，強化子Bよりも効果的である（効力が大きい）と考えられるのは，PRスケジュールで，強化子Bに比べて強化子Aのほうが高いBPと高い最大反応率を維持し，さらに，両方の強化子の要求反応数が等しい並立FR-FRスケジュールで，強化子Aが選好される場合である．相対的強化子効力は，使用されるスケジュールの種類や値の異なる複数の実験条件で得られた事実関係を要約した理論的構成体（媒介変数）であり，概念の有効性を証明するためには，3つの測度が一致する必要がある（Griffiths et al., 1979; Johnson & Bickel, 2006）．

しかしながら，3つの測度が一致しない事実が，いくつか報告されている．たとえば，ビッケルとマデン（Bickel & Madden, 1999）は3時間セッションで4名の喫煙者を対象とした行動実験を実施し，タバコと金銭の相対的強化子効力を3つの測度間で比較した．各要求反応数の完了につき，タバコと金銭の獲得量は，それぞれ，いつも喫煙しているブランドの3回の吸引と0.2ドルであった．実験の結果，すべての参加者において，金銭に比べてタバコは，PR条件で高いBPを示したが，予想に反し，最大の反応支出は，個体間で変動し，一貫した高反応率を維持しなかった．また，要求反応数の等しい並立FR-FR条件では，タバコに対する一貫した選好が確認されず，要求反応数の上昇に対して，金銭からタバコへ選好が逆転した．測度間の不一致の結果は，一方の強化子（タバコ）が他方の強化子（金銭）よりも効果的であることを示すことに失敗し，概念の再評価の必要性を示唆した．

非標準化需要分析のアプローチ

相対的強化子効力の概念に対して，行動経済学では，非標準化需要分析（non-normalized demand analysis; 以下，需要分析）と標準化需要分析（normalized demand analysis）の2つのアプローチが提案されている（Madden et al., 2007a）．前者の需要分析は，理論的構成体として統合された相対的強化子効力の概念を否定し，3つの測度が，個々に需要関数の異なった側面，すなわち，数量的な特性に対応していると考える（Bickel et al., 2000; Madden et al., 2007a）．

この考えに従うと，各強化子の需要関数を生み出すFR条件と後続のPR条件

間の比較において P_{max} と BP が，O_{max} と最大の反応支出が，ともに正に相関すると予測される．また，FR 条件の各要求反応数（行動価格）で得られた各強化子の消費量の水準は，2 つの強化子の要求反応数が等しい並立 FR-FR 条件の選択の予測にも有効である．たとえば，FR10 で強化子 A よりも強化子 B の消費量の水準が高ければ，並立 FR10-FR10 で強化子 B が選好されると予測される．図 2.4 のパネル A はジョンソンとビッケル（Johnson & Bickel, 2006）で報告された喫煙者 5 名のタバコ（1 強化につき 3 回の吸引）と金銭（1 強化につき 0.05 ドル）の 1 セッション当たりの平均消費量に対して，(2.2) 式をあてはめて描いた需要関数である．2 つの強化子で要求反応数は等しく，図では FR3 から FR3000 の範囲で実測値が描かれている．また，図中の垂直線は，(2.3) 式で算出された各強化子の P_{max} を表す．両強化子とも P_{max} は BP（図では横軸に接する実測値）と有意に相関した．

次のパネル B は各強化子の 1 セッション当たりの平均反応数に対して，(2.4) 式を用いて描いた反応支出関数である．また，図中の水平線は，各強化子の行動価格が P_{max} のときの最大反応数，すなわち O_{max} を表す．両強化子とも O_{max} は最大反応数（図では最大反応数の実測値）と有意に相関した．最後のパネル C は並立 FR-FR 条件で得られたタバコ吸引の選択率である．ここで，要求反応数は

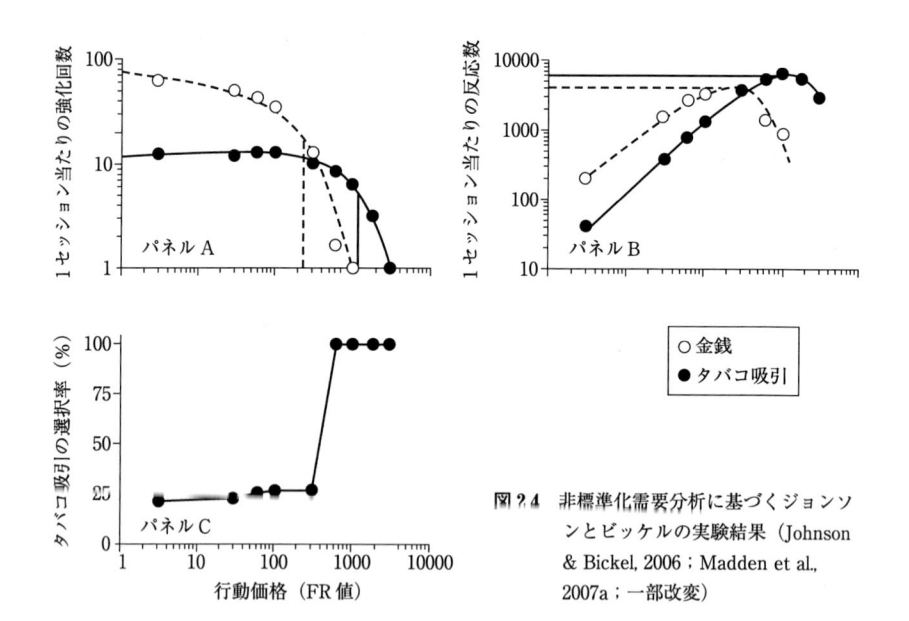

図 2.4　非標準化需要分析に基づくジョンソンとビッケルの実験結果（Johnson & Bickel, 2006；Madden et al., 2007a；一部改変）

FR条件の値と同一である．パネルAではFR300より大きな要求反応数で，金銭よりもタバコの消費量の水準が高かったが，パネルCでは，これに一致し，並立FR300-FR300より大きな要求反応数で，金銭からタバコへ選好が逆転することが示された．

標準化需要分析とアセスメント研究

　マデンら（Madden et al., 2007a, b）によると，標準化需要分析のアプローチにおいて，強化子の効力とは，価格が消費量に及ぼす効果のことである．そして，標準化価格（normalized price）に対してプロットされた標準化消費量（normalized consumption）に適用された需要関数の特性は，質的に異なった強化子の効力の順位を評価するために使用できると考えられる．標準化需要分析では，まず，標準化強化子の大きさの単位（q）が次の（2.5）式で求められる．

$$q = 100/B \tag{2.5}$$

ここで，BはFR1（最小の価格）における実際の消費量である．次に，標準化消費量が，各FR値で得られたそれぞれの消費量にqを掛けて，一方，標準化価格が，同じFR値をqで割って求められる．(2.5) 式を用いた変換によって，各強化子の最小の標準化価格に対する標準化消費量，いいかえれば，標準化需要関数の高さは，いつも100となる．したがって，薬物強化子間の量や効能（potency）の違いにかかわらず，標準化需要関数で得られる2つの行動指標（標準化P_{max}と標準化O_{max}）が比較可能となる（たとえば，Hursh et al., 2005）．

　図2.5は，図2.4のパネルAの行動価格と消費量（強化回数）を標準化してプロットしたデータに，(2.2) 式をあてはめて描いた標準化需要関数である．ただし，最小の価格における消費量の水準を表すLは定数100におきかえられている．また，図中の垂直線は，(2.3) 式で算出された各強化子の標準化P_{max}を表す．金銭に比べてタバコの標準化P_{max}が大きいことから，標準化需要分析は，タバコのほうがより効果的な強化子であり，金銭に比べて高いBPを維持すると予測する．また，図2.5では描かれていないが，標準化反応支出関数をもとに，同じ論理は標準化O_{max}と最大の反応支出の間においても成り立つ．ただし，先述のように標準化需要分析において，強化子の効力は，選択場面における2つの強化子の選択率や相対的な消費量の違いで示されるものではなく，あくまでも，価格が各強化子の消費量に及ぼす効果として考えられている．そのため，分析の適用範囲が，単一の強化子に接近可能な場面（FRとPR）における反応傾向の予

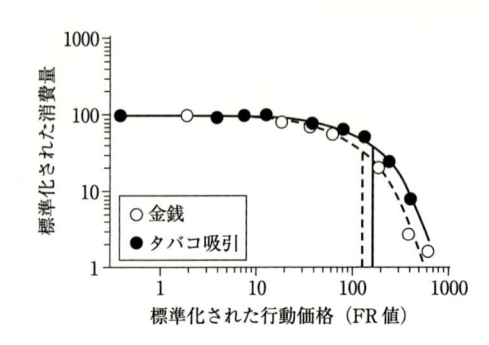

図 2.5 ジョンソンとビッケルの実験に対する標準化需要分析の適用（Johnson & Bickel, 2006；Madden et al., 2007a；一部改変）

測に限定され，需要分析と同じように，選択場面（並立 FR–FR）における選好の予測ができない点に注意が必要である．

需要分析を支持する研究（Bickel & Madden, 1999; Johnson & Bickel, 2006）では，おもに強化子に独立強化子が使用されたこと，また，FR と PR 条件が独立して実施されず需要分析の予測に問題があったことから，マデンら（Madden et al., 2007a, b）は，ラットを対象に代替財（食物ペレットとコーン油溶液）と補完財（食物ペレットと水）を用い，独立した条件を設定して，需要分析と標準化需要分析の比較を行った．前者の実験において，FR 条件では 6 個体中 5 個体以上でコーン油溶液に比べて食物ペレットの標準化 P_{max} と O_{max} が大きくなった．したがって，標準化需要分析より，後続の PR 条件では，コーン油溶液よりも食物ペレットで，高い BP と最大の反応支出が維持されると予測されたが，分析の結果はこれを支持した．一方，需要分析より，FR と PR 条件間の比較において P_{max} と BP が，O_{max} と最大の反応支出が，ともに正に相関すると予測されたが，両方で有意な相関が得られたのは，一方の強化子（コーン油溶液）のみであった．さらに，補完財を用いた後者の実験でも，2 つの分析の予測に対して類似の結果が得られた．2 つの実験結果は，相対的強化子効力を数量化する 2 つの行動経済学的アプローチのうち，標準化需要分析の予測がより正確であることを示唆している．

しかしながら，需要分析を支持する研究との比較において，強化子の特性と動物種が異なっていること，需要関数を適用するために必要な実測値が非弾力的な需要の範囲に偏っていること（Madden et al., 2007b），また，標準化需要分析は，単独で選好の予測ができない，いいかえれば，場面間転移の予測に難点があることから，さらなる比較研究と分析手法の促進が必要であろう．

7. 強化子の価値の尺度化に対する期待

　行動分析学において，強化子の価値を測る手段を追及することは重要な課題である．これに対し，需要関数は，個々の強化子の価値を効力という側面から数量的に分析する手段を提供した．この関数は，「行動価格の上昇に対して強化子の効力がどのように減衰するか」を記述したものであり，そこからP_{max}やO_{max}などの4つの行動指標が生み出された．これらの指標は，強化子間の効力の比較のみならず，他の実験条件における反応の傾向（BPと最大の反応支出）や選好の予測にも役立つことが示されたことから，強化子の価値を測る有力な候補であるといえよう．

　一方，ハーシュとシルバーバーグ（Hursh & Silberberg, 2008）は，強化子の効力を1つの値で記述できない（2.2）式を再考し，次の（2.6）式による新たな需要関数と強化真価（essential value）とよばれる行動指標を提案した．すなわち，強化子の行動価格（C）に対する消費量（Q）の自然対数は

$$\log Q = \log Q_0 + k(e^{-\alpha \cdot Q_0 \cdot C} - 1) \tag{2.6}$$

で表され，Q_0とαの2つのパラメータが事後的に推定される．ここで，Q_0は（2.2）式のLに類似し，行動価格が0のときの消費量の水準を表す．また，eは自然対数の底を，指数αは強化真価を表し，αの値が大きくなるほど，強化子の効力は小さくなる．一方，kは2つのパラメータの違いの影響を受けない共通の定数であり，消費量データの範囲を特定する（坂上，2007）．

　（2.2）式に比べて（2.6）式ではパラメータの数が1つ少ないにもかかわらず，実測値に対するあてはまりがよいことが，クリステンセンら（Christensen et al., 2008）の実験で報告されている．彼らは，複数のラットを対象とし，コカインと食物の標準化消費量の平均に対する（2.6）式のあてはまりのよさと強化真価を調べた．その結果，両強化子とも0.97以上の高い決定係数の値をとった．また，食物に比べてコカインのαの値は大きくなり，コカインの効力のほうが小さくなることが確認された．本実験の結果は，強化子の効力をαという1つの値で表すことに成功し，強化真価も強化子の価値を測る有力な候補となることを示唆している．

　本章では，需要関数による分析が，個体の消費や選択行動を理解するうえで有効であることをみてきた．とくに，需要関数で生み出された行動指標は，さまざ

まな特性をもつ強化子の効力の順序性を明確にしつつあり，強化子の価値の尺度化に貢献できると期待される．今後は，4節の冒頭であげたさまざまな経済条件下の実験や，6節で詳述した場面間転移の実験を通じて，各行動指標の特性を明確にすると同時に，強化子の価値の測定に対して，どの行動指標がより一般性や妥当性をもつかを比較検証する必要があろう．

コラム4 ●行動経済学の応用行動分析への適用例

本文では，実験的行動分析の立場から，需要関数を用いた個体の消費行動の実験的研究の成果を概観したが，行動分析学のなかには，実験的行動分析で得られたさまざまな知見（行動の原理や法則，個体内比較法に基づくさまざまな研究法，実験的事実など）を，私たちヒトの現実社会におけるさまざまな行動的問題の解決に適用することを目的とした，応用行動分析（applied behavior analysis）とよばれる研究・実践領域がある．

2つの実験環境 応用行動分析が，実験的行動分析と異なる唯一の点は，対象とする行動が，実験室内における個体の行動ではなく，ヒトの日常場面において改善を必要とする不適切な行動や，社会的に解決が求められる行動，および，社会的な促進が望まれる行動であるという点である（小野，2005）．ヒトと動物を対象とした行動経済学の実験室研究（以下，基礎研究）より，一般に，行動価格（要求反応数）の増加が消費量の減少に及ぼす効果は，封鎖に比べて開放経済的実験環境で大きいことが明らかにされている（たとえば，Hursh et al., 1989; Mitchel et al. 1994）が，ここでは，2つの実験環境を，発達障害者の適応行動の遂行に適用した，応用行動分析の研究例をみていく．

研究例 ローンら（Roane et al., 2005）は，教育的・職業的介入プログラムの訓練場面で基礎研究と近接した手続きを用い，開放経済的実験環境（以下，開放条件）と封鎖経済的実験環境（以下，封鎖条件）が，発達障害者の適応行動の遂行に及ぼす効果を比較した．2名の被験者のうち，フロイド（自閉症で中度の精神遅滞ありと診断された18歳の男性）の標的行動は封筒分類行動（ある箱から封筒を取り出し，約7m離れた別の箱に整頓する行動）であり，強化子はアニメのビデオを視聴することであった．

開放条件では，セッション中に利用可能なすべての強化を取得できなかった場合，セッション終了の5分後に強化子への付加的な接近が可能であった．そして，1セッションは，利用可能な視聴時間，すなわち上限の720秒がすべて消費されるか，または，封筒分類行動なしに5分間が経過するまで続行された．介入プログラムは，2つのブロックに分けられ，合計14セッションが実施された．一方，封鎖条件の1セッションの終了基準は，開放条件と同じであったが，強化子への接近は，封筒分類行動に従事したセッション内に限られていた．この条件においても，

7. 強化子の価値の尺度化に対する期待

介入プログラムは2つのブロックに分けられ，合計9セッションが実施された．

実験の条件 各条件において，1セッションの進行とともに，要求反応数（回）と視聴時間（秒）はともに増加した．図 2.6 は，それらの増加に対して，フロイドがどの程度の比率で強化子を獲得したのかを，セッション回数の合計に占める強化子獲得回数の合計の割合で示したものである．ここで，横軸の値を左から順に加算すると，1セッション内の封筒分類行動の合計回数と総視聴時間を算出することができる．たとえば，1セッション内で，フロイドが封筒分類を合計 12（72）回行ったならば，視聴時間の合計は 120（720）秒となる．いずれの場合も，1セッションが終了した直後にまとめて視聴された．さらに，開放条件では，その5分後に，視聴時間の上限 720 秒からセッション内で獲得された視聴時間を差し引いた残りの視聴時間が，不労で与えられた．たとえば，上述の例で，セッション内の視聴時間の合計が 120（720）秒の場合，付加的な視聴時間は 600（0）秒であった．

図 2.6 より，低〜中程度の要求反応数（2〜8回）と視聴時間（20〜80秒）の範囲で，強化子を獲得したセッションの割合は2条件で等しかったが，両者の値がそれより大きくなると，封鎖条件に比べて開放条件の減少幅が大きくなることが示された．同様の結果は，標的行動（25 問の足し算課題から構成されたワークシートの完了），強化子の種類（ビデオゲーム），開放条件で付加的なビデオの視聴が与えられるまでの遅延時間（4時間）が異なるにもかかわらず，もう一人の被験者メルビン（Smith-Magenis 症候群と診断された 14 歳の男児）においても確認された．

研究の意義と課題 本研究は，要求反応数（行動価格）がセッション間ではなくセッション内で増加した点や，要求反応数（コスト要因）のみならず，強化子提示時間（便益要因）も同時に増加した点で，本文で取り上げた多くの基礎研究と手続き上の違いが認められる．しかし，要求反応数の増加が，強化子を獲得したセッションの比率の減少に及ぼす効果が，封鎖に比べて開放条件で大きいという結果は，基礎研究で得られた多くの実験的事実と類似しており，ヒトの現実社会において経済環境の効果の一般性が，ある程度確認されたといえる．また，応用行動分析

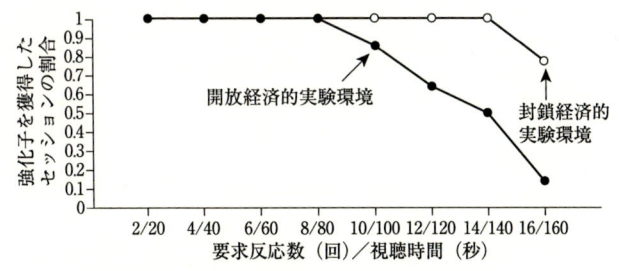

図 2.6 開放と封鎖経済的実験環境においてフロイドが強化子を獲得したセッションの割合（Roane et al., 2005；一部改変）

の観点から，介入プログラムの訓練場面以外で，強化子が利用できない環境を設定することが，セッション内の適応行動の増加に有効であることが示唆された．

今後の課題としては，基礎研究で標準的な手続き（たとえば，強化子提示時間を一定にした手続き）を導入した条件との比較研究や，日常場面に存在し訓練場面で用いられる強化子と代替可能な別の強化子（代替財；たとえばフロイドの場合，訓練場面で用いられたビデオとは別のビデオ）が介入プログラムの課題遂行に及ぼす効果を調べる研究などへの拡張と，これらの研究に需要関数などの数量的な分析を導入することがあげられる．

文 献

安東　潔・高田孝二（1989）．行動薬理学　杉本助男・佐藤方哉・河嶋　孝（編）行動心理ハンドブック　培風館　pp. 139-153.
Bickel, W. K., DeGrandpre, R. J., & Higgins, S. T. (1995). The behavioral economics of concurrent drug reinforcers: A review and reanalysis of drug self-administration research. *Psychopharmacology*, **118**, 250-259.
Bickel, W. K., & Madden, G. J. (1999). A comparison of measures of relative reinforcing efficacy and behavioral economics: Cigarettes and money in smokers. *Behavioural Pharmacology*, **10**, 627-637.
Bickel, W. K., Madden, G. J., & Petry, N. M. (1998). The price of change: The behavioral economics of drug dependence. *Behavior Therapy*, **29**, 545-565.
Bickel, W. K., Marsch, L. A., & Carroll, M. E. (2000). Deconstructing relative reinforcing efficacy and situating the measures of pharmacological reinforcement with behavioral economics: A theoretical proposal. *Psychopharmacology*, **153**, 44-56.
Christensen, C. J., Silberberg, A., Hursh, S. R., Huntsberry, M. E., & Riley, A. L. (2008). Essential value of cocaine and food in rats: Tests of the exponential model of demand. *Psychopharmacology*, **198**, 221-229.
DeGrandpre, R. J., & Bickel, W. K. (1996). Drug dependence as consumer demand. In L. Green & J. H. Kagel (Eds.), *Advances in behavioral economics. Vol. 3*. Norwood, NJ: Ablex, pp. 1-36.
DeGrandpre, R. J., Bickel, W. K., Rizvi, S. A. T., & Hughes, J. R. (1993). Effects of income on drug choice in humans. *Journal of the Experimental Analysis of Behavior*, **59**, 483-500.
Foltin, R. W. (1994). Dose package size matter? A unit price analysis of "demand" for food in baboons. *Journal of the Experimental Analysis of Behavior*, **62**, 293-306.
後藤　励・西村周三・依田高典（2008）．ニコチン依存と禁煙意思　経済セミナー，**639**, 90-97.
Green, L., & Freed, D. (1993). The substitutability of reinforcers. *Journal of the Experimental Analysis of Behavior*, **60**, 141-158.
Green, L., & Freed, D. (1998). Behavioral economics. In W. T. O'Donohue (Ed.), *Learning and behavior therapy*. Boston, MA: Allyn & Bacon, pp. 274-300.
Griffiths, R. R., Brady, J. V., & Bradford, L. D. (1979). Predicting the abuse liability of drugs with animal drug self-administration procedures: Psychomotor stimulants and hallucinogens. In T. Thompson, & P. B. Dews (Eds.), *Advances in behavioral pharmacology, Vol. 2*. New York:

Academic Press, pp. 163-208.
Hursh, S. R. (1978). The economics of daily consumption controlling food-and water-reinforced responding. *Journal of the Experimental Analysis of Behavior*, 29, 475-491.
Hursh, S. R. (1980). Economic concepts for the analysis of behavior. *Journal of the Experimental Analysis of Behavior*, 34, 219-238.
Hursh, S. R. (1984). Behavioral economics. *Journal of the Experimental Analysis of Behavior*, 42, 435-452.
Hursh, S. R. (2000). Behavioral economic concepts and methods for studying health behavior. In W. K. Bickel & R. E. Vuchinich (Eds.), *Reframing health behavior change with behavioral economics*. Mahwah, NJ: Laurence Erlbaum Associates, pp. 27-60.
Hursh, S. R., & Bauman, R. A. (1987). The behavioral analysis of demand. In L. Green & J. H. Kagel (Eds.), *Advances in behavioral economics. Vol. 1*. Norwood, NJ: Ablex, pp. 117-165.
Hursh, S. R., Galuska, C. M., Winger, G., & Woods, J. H. (2005). The economics of drug abuse: A quantitative assessment of drug demand. *Molecular Interventions*, 5, 20-28.
Hursh, S. R., & Natelson, B. H. (1981). Electrical brain stimulation and food reinforcement dissociated by demand elasticity. *Physiology & Behavior*, 26, 509-515.
Hursh, S. R., Raslear, T. G., Bauman, R., & Black, H. (1989). The quantitative analysis of economic behavior with laboratory animals. In K.G. Grunert & F. Ölander (Eds.), *Understanding economic behaviour (theory and decision library, series A, Vol. 2.)*. Dordrecht, Netherlands: Kluwer, pp. 393-407.
Hursh, S. R., Raslear, T. G., Shurtleff, D., Bauman, R., & Simmons, L. (1988). A cost-benefit analysis of demand for food. *Journal of the Experimental Analysis of Behavior*, 50, 419-440.
Hursh, S. R., & Silberberg, A. (2008). Economic demand and essential value. *Psychological Review*, 115, 186-198.
Hursh, S. R., & Winger, G. (1995). Normalized demand for drugs and other reinforcers. *Journal of the Experimental Analysis of Behavior*, 64, 373-384.
伊藤正人 (2006). 心理学研究法入門——行動研究のための研究計画とデータ解析 昭和堂
Johnson, M. W., & Bickel, W. K. (2003). The behavioral economics of cigarette smoking: The concurrent presence of a substitute and an independent reinforcer. *Behavioural Pharmacology*, 14, 137-144.
Johnson, M. W., & Bickel, W. K. (2006). Replacing relative reinforcing efficacy with behavioral economic demand curves. *Journal of the Experimental Analysis of Behavior*, 85, 73-93.
Kagel, J. H., Battalio, R. C., & Green, L. (1995). *Economic choice theory: An experimental analysis of animal behavior*. New York: Cambridge University Press.
Lea, S. E. G. (1978). The psychology and economics of demand. *Psychological Bulletin*, 85, 441-466.
Lea, S. E. G. (1987). Animal experiments in economic psychology. In L. Green & J. H. Kagel (Eds.), *Advances in behavioral economics. Vol. 1*. Norwood, NJ: Ablex, pp. 95-116.
Madden, G. J. (2000). A behavioral economics primer. In W. K. Bickel & R. E. Vuchinich (Eds.), *Reframing health behavior change with behavioral economics*. Mahwah, NJ: Laurence Erlbaum Associates, pp. 3-26.
Madden, G. J., Dake, J. M., Mauel, E. C., & Rowe, R. R. (2005). Labor supply and consumption of food in a closed economy under a range of fixed-and random-ratio schedules: Tests of unit price. *Journal of the Experimental Analysis of Behavior*, 83, 99-118.

Madden, G. J., Smethells, J. R., Ewan, E. E., & Hursh, S. R. (2007a). Tests of behavioral-economic assessments of relative reinforcer efficacy: Economic substitutes. *Journal of the Experimental Analysis of Behavior*, **87**, 219-240.

Madden, G. J., Smethells, J. R., Ewan, E. E., & Hursh, S. R. (2007b). Tests of behavioral-economic assessments of relative reinforcer efficacy II: Economic complements. *Journal of the Experimental Analysis of Behavior*, **88**, 355-367.

Mankiw, N. G. (2004). *Principles of economics*. 3rd ed. SW: Thomson Learning, Inc.(足立英之・石川城太・小川英治・地主敏樹・中馬宏之・柳川隆（訳）(2005). マンキュー経済学I ミクロ編 第2版 東洋経済新報社)

Mitchell, S. H., de Wit, H., & Zacny, J. P. (1994). Effects of varying the "openness" of an economy on responding for cigarettes. *Behavioural Pharmacology*, **5**, 159-166.

Murphy, J. G., Correia, C. J., Barnett, N. P. (2007). Behavioral economic approaches to reduce college student drinking. *Addictive Behaviors*, **32**, 2573-2585.

小野浩一 (2005). 行動の基礎——豊かな人間理解のために 培風館

Rachlin, H., Battalio, R., Kagel, J., & Green, L. (1981). Maximization theory in behavioral psychology. *The Behavioral and Brain Sciences*, **4**, 371-388.

Rachlin, H., Raineri, A., & Cross, D. (1991). Subjective probability and delay. *Journal of the Experimental Analysis of Behavior*, **55**, 233-244.

Roane, H. S., Call, N. A., & Falcomata, T. S. (2005). A preliminary analysis of adaptive responding under open and closed economies. *Journal of Applied Behavior Analysis*, **38**, 335-348.

坂上貴之 (2006). 経済心理学 海保博之・楠見 孝（監修）心理学総合事典 朝倉書店 pp. 584-591.

坂上貴之 (2007). 心理学と経済学の交差点——需要関数・マッチング関数・割引関数 子安増生・西村和雄（編）経済心理学のすすめ 有斐閣 pp. 15-44.

坂上貴之・山本淳一・実森正子 (1994). 実験的行動分析の展開——"選択", "認知", "言語"をめぐって 心理学研究, **65**, 395-411.

Sidman, M. (1960). *Tactics of scientific research: Evaluating experimental data in psychology*. New York: Basic.

高橋雅治 (1997). 選択行動の研究における最近の展開——比較意思決定研究にむけて 行動分析学研究, **11**, 9-28.

恒松 伸 (2001). 行動経済学における価格と所得の研究 行動分析学研究, **16**, 106-121.

山口哲生・伊藤正人 (2001). 喫煙・飲酒・薬物摂取の行動経済学 行動分析学研究, **16**, 185-196.

第3章

遅延割引関数を使う

佐伯大輔　高橋雅治

　買い物をしてレジに並ぶとき，たいていの人は，待ち人数の少ないレジを選ぶであろう．それは，待ち人数の多いレジでは，お金を支払うまでに，より長い時間がかかるからであり，このようなレジは，待ち人数の少ないレジに比べて価値が低いと考えられるからである．このように，選択結果が実現するまでの待ち時間によって，その価値が低下する現象を遅延割引という．

　遅延割引は，動物の採餌行動から，投資や借金といった人の経済行動までを説明できるきわめて適用範囲の広い概念である．本章では，心理学分野で明らかにされた，人における遅延割引の測定や遅延割引の数理モデルといった，遅延割引に関する基礎的事実を1節で，応用研究を2節で紹介する．

1. 遅延割引の基礎的事実

遅延割引とは

　上述のように，遅延割引とは，遅延時間による，選択結果の価値の低下をさす．一般に，選択の対象となるものには，「食事」や「給料」など，選択主体にとって好ましいものもあれば，「支払い」や「試験勉強」など，選択主体にとって好ましくないものもある．ここでは，前者のような場合に話を限定し，選択対象のことを「報酬」とよぶことにする（報酬は第1章における強化子と同じ意味と考えてよい）．

　心理学分野の研究に見られる遅延割引のとらえ方にはいくつかの特徴がある．
　① 価値を数値として表せることを前提とし，遅延報酬との間で主観的に等価となるすぐに得られる報酬量を求める方法を採用する．

② 得られた等価点データに割引関数を適用し，割引率（遅延割引の程度）を推定する．割引率は，人によって異なる値をとるものであり，遅延割引における個人差を表す．

③ 遅延割引を，セルフ・コントロール選択の説明概念として用いる．

このうち，①と②については，次項と次々項で詳しく述べるため，ここでは，③の特徴について触れておく．

心理学において，セルフ・コントロールという言葉にはさまざまな定義が与えられているが，選択行動の観点から見た場合，「すぐに得られる小さい報酬」と，「遅延のあとに得られる大きい報酬」の間の選択場面において，後者を選択することがセルフ・コントロール，前者を選択することが衝動性と定義されている（Rachlin & Green, 1972）．たとえば，ダイエットを試みている人にとっては，「1個のケーキ」よりも「スリムな身体」のほうが大きな報酬と考えられるが，今1個のケーキを食べることは，すぐに得られる小さな報酬を選ぶこと，すなわち衝動性を示したことになる．一方，そのケーキを食べずに我慢することは，1ヵ月後に得られるスリムな身体を選ぶこと，すなわちセルフ・コントロールを示したことになるのである．

セルフ・コントロールと衝動性の問題は，遅延割引の観点から理解できる．遅延割引の程度における個人差は，割引率で示されるが，割引率の高い人ほど，報酬までの遅延による価値の低下が激しい．そのため，セルフ・コントロール選択が不可能な人は，可能な人に比べて割引率が高く，即時小報酬の価値のほうが，遅延大報酬の価値よりも高くなるために，即時小報酬を選択してしまうと考えられるのである．

遅延割引の測定

遅延割引は，遅延報酬と即時報酬との間で等価となる報酬量や遅延時間を求めることによって測定される．このうち，遅延報酬と等価な即時報酬量を求める方法が，最もよく使用される．

ここでは，遅延割引の測定法として，心理物理学的測定法の1つである極限法を用いた方法（かこみa.），ランダム調整量手続きを用いた方法（かこみb.），さらに，実験経済学の手法であるオークションを用いた方法（かこみc.）について紹介する．

1. 遅延割引の基礎的事実

a. 仮想の金銭報酬を用いた遅延割引の測定（極限法）

ラックリンら（Rachlin et al., 1991）は，図3.1のように，遅延報酬と即時報酬の書かれた2枚のカードを被験者に示し，もらえるとしたらどちらを選ぶかを答えさせた．一方のカード（標準選択肢）には，「1ヵ月後にもらえる1000ドル」と書かれており，他方のカード（比較選択肢）には，「すぐにもらえる1000ドル」と書かれている．30回の選択を通して，標準選択肢の内容は変化しないが，比較選択肢の報酬額は，「すぐにもらえる1ドル」まで減少した．この30回の間に，選好が，比較選択肢から標準選択肢へと切り替わることが期待された．この選好の切り替わり前後の即時報酬額の平均値を，その被験者における，標準選択肢と等価な即時報酬額（等価点）とした．さらに，比較選択肢の報酬量が増加する系列も実施し，呈示の順番による効果が相殺された．

この方法により，他の遅延時間についても等価点が測定された．その結果，遅延の延長にともなって，等価点（1000ドルの価値）の低下，すなわち，遅延割引の生じることが明らかにされた．さらに，等価点に対して，次項（p. 58）で紹介する双曲線関数と指数関数をあてはめた結果，双曲線関数のほうが，遅延割引をうまく記述できることが示された．

図3.1 極限法による遅延割引の測定法

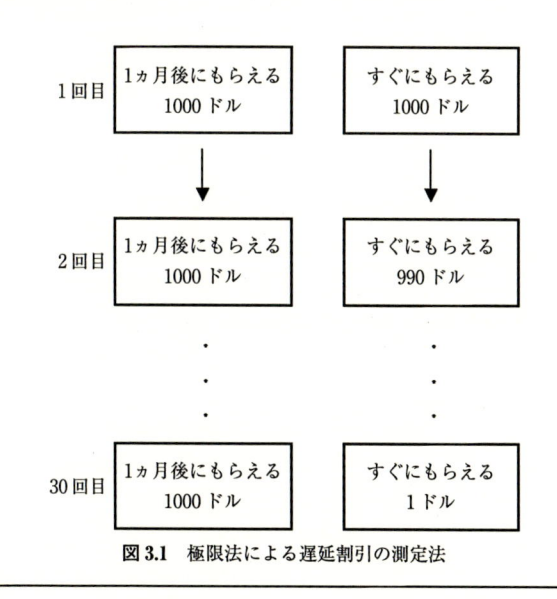

図3.2の黒丸は，佐伯・伊藤（1998）が，質問紙法を用いて仮想の10万円の遅延割引を測定した結果である．図3.2から，10万円の価値は5年足らずで半減し，25年で1/5になることがわかる．また，ラックリンらの研究と同様に，遅

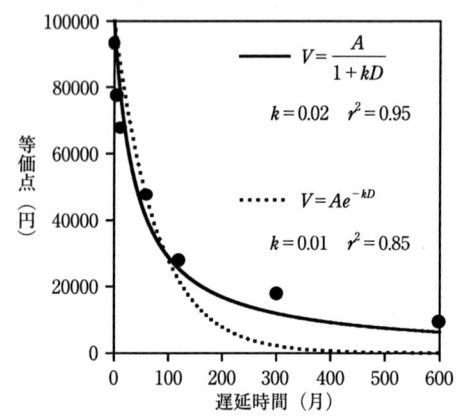

図3.2 質問紙法によって測定された仮想の10万円の遅延割引
データは，佐伯・伊藤（1998）が報告した群中央値である．実線と点線は，それぞれ，最も当てはまりのよい双曲線関数と指数関数である．kは割引率，r^2は決定係数を表す．

延割引は，双曲線関数によってうまく記述できること（データ点にうまく当てはまっていること）が示されている．

　上述した極限法による遅延割引測定は，簡便であるが，仮想報酬を用いているため，実際の遅延割引を測定できていない恐れがある．このような観点から，実際の金銭報酬を用いた遅延割引の測定が試みられている．次に示すランダム調整量手続きとオークションは，実際報酬を用いた遅延割引測定のために工夫された測定法である．

---

b. ランダム調整量手続きを用いた遅延割引の測定（調整法）

　リチャーズら（Richards et al., 1999）は，遅延後に得られる10ドルとすぐに得られる0～10ドルの間の選択場面を用いて遅延割引を測定した．この研究では，被験者の選択内容の1つが実験後に実現される実際報酬が用いられ，さらに，遅延報酬が選択されると次回では即時報酬額が増加し，即時報酬が選択されると次回では即時報酬額が減少する調整手続きが用いられた．

　通常，調整法では，選択間での変化量は固定しているが，実際報酬を用いた場合，被験者が，多くの報酬を得ようとして，即時報酬額を故意に増加させる可能性がある．したがって，このような動機づけの効果が混入するのを防ぐため，被験者の選択によって，次回の即時報酬額のとりうる範囲が狭くなり（遅延報酬が選択されると下限が上昇し，即時報酬が選択されると上限が下降する），次回の即時報酬額はその範囲内でランダムに決定されるランダム調整量手続きが用いられた．その

結果, 仮想報酬を用いた場合と同様に, 等価点は双曲線関数によって記述可能なことが示された.

c. オークションを用いた遅延割引の測定

カービー (Kirby, 1997) は, 遅延割引の測定に, オークションを適用することにより, 遅延報酬の「真の」価値の測定を試みている. 実験では, 複数の被験者を対象に, 遅延報酬 (たとえば, 「29日後に得られる10ドル」) が呈示され, この報酬に対してオークションを実施した. つまり, 被験者は, この遅延報酬をいくらで購入するかを答えた.

この実験では, 最も高い値をつけた被験者が, 2番目に高い値で競り落とすことができる二位価格オークション (第8章参照) 法が用いられた (ただし, 競りは実際には行われず, 「誰が競り落とすか」はランダムに決定された). その理由は, 最も高い値をつけた被験者が, その値で競り落とす一位価格オークション法では, 被験者が, 自分の真の評価額よりも低い値を答えた場合でも競り落とすことが可能なので, 真の評価額を引き出すことができないと考えられるからである (中山, 1997). これに対し, 二位価格オークションでは, 被験者が, 真の評価額よりも低い値を答えることは合理的ではないのである. 実験の結果, 他の遅延割引研究と同様に, 評価額は双曲線関数によって記述可能なことが示された.

以上, 代表的な遅延割引の測定法について説明した. これらの研究から明らかにされた重要な事実は, どの測定法を用いた場合でも, 双曲線関数が妥当であるという結果が得られていることである. しかしながら, 上述した研究はいずれも, 「遅延報酬との間で等価となる即時報酬量」をデータとして用いている. したがって, これとは別の変数 (たとえば, 即時報酬量と等価な遅延報酬の遅延時間) を測定対象とした場合でも, 同様の結果が得られるか否かを検討する必要がある.

遅延割引の数理モデル

ここでは, 遅延割引を定量的に記述するための数理モデルを紹介する. 遅延割引に数理モデルを適用する理由として, 個人の遅延割引の程度を割引率によって数値化できることや, 推定された割引率を用いて, 別の遅延時間や報酬量条件下における遅延割引を予測できることがあげられる. しかしながら, 2節で示されるように, 割引率に影響する要因が多数存在するため, 実際には, 割引率の値を知るだけで, 別の場面での遅延割引を予測するのは難しい. 以下では, 最もよく

用いられる数理モデルである指数関数と双曲線関数を取り上げる.

従来,経済学では,以下の指数関数が用いられてきた.

$$V = Ae^{-kD} \tag{3.1}$$

ただし,A は遅延報酬量,D は遅延時間(単位は任意),V は遅延報酬の価値,e は自然対数の底($=2.71828\cdots$)を表す.k は,関数を適用したあとに定まる経験定数であり,割引率を表す.

(3.1)式から得られた理論曲線を図3.3(左)に示す.図から,割引率が高くなるほど,遅延の延長にともなう価値の低下が激しくなることがわかる.指数関数は,どの時点でも,遅延が1単位増加したときの価値の低下の割合が一定であることを予測する.たとえば,$k=0.1$ の場合,遅延が1から2に延長するときでも,100から101に延長するときでも,価値は0.905倍になる.

一方,心理学では,動物の選択行動研究(Mazur, 1987)から,以下の双曲線関数が提案されている.

$$V = \frac{A}{1+kD} \tag{3.2}$$

記号の意味は,(3.1)式と同様である.双曲線関数から得られた理論曲線を図3.3(右)に示す.指数関数の場合と同様に,割引率が高くなるほど,遅延の延長にともなう価値の低下は激しくなるが,指数関数ほどではない.双曲線関数は,指数関数とは異なり,遅延の延長にともなって,価値の低下の割合は小さくなる.たとえば,$k=0.1$ の場合,遅延が1から2に延長するときには,価値は0.917倍になるのに対し,遅延が100から101に延長するときには,価値は0.991倍になるのである.双曲線関数のこの特徴は,報酬の受け取りが遠い将来である場合にはセルフ・コントロールが可能であるが,それが目前に迫ってくると衝動

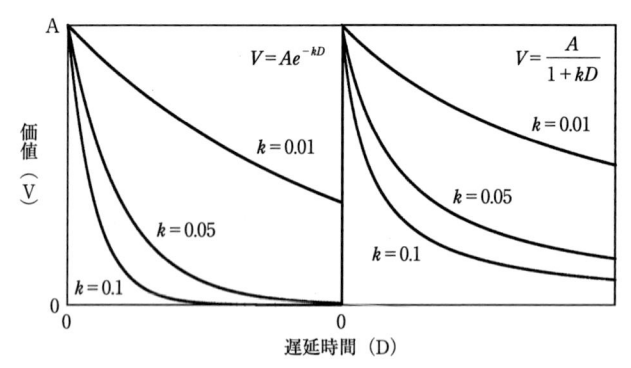

図 3.3 指数関数と双曲線関数の理論曲線

性へと選択が切り替わる選好逆転現象を説明できる．一方，一定の割合で割引が生じることを予測する指数関数では，選好逆転現象を予測できないのである（Green & Myerson, 1993; Kirby, 1997）．

指数関数と双曲線関数のいずれにおいても，割引率の高い人ほど，報酬までの遅延時間の延長にともない，報酬の価値が急速に割り引かれることになる．そのような人は，セルフ・コントロール選択場面において，衝動性を示す傾向が強いと予測される．したがって，割引率は，衝動性の程度を表すものと考えられている（Green & Myerson, 1993）．

割引率は，等価点に対して割引関数を当てはめることによって推定される．当てはめは，非線形回帰分析が行えるソフトウェアがあると簡単に行える．ここでは，SigmaPlot 9.0（SYSTAT）を用いた．具体的な手続きの説明は省略するが，佐伯・伊藤（1998）の場合，A に遅延報酬量である100000を，D に遅延時間（単位は月）である1から600を，V に各遅延条件で測定された等価点を代入し，割引関数を適用する．回帰分析を行うと，関数から導出される理論値が，等価点に最も近似するときの割引率と，当てはまりのよさを表す決定係数（r^2）が算出される．

佐伯・伊藤（1998）のデータに回帰分析を施した結果を図3.2（前出）に示した．決定係数は，双曲線関数のほうが指数関数よりも高いが，このことは，双曲線関数のほうが遅延割引をうまく記述できることを示している．これまでのところ，双曲線関数と指数関数の間で決定係数を比較した研究（Kirby, 1997; Richards et al., 1999 など）では，双曲線関数のほうが妥当であるという結果が得られている．

割引の程度を表現する他の方法として，x軸，y軸，等価点で結ばれた領域の面積である曲線下面積（area under the curve: AUC）がある（Myerson et al., 2001）．AUCは，最も長い遅延時間と遅延報酬量を1.0に規準化して，等価点をプロットした場合の曲線下面積である（図3.4）．AUCを用いることの利点として，割引関数を適用したときに問題となる，当てはまりのよさを考慮する必要がないことなどがあげられる（Myerson et al., 2001）．

以上，遅延割引の数理モデルとして指数関数と双曲線関数を紹介した．これまでのところ，当てはまりのよさという観点から，双曲線関数の妥当性が示されている．しかしながら，指数関数も双曲線関数も，価値（V）と報酬量（A）の間に比例関係が成立することを想定しているが，通常，報酬量と価値の間には，非

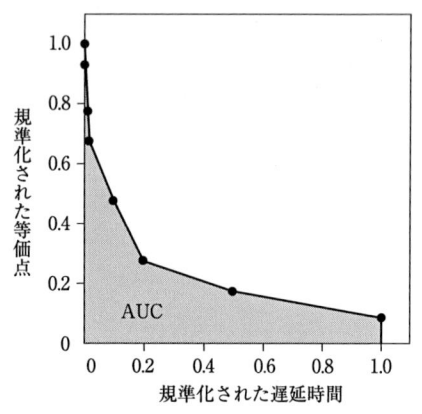

図3.4 曲線下面積（AUC）による割引の程度の表現
等価点は図3.2と同じものを用いた．

線形関係が想定される（Loewenstein & Prelec, 1992）．このことを考慮した数理モデルはいくつか提案されている（Loewenstein & Prelec, 1992; Myerson & Green, 1995）が，実際に，価値と報酬の関係を踏まえたうえで割引率を推定している研究は少ない．この問題は，今後，検討すべき課題の1つである．

〔佐伯大輔〕

コラム5●経済・経営場面における遅延割引

伝統的な経済学やファイナンス理論では，合理的な意思決定主体が想定され，彼らが示す判断や意思決定を導出することによる理論構築がなされてきた．しかしながら，実際の人間の判断や意思決定は必ずしも合理的なものではなく，一定の偏りのあることが見出されている．このような，判断や意思決定における偏りを心理学的要因によって説明する試みが，「行動経済学」や「行動ファイナンス」といった研究分野において最近盛んに行われている（Shefrin, 2002；多田，2003）．ここでは，これらの研究分野で明らかにされた，経済・経営場面における遅延割引現象の一部を紹介する．

投資行動

株式への投資は国債への投資に比べるとリスクが高い．そのため，利回りは株式投資のほうが国債投資よりも高くなる．これは，人が一般にリスクを避ける傾向にあるため，リスクの高い分，利回りがよくないと株式投資がなされないことを示している．しかしながら，過去の投資による利回りを調査した研究では，理論的な説明が困難なほど，株式投資のほうが国債投資よりも，利回りの高いことが明らかにされている（Benartzi & Thaler, 1995）．この問題は，「株式プレミアム・パズル」

とよばれている（Shefrin, 2002；多田，2003）.

ベナルツィとセイラー（Benartzi & Thaler, 1995）は，1926〜1990年における株式や国債のデータを用いたシミュレーションにより，株式プレミアム・パズルが，近視眼的損失回避（myopic loss aversion）という意思決定傾向によって説明できるとしている．損失回避とは，ある額のお金を得ることに対する好ましさの程度よりも，同額のお金を失うことに対する嫌悪の程度のほうが強いという判断傾向をさす．ベナルツィらは，損失回避が生じており，かつ投資内容が頻繁に（約1年ごとに）見直される場合に，株式プレミアム・パズルを説明できることを示した．彼らは，投資内容を見直す時間間隔が長くなるにつれて，国債よりも株式のほうが魅力的になることを示し，得失の評価を短い周期で行う近視眼性という性質が，株式プレミアム・パズルの一因であるとしている．

近視眼性は，遠い将来の利得よりも目先の利得を重視する傾向のことなので，遅延割引やセルフ・コントロールの問題と関係する．もちろん，長期の株式投資が常に大きな利益をもたらすわけではないが，ベナルツィらの理論は，短期的な得失に大きく影響されているという点で，人の投資行動が衝動的であることを示している．

年金への加入と貯蓄行動

退職後の生活に備えて貯蓄を行うための制度に拠出型年金がある．加入者は，給料の一部を年金として拠出し，積み立てた額を退職後に受け取る．米国では1981年に，401（k）という確定拠出型の企業年金が導入された．これは，加入者である従業員からの拠出額に対して，企業が一定の割合を上乗せするという，加入者にとって魅力の高い年金制度である．しかしながら，実際には，401（k）への貯蓄率は低いことが指摘されている（多田，2003）．401（k）への加入は，現在の消費を抑える代わりに，より多くの消費を遅延（退職）後に回すことになるため，セルフ・コントロール選択を行っていることになるが，貯蓄率が低いという事実は，セルフ・コントロールが不十分であることを示している．

セイラーとベナルツィ（Thaler & Benartzi, 2004）は，ある企業における貯蓄率の低い（3.5％）従業員に対して，毎年の昇給の度に貯蓄率を上げるプラン（SMarT: Save More Tomorrow™）を呈示し，希望者にこれを実施した．その結果，4回目の昇給時には，貯蓄率が13.6％まで上昇したことを報告している．これに対し，貯蓄率が低い（4.4％）ため，上げるようにコンサルタントから助言されただけの従業員における貯蓄率の上昇は，8.8％に留まっていた．

セルフ・コントロールを促進する方略の1つに，自分で衝動的行動をとれないように工夫する自己拘束（コミットメント）があるが，SmarTへの加入は，自己拘束としてうまく機能しているといえる．

2. 遅延割引の応用

遅延割引に影響を及ぼす諸要因

1節でも述べたように，遅延割引は「目先の小さな報酬にとらわれず，将来の大きな報酬を選ぶ」という，「セルフ・コントロール」の問題と密接に関連する．そのため，遅延割引の概念は心理学におけるセルフ・コントロール研究者たちの興味を引きつけ，これまでに，遅延割引に影響を及ぼす心理的な要因を明らかにする試みが数多く行われてきた．以下では，それらの要因について紹介する．

報酬量の効果（図3.5 (a)）　報酬の量が小さいほど，割引率は大きくなる (Green, Myerson, & McFadden, 1997)．たとえば，1000万円と1万円を比べた場合，1万円の方が割引率が大きい．いいかえれば，「10年後の1万円」を待つことは難しいが，「10年後の1000万円」なら待つことはやさしい．これは，少量の報酬ほど消費しやすいためではないかと考えられている．

年収の効果（図3.5 (b)）　年収が少ないほど，割引率が大きくなる (Green et al., 1996)．たとえば，年収1000万円の人よりも，年収200万円の人のほうが，割引率が大きい．これは，年収が少ないほど，目先の現金を必要としている度合いが大きいためであるとされている．一方，収入が多い場合には，長期的に見て有利な報酬を選ぶことができる．

年齢の効果（図3.5 (c)）　若者ほど割引率が大きい (Green et al., 1996)．たとえば，60歳の被験者よりも20歳の被験者のほうが，割引率が大きい．若者よりも中高年のほうが，平均余命が短いことを考えると，中高年のほうが遅延に強いという結果は，直感に反する．しかし，米国の研究でも，日本の研究 (Takahashi,

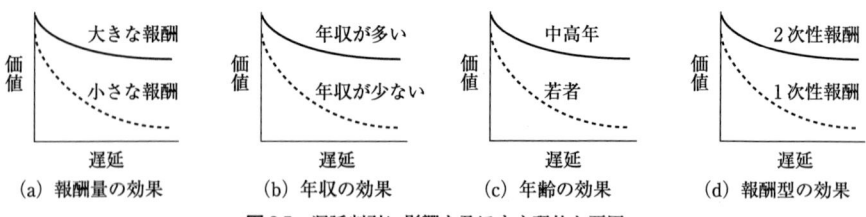

(a) 報酬量の効果　(b) 年収の効果　(c) 年齢の効果　(d) 報酬型の効果

図3.5 遅延割引に影響を及ぼす心理的な要因
横軸は遅延時間を，縦軸は主観的な価値を示す．遅延の増加とともに価値が低下する程度が大きいほど，割引率が大きくなる．

in preparation) でも，若者ほど割引率が大きいことは確かである．

この理由としては，いくつかの仮説が考えられる．たとえば，中高年は，遅延される大きな報酬を選ぶほうが得であることを，長い時間をかけて学習してきたのかもしれない．毎月の給与をすべて使ってしまえば，いつまでたっても結婚資金や住宅資金は手に入らない．目先の御馳走をすべて食べてしまうと，生活習慣病になるかもしれない．

一方，これとは別の仮説も考えられる．たとえば，後に紹介するように，割引率の大きい若者は，喫煙，飲酒，不健康な生活などを選びがちである．そのため，そのような若者は，中高年になれない確率が高い．その結果として，いま生存している高齢者には，割引率の小さい人が多いのかもしれない．

報酬の種類（図 3.5（d））　報酬の種類により，割引率は異なる．たとえば，薬物中毒者を被験者として，金銭報酬と中毒薬物という2種類の報酬の割引率を調べた研究では，中毒薬物の割引率がより大きくなった（Bickel, Odum, & Madden, 1999; Coffey et al., 2003; Madden et al., 1997; Petry, 2001）．つまり，中毒薬物はすぐに欲しいが，金銭報酬はある程度待つことができるのである．

また，中毒傾向のない健常者を被験者として，食物報酬と金銭報酬という2種類の報酬の割引率を調べたところ，食物報酬の割引率のほうがより大きくなった（Kirby & Guastello, 2001; Odum & Rainaud, 2003）．このことは，「10年後にもらえる御馳走」は，「10年後にもらえる同程度の金銭報酬」と比べて，あまり価値をもたないことを意味している．

心理学では，食物や薬物などのように，それ自体を消費することのできる報酬のことを1次性報酬とよび，金銭やポーカーチップなどのように，それ自体を消費することはできないが，1次性報酬と交換することができる報酬のことを2次性報酬という．したがって，これらの結果は，1次性報酬よりも2次性報酬のほうが，割引率が小さい，というように一般化できるかもしれない．しかし，次項で紹介するように，最近になって，食物報酬よりも金銭報酬のほうが割引率が小さいという現象は，一般性をもたないことがわかってきた．

マクロ経済学的な要因の効果

割引率とは，「時間経過による報酬の主観的価値の低下の程度」のことである．したがって，金銭報酬の割引率は，金利などのマクロ経済学的な要因に大きく影響される．たとえば，金利は，時間割引（時間経過による金銭の価値の減少）や

信用リスク（金銭を実際に使える確率の減少）を反映するので，割引率の直接的な決定要因となる．

> **d. インフレと時間割引**
>
> 1989～1993 年のポーランドでは，平均インフレ率が 100% をこえていた．そこで，1994 年に，ポーランドの市民を被験者として，不安定な国内通貨であるズロチ（ズウォティ，zloty）と，価値の安定しているアメリカドルについて，時間割引率を測る試みが行われた（Ostaszewski, Green, & Myerson, 1998）．幸いなことに，その当時はポーランド国内にドル表示で商品を売る店があり，国民の多くは，ドルとズロチの価値について詳しく知っていた．
>
> そこで，ワルシャワ大学の 25 名の学生に，「今すぐもらえる 200 万ズロチ」と「1 年後にもらえる 198 万ズロチ」の選択を行ってもらい，2 つの貨幣の遅延割引率の違いが分析された．その結果，図 3.6 に示すように，アメリカドルよりも，ズロチを使った場合のほうが，大きな割引率がみられた．
>
> その後，1995 年に新ズロチが導入され，1996 年には，新ズロチのインフレ率がかなり小さくなった．その時点で同じ実験を行ったところ，ドルと新ズロチの割引率はほぼ等しくなった．このことから，インフレというマクロ経済学的な要因が遅延割引を規定することが明らかにされた．
>
> **図 3.6** インフレ下のポーランドにおいて測定された 100 米ドルと 2000 万ズロチの割引関数（Ostaszewski et al., 1998）当時の交換レートでは，2 つの金額は同じ価値であったが，ズロチのほうが大きく割り引かれた．

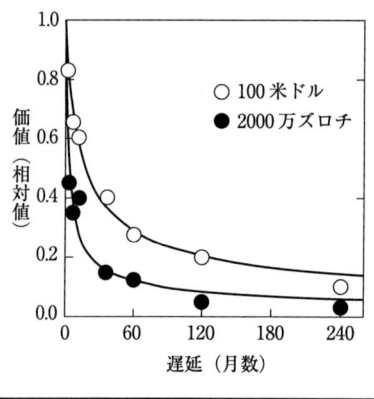

たとえば，物価が持続的に上がるインフレーションの場面では，それに応じて金利も上昇する．そのため，インフレ場面では，遠い将来の金銭報酬の価値は大きく減少する．実際，インフレーション下では，割引率がきわめて大きくなることが知られている．

一方，信用リスクもまた，割引率に影響を及ぼす．通常，金銭報酬の割引率には，金利の効果と信用リスクの効果が同時に影響している．たとえば，インフレ

下のポーランドでズロチが大きく割り引かれたのは,インフレにより未来のズロチの価値の低下が期待されただけではなく,社会・経済の不安定化により,将来になんらかの理由で金銭を使えなくなる確率(信用リスク)が増大したことも影響しているのかもしれない.

それでは,金利の効果と信用リスクの効果を分離するには,どうしたらよいのだろうか.ひとつの方法としては,金銭以外の報酬で割引率を測ることが考えられる.残念ながら,将来にわたって必要性が持続する報酬はそれほど多くない.しかし,たとえば,イタリア人にとってのパスタや,アジア人にとってのお米なら,お金と同じように割引率を測ることができるかもしれない.

このような考えに基づいて,アジア通貨危機の後の2000年に,タイにおいて,バーツとお米の遅延割引率を測る研究が行われた(Takahashi et al., 2008.).タイ通貨危機は1997年にはじまり,対ドルレートは,1997年に31.34バーツ,1998年には50バーツにまで低下した.研究の結果,バーツについては,かなり大きな割引率がみられた.しかし,お米の割引率は,同程度の金額のバーツの割引率よりも小さかった.

これは,金銭報酬よりも食物報酬のほうが,割引率が大きいという前項で紹介した結果(図3.5 (d))とは,まったく反対の結果ということになる.したがって,1次性報酬の場合には割引率が小さくなるとは,必ずしもいえない.

医療・教育への応用

遅延割引は,医療や教育にとって大きな意味をもっている.たとえば,医療場面では,禁煙により得られる将来の健康な生活は,遅延される大きな報酬であると考えることができる.一方,目の前のタバコを吸ってしまうことは,すぐに得られる小さな報酬である.このとき,将来の健康な生活という報酬の価値を大きく割り引く人は,喫煙を続けるであろう.一方,将来の健康な生活の価値をあまり割り引かない人は,禁煙するであろう.このような考え方に基づいて,喫煙者等の薬物中毒者について,遅延割引率を調べる試みが行われてきた(Bickel et al., 1999; Coffey et al., 2003; Madden et al., 1997; Petry, 2001).

典型的な研究結果を図3.7に示す.喫煙者は,非喫煙者と比べて,金銭報酬の割引率が大きい(Bickel et al., 1999).同様に,ヘロイン中毒者は,非中毒者と比べて,金銭報酬の割引率が大きい(Madden et al., 1997).また,多量のアルコールを摂取する被験者は,そうでない被験者と比べて,金銭報酬の割引率が大き

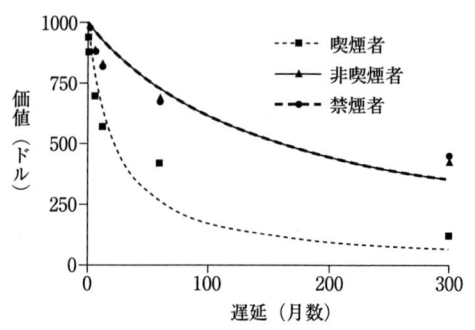

図 3.7 喫煙者，非喫煙者，および，1 年間以上の禁煙者の金銭報酬
(1000 ドル) の割引関数 (Bickel et al., 1999；一部改変)
喫煙していても，1 年以上禁煙すると非喫煙者と同じ程度の割引率に回復する．

い (Petry, 2001).

　これらの結果から，いくつかの興味深い仮説が導かれる．たとえば，中毒と割引のどちらが原因で，どちらが結果なのだろうか．これについては現時点では結論は出ていない．途中禁煙者は，非喫煙者と同じ程度の割引率を示すことを考えると，「喫煙が割引率を低下させている」のかもしれない．しかし，割引率が大きくなる可能性を遺伝的にもった人が，「喫煙により大きな割引率を発現させた」という可能性もある．

　また，将来の健康が遅延される大きな報酬であるとすれば，割引率は，他の健康管理行動にも影響することも考えられる．たとえば，生活習慣病になりやすい人は，割引率の大きい人かもしれない．

　同様の仮説は，教育についても適用可能である．たとえば，勉強行動に実質的な報酬が与えられるのは，かなりあとになってからである．実際，一生懸命に講義に出ていろいろな知識を身につける，という行動の報酬は，遠い将来の職業生活での成功のような，遅延報酬である．ということは，勉強をさぼる学生は，割引率の大きい学生なのだろうか．このような線にそった遅延割引の応用研究は端緒についたばかりであり，今後の展開がおおいに期待されている．〔高橋雅治〕

文　献

Benartzi, S. & Thaler, R. H. (1995). Myopic loss aversion and the equity premium puzzle. *The Quarterly Journal of Economics*, **110**, 73–92.

Bickel, W. K., Odum, A. L., & Madden, G. J. (1999). Impulsivity andcigarette smoking: Delay discounting in current, never, and ex-smokers. *Psychopharmacology*, **146**, 447–454.

Coffey, S. F., Gudleski, G. D., Saladin, M. E., & Brady, K. T. (2003). Impulsivity and rapid discounting of delayed hypothetical rewards in cocaine-dependent individuals. *Experimental and Clinical Psychopharmacology*, 11, 18-25.
Green, L., & Myerson, J. (1993). Alternative frameworks for the analysis of self control. *Behavior and Philosophy*, 21, 37-47.
Green, L., Myerson, J., Lichtman, D., Rosen, S., & Fry, A. (1996). Temporal discounting in choice between delayed rewards: The role of age and income. *Psychology and Aging*, 11, 79-84.
Green, L., Myerson, J., & McFadden, E. (1997). Rate of temporal discounting decreases with amount of reward. *Memory & Cognition*, 25, 715-723.
Kirby, K. N. (1997). Bidding on the future: Evidence against normative discounting of delayed rewards. *Journal of Experimental Psychology: General*, 126, 54-70.
Kirby, K. N., & Guastello, B. (2001). Making choices in anticipation of similar future choices can increase self-control. *Journal of Experimental Psychology: Applied*, 7, 154-164.
Loewenstein, G., & Prelec, D. (1992). Anomalies in intertemporal choice: Evidence and an interpretation. In G. Loewenstein & J. Elster (Eds.), *Choice over time*. New York: Russell Sage Foundation, pp. 119-145.
Madden, G. J., Petry, N., Badger, G. J., & Bickel, W. K. (1997). Impulsive and self-control choices in opioid-dependent patients and non-drug-using control participants: drug and monetary rewards. *Experimental and Clinical Psychopharmacology*, 5, 256-262.
Mazur, J. E. (1987). An adjusting procedure for studying delayed reinforcement. In M. L. Commons, J. E. Mazur, J. A. Nevin, & H. Rachlin (Eds.), *Quantitative analyses of behavior: Vol. 5. The effect of delay and of intervening events on reinforcement value*. NJ: Lawrence Erlbaum Associates, pp. 55-73.
Myerson, J., & Green, L. (1995). Discounting of delayed rewards: Models of individual choice. *Journal of the Experimental Analysis of Behavior*, 64, 263-276.
Myerson, J., Green, L., & Warusawitharana, M. (2001). Area under the curve as a measure of discounting. *Journal of the Experimental Analysis of Behavior*, 76, 235-243.
中山幹夫 (1997). 戦略のゲーム 中山幹夫 (著) はじめてのゲーム理論 有斐閣 pp. 47-68.
Odum, A. L., & Rainaud, C. P. (2003). Discounting of delayed hypothetical money, alcohol, and food. *Behavioural Processes*, 64, 305-313.
Ostaszewski, P., Green, L., & Myerson, J. (1998). Effects of inflation on the subjective value of delayed and probabilistic rewards. *Psychonomic Bulletin & Review*, 5, 324-333.
Petry, N. M. (2001) . Delay discounting of money and alcohol in actively using alcoholics, currently abstinent alcoholics, and controls. *Psychopharmacology*, 154, 243-250.
Rachlin, H., & Green, L. (1972). Commitment, choice and self-control. *Journal of the Experimental Analysis of Behavior*, 17, 15-22.
Rachlin, H., Raineri, A., & Cross, D. (1991). Subjective probability and delay. *Journal of the Experimental Analysis of Behavior*, 55, 233-244.
Richards, J. B., Zhang, L., Mitchell, S. H., & de Wit, H. (1999). Delay or probability discounting in a model of impulsive behavior: Effect of alcohol. *Journal of the Experimental Analysis of Behavior*, 71, 121-143.
佐伯大輔・伊藤正人 (1998). ヒトにおける確率・遅延・共有による価値の割り引き——質問紙による検討 日本心理学会第 62 回大会発表論文集, p 780.
Shefrin, H. (2002). *Beyond greed and fear: Understanding behavioral finace and the psychology of*

investing. New York: Oxford University press. (鈴木一功(訳)(2005). 行動ファイナンスと投資の心理学 東洋経済新報社)

多田洋介(2003). 行動経済学入門 日本経済新聞社

Takahashi (in preparation). Delay discounting of future money in Japan.

Takahashi, M., Masataka, N., Malaivijitnond, S., & Wongsiri, S. (2008). Future rice is discounted less steeply than future money in Thailand. *The psychological Record*, **58**, 175-190.

Thaler, R. H., & Benartzi, S. (2004). Save More Tomorrow™: Using behavioral economics to increase employee saving. *Journal of Political Economy*, **112**, 164-187.

第4章

変化抵抗を使う

井垣竹晴

　日常生活のさまざまな場面における私たちの行動と，価値（value）は深くかかわっている．ある対象が価値あることがわかれば，私たちはそれを選択し，手に入れようと努めるだろう．対象についての情報が少なければ，価値を見出したり，価値を調べたりもする．

　では，価値はどのように測定するのだろうか．心理学の一領域である行動分析学では，さまざまな価値の測定法が開発されてきた．価値は，行動分析学では強化（reinforcement）という操作と深く結びついている．ある行動に後続して価値あるものが提示されれば私たちは当然その行動を増やすだろう．この時の価値あるものの多くは，強化子として機能することは間違いない．このことから第Ⅰ部のテーマである，「価値を測る」ということは，行動分析学の文脈でいえば，「強化という操作がもたらす効果をどのようにして測るのか」ということにほかならないだろう．

　第Ⅰ部では，行動分析学の枠組みの中で発展してきたさまざまな研究テーマが，この「価値を測る」という観点から紹介されてきた．第Ⅰ部の最後に取り上げるのは，変化抵抗（resistance to change）とよばれる指標である．変化抵抗とは，環境が「変化」した場合に，現在従事している行動がどれだけ「抵抗」するのかを意味している．価値との関連でいえば，価値あるものは，環境が変化しても（たとえば，なんらかの理由でそれが手に入らなくなった場合でも），固執され続けるのかということである．

　変化抵抗は，行動分析学において1970年代から精力的に研究が行われてきたテーマである．基礎研究では変化抵抗の制御変数や，他の価値指標との関連が検討されてきた．変化抵抗研究をもとに，行動モメンタム（behavioral momentum）とよばれる概念が提出され，それをもとに応用研究では応諾行動の改善を目指す

技法が開発されてきた．変化抵抗をめぐっては基礎と応用の双方において今なお盛んに研究が続けられている．本章では，この変化抵抗についてこれまで得られてきた知見を概説していく．

1. 変化抵抗についての一般的知見

　ある行動に従事していて，もしその行動を続けていくことが困難になるようなことが環境に生じた場合，その行動はどうなるのだろうか．持続し続ける場合もあれば，すぐに止めてしまう場合もあるだろう．日常生活にこのような場面を数多く見出すことができる．たとえば，お気に入りのホームページが2つあるとして，ある日なんらかの事情でインターネットにつながらなくなったとしよう（そして，つながらなくなったことにしばらく気づかないこととする）．その場合，どちらのホームページにより固執するだろうか．

　このように行動の持続を妨げるような事態が環境に生じた場合に，その行動が持続する傾向を変化抵抗とよぶことにする．動物個体の示す行動の変化抵抗はどのような様相を示すのか，またどのような要因によって制御されているのか．本節では変化抵抗研究の初期において明らかにされた一般的事実を見ていくことにしよう．

変化抵抗の測定

　変化抵抗は，ハトやラットといった実験動物を用いたオペラント条件づけの実験事態で研究されてきた．変化抵抗を測定する代表的な実験場面では，多元（multiple）スケジュールが用いられる（図4.1, 図4.2）．多元スケジュールとは，複数の強化スケジュールが被験体に一度に1つずつ時間的に別々に（継時的に）呈示される複合（complex）スケジュールの一種である．多元スケジュールでは，それぞれのスケジュールのことを成分（component）とよび，それぞれの成分は弁別刺激（とよばれる手がかり刺激）によって区別可能である．ハトを被験体とした実験場面では，赤や緑のキーライトが弁別刺激として用いられる．

　各成分の持続時間であるが，多元スケジュールには，成分の時間が決まっていて一定時間ごとに成分が切り替わるタイプと，強化子の呈示ごとに成分が切り替わり時間が不定期なタイプがある．変化抵抗研究では成分時間が決まっているタイプの多元スケジュールが多く用いられる．また成分間には通常，キー暗期

1. 変化抵抗についての一般的知見　　71

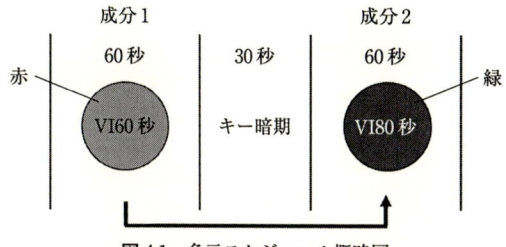

図 4.1　多元スケジュール概略図

Nevin（1974）の実験1で用いられた多元スケジュールでは，各成分は赤と緑の弁別刺激によって示され，強化スケジュールはVI60秒とVI180秒スケジュール，成分の持続時間は60秒間，成分間間隔は30秒間であった．

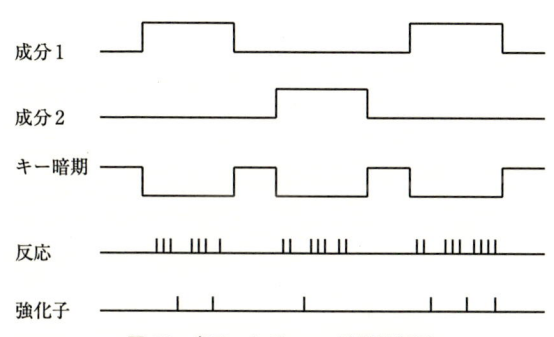

図 4.2　多元スケジュール時間統制図

各成分における反応は，それぞれの成分で設定される強化スケジュールに従って強化される．変化抵抗研究で用いられる多元スケジュールの多くは，成分の持続時間が固定されており，各成分では複数回強化子が呈示されることもあれば，1回も強化子が呈示されないこともある．

(dark-key period) が設けられる．例として，ネヴィン（Nevin, 1974）の実験1で用いられた多元スケジュールでは，強化スケジュールとしてVI 60秒とVI 180秒スケジュールが用いられ（これを多元VI60秒VI180秒と表記する），成分の持続時間は60秒間，成分間間隔は30秒間，弁別刺激は赤と緑のキーライトの点灯という手続きであった．

　この多元スケジュールにおいて，それぞれのスケジュールを20〜30回程度経験させる実験セッションを，毎日ほぼ決まった時間に行う．1ヵ月ほどこの訓練を行い反応を安定させ，ベースライン反応を測定する．ベースライン測定後，いくつかの方法を用いて反応を減少させる．この操作を反応減少操作とよんでおこ

う．反応減少操作にはいろいろな方法が考えられるが，変化抵抗研究で用いられる代表的な反応減少操作は，① 先行給餌（prefeeding），② キー暗期中の VT 強化子の呈示，③ 消去（extinction）である．反応減少操作は一般性を確認するために通常は 2 種類以上行われる．

① 先行給餌とは，実験セッション開始前に被験体に一定量の餌を与えることである．お腹がいっぱいになる（飽和化）ので，当然反応はベースラインに比べて減少していく．次に ② キー暗期中の VT 強化子の呈示であるが，これは変動時間（variable-time: VT）スケジュールという反応に依存しないで強化子が呈示されるスケジュールによって，キー暗期中に強化子を呈示する方法である．それぞれの成分で得られる強化子に加えて，キー暗期中に反応しなくても強化子が呈示されることで，反応が減少する（詳しくは説明しないがこの現象は行動分析学では負の行動対比とよばれている）．最後に ③ 消去であるが，これは弁別刺激を呈示するのみで，それぞれのスケジュールで強化子を一切呈示しない．強化子が呈示されないので当然のことながら反応は減少していくことになる．そして，これらの反応減少操作はその効果の強さつまり強度を変えてくり返し行われる．先行給餌の場合は給餌量が増えるにつれて，VT 強化子の呈示の場合は VT スケジュールの強化率が高くなるにつれて，消去の場合はセッション数が続けられることによって，反応が減少していくことが予想される．

変化抵抗は，反応減少操作によってベースラインに比べ反応がどれだけ減少したのか，つまり反応減少操作導入時のベースラインに対する減少の割合（反応減少操作導入時の反応率／ベースラインの反応率）で表される．ベースライン比で表現される減少の割合が小さければ小さいほど（1 に近いほど），ベースラインからほとんど変化していないということになるので，変化抵抗は強いことを意味する．たとえば，ベースラインの平均反応率が 1 分あたり 50 反応だったとしよう．消去を導入した場合，反応率が 1 分あたり 40 反応まで減少したら，ベースラインに対する比は 0.8 となる．消去のセッションが 2 回目になれば反応はさらに減少することが予想され，たとえば，1 分当たり 30 反応になれば，ベースラインに対する比は 0.6 になる．ここでの消去セッション数といった反応減少操作の各強度におけるベースライン比を結べば，変化抵抗曲線とよぶものが得られる．変化抵抗が強い場合，この曲線の傾きは浅く，変化抵抗が弱い場合，傾きは鋭くなる．

図 4.3 は，反応減少操作として VT 強化子の呈示が用いられた場合の変化抵抗

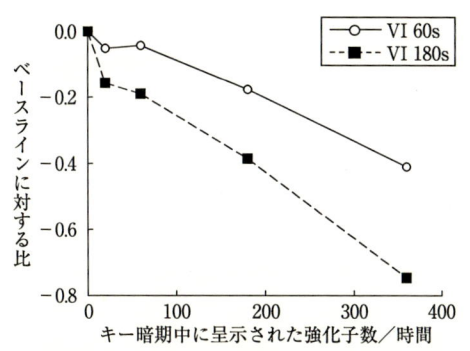

1. 変化抵抗についての一般的知見

図4.3 VT強化子の呈示による変化抵抗（Nevin, 1974；一部改変）
多元VI60秒VI180秒スケジュールで訓練された4羽のハトの平均データ．白丸（○）はVI60秒成分の変化抵抗を，黒い四角（■）はVI180秒成分の変化抵抗を示す．縦軸の数値は対数値に変換されている．

を示している（Nevin, 1974）．図の横軸は反応減少操作の強度（キー暗期中の強化子数）を，縦軸はベースライン比を示す．反応減少操作の強度が強くなるにつれ，反応がベースラインに比べて減少している．そして減少の度合いは成分によって異なっている．図からVI 60秒スケジュールの減少の傾きは，VI 180秒スケジュールのそれと比べて浅いことがわかる．この実験結果はVI 180秒よりも強化率の高いVI 60秒スケジュールによって維持された反応のほうが，変化抵抗が強いことを示している．強化率と変化抵抗のこの関係は，その後数多くの実験においてくり返し確認されている（井垣・坂上，2003; Nevin & Grace, 2000a）．

変化抵抗の制御変数

前項では，変化抵抗の高低が強化率の高低と関係していること（つまり変化抵抗は強化率と正の相関関係にあること）を述べた．このことは変化抵抗の制御要因が強化率であることを示唆している．しかしながら前項の実験だけでは，強化率が変化抵抗の制御要因であるとは必ずしも結論できない．前項では話を簡単にするため，わざと述べていなかったことがあった．それは「強化率の異なる多元VI–VIスケジュールで訓練を続けると，通常は強化率の高い成分で反応率も高くなること」である．この事実は，第1章で扱われたマッチングの法則が，並立スケジュールだけでなく多元スケジュールにも適用可能であることからも裏づけられる（たとえば，McSweeney et al., 1986）．

この場合，変化抵抗が強いことの原因は，ベースラインの反応率が高いためともいえるし，強化率が高いためともいえる．これでは変化抵抗の強弱の要因を特定することができない．これを検討するよい方法はないだろうか．問題なのは反応率と強化率がともに高いことであった．では反応率と強化率の高低の傾向が異なるような実験事態を作りだして，その場合の変化抵抗を測定し，変化抵抗がどちらの高低と関連しているのかを調べれば，変化抵抗を制御している要因が特定できることになる．これを巧妙な実験事態で検討したのが，ネヴィンら（Nevin et al., 1990）の実験1である．他にも変化抵抗の制御変数を検討した研究は多数あるが，この実験が最も端的にその事例を例証していると考えられるので，ここで紹介しておこう．

a. 変化抵抗の制御変数の検討（Nevin et al., 1990）

2つの成分の多元スケジュールを用いてハトのキーつつき反応が訓練された．多元スケジュールの各成分は赤と緑のキーライトで点灯されている．多元スケジュールの両成分では値の等しいVIスケジュールが有効であるが，一方の成分ではVIスケジュールのほかに，VTスケジュールによっても強化子が呈示された．つまり，両成分とも反応をすることによって強化子が呈示されるが，一方の成分では，それだけでなく反応とは無関係に強化子が呈示された．

このようにあるキー（反応操作体）に対して，複数の強化スケジュールが同時に有効であるようなスケジュールのことを共立（conjoint）スケジュールとよぶ．このVTスケジュールによっても強化子が提示される成分のスケジュールは，共立VI VTスケジュールということになる．

この共立スケジュール成分では，単独VIスケジュール成分と比べて強化率は当然高くなる．それでは反応率はどうなるのだろうか．結果として反応率は，単独VIスケジュール成分と比べて低くなることがわかった．これは反応してもらえる強化子に加えて，反応しなくても強化子がもらえることによって，反応と強化子の結びつきが弱くなったためであると考えられる．つまり共立スケジュール成分におけるVTスケジュールは，その成分における強化率を高める一方で，その成分の反応と強化子の関係を弱める働きをしている．

ここで反応率の高低と強化率の高低を分離することができた．では変化抵抗はどちらと関連しているのだろうか．反応減少操作として先行給餌と消去が行われたが，どちらの反応減少操作とも，強化率の高い共立スケジュール成分で変化抵抗が強いことが確認された．変化抵抗はやはり強化率と結びついていることが示されたのである．

この実験1の結果は変化抵抗がベースラインの反応率とは独立しており，強化率と結びついていることを示している．では変化抵抗と強化率の結びつきとは，どのような性質によるものなのだろうか．行動分析学では，動物個体の行動を決定する要因として，2種類の条件づけによる随伴性を仮定している．1つは，オペラント型の反応-強化子随伴性，もうひとつはレスポンデント型の刺激-強化子随伴性である．反応と強化子の関係が弱められた共立成分で変化抵抗が強いという結果は，変化抵抗が反応-強化子随伴性ではなく，もうひとつの随伴性である刺激-強化子随伴性によって制御されることを意味している．

まとめると，ネヴィンら（Nevin, 1974; Nevin et al., 1990）の結果から，変化抵抗が強化率の高い成分で強いのは，強化によって反応が増えた（反応-強化子随伴性）からではなく，ある刺激のもとで多くの強化子が呈示された（刺激-強化子随伴性）からであると結論できる．前項と同様に，この点に関しても，さまざまな実験により一般性がくり返し確認されている（井垣・坂上，2003; Nevin & Grace, 2000a）．

2. 変化抵抗研究の応用

行動分析学では，基礎と応用の役割分担がなされており，基礎は実験室場面で行動の制御要因を探求する実験的行動分析で，応用は基礎研究の成果をもとに問題行動の改善を目指す応用行動分析で，それぞれ研究が進められている．変化抵抗については，前節で見たように基礎研究においてその制御要因をめぐる研究が精力的に行われているが，基礎研究の知見を応用行動分析で直接検討する試みは残念ながら未だない．しかし，変化抵抗研究の応用を考えるうえで1つのヒントになるのが，行動モメンタム（behavioral momentum）とよばれる概念（Nevin et al., 1983）である．本節では，この概念と，この概念から生み出され，変化抵抗研究とも間接的に関連する応諾行動を増加させる技法について取り上げる．

◯ 行動モメンタム

ネヴィンら（Nevin et al., 1983）は，古典力学におけるモメンタムという概念をもとに，行動モメンタムという概念を提出した．古典力学において，モメンタムとは物体の「勢い」を表し，物体の速度（velocity）と質量（mass）の積で表現される．例として，ある速度で走っている車を，ブレーキを踏んで止めようと

した場合，止まるまでにかかる時間を考えてみよう．同じ車であるが速度が異なる場合は，速度が速い場合のほうが止まるまで時間がかかるだろう．また速度は同じでも重さが異なる場合，たとえば軽自動車と8人乗りのミニバンでは，ミニバンのほうが止まるのに時間がかかるだろう．つまり動いている物体のモメンタムは，速度と質量に影響されるのである．

　ネヴィンらは，行動にも物体と同様にモメンタムを想定できるのではないかと考えた．ここで，速度を反応率，質量を変化抵抗として，「行動モメンタム＝反応率×変化抵抗」と定義した．この行動モメンタムという概念の提出は，行動分析学における従来の行動観に新しい視点を与えている．行動を「勢い」という観点からとらえることができること，勢いは反応率と変化抵抗という要素で成り立っていることは今までになかった視点であった．そして変化抵抗をめぐる研究は，反応率と変化抵抗という行動モメンタムの構成要素が，それぞれ異なった随伴性（「反応-強化子随伴性」と「刺激-強化子随伴性」）によって制御されることを示してきた．

　このように行動モメンタム概念は行動の2つの側面を扱っている．ネヴィンは，反応の生起（反応率）に影響を与える要因に関しては，これまで強化スケジュールや選択行動の研究をはじめ非常に注目されてきたが，行動の持続に影響を与える要因については省みられることが少なかったという．そして今後は，反応率だけでなく持続の側面（変化抵抗）にも目を向けるべきであると主張している（Nevin, 1998）．

　同じことは応用行動分析においても当てはまる．問題行動の解決を目指す応用行動分析にとって重要なことは，「望ましい行動がいかに生じるか」にあるといえる．しかしそれだけではなく，望ましい行動の持続にも目を向ける必要があるだろう．望ましい行動の生起頻度が高くても，全然それが持続しなければ意味がない．一方，生起頻度が低くても持続する行動を形成できたのであれば，その介入はある程度は成功したといえるだろう．このように行動モメンタム概念は，望ましい行動の生起だけでなく，その持続も必要であること，そしてその2つの要因が合わさって，行動の勢いという概念を統合して考えていく必要があることを示唆している．

高確率要請連鎖技法

　行動モメンタムという概念は，変化抵抗研究の応用を考えるうえでヒントを与

2. 変化抵抗研究の応用

えてくれているが，この概念はさらに，高確率要請連鎖（high-probability request sequence）技法という応用行動分析において近年積極的に研究が行われるようになった新しい治療技法も生み出している．ここではその技法について簡単に紹介をしておこう．

高確率要請連鎖技法は，メイスら（Mace et al., 1988）が行動モメンタム概念にヒントを得て，考案した技法である．名称から難しそうに聞こえるが，実はとても単純な技法で，おもに子どもや発達障がいをもつ人の応諾行動を改善させるために用いられる．

具体的な手続きを見てみよう．「手を洗う」「机の上を片付ける」といった望ましい行動であるが，要請してもなかなか応諾されにくい行動は，非応諾（noncompliance）の問題として応用行動分析で改善が試みられてきた．このようになかなか応諾してくれない要請のことを低い確率で応諾される要請という意味で低確率要請（low-probability request）とよぶことにする．メイスら（Mace et al., 1988）は，低確率要請を呈示する前に，簡単にできることを何回かさせると，低確率要請の応諾率が高まることを発見した．この簡単にできる要請のことを高確率要請（high-probability request）とよぶ．

例として，握手することや，野球選手がよくやるような，「手をぱちんと叩き合わせること（give me five）」があげられる．高確率要請は応諾されれば，頭を撫でてあげたり，「よくできたね！」と褒めてあげることが必要である．手続きを図式化すると図4.4のようになる．

この実験では，知的障害の成人が被験者として参加した．実験では，最初に，被験者に対してさまざまな課題を呈示し，その遂行の程度によって高確率要請（たとえば，「手を叩いてください」「抱きしめて」）と，低確率要請（たとえば，

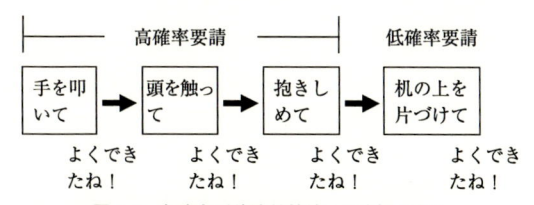

図4.4　高確率要請連鎖技法：1試行の流れ
高確率要請・低確率要請ともに応諾されれば言語的賞賛を呈示する．要請間の間隔は5秒がよく用いられる．高確率要請が応諾されない場合は，しばらく待ってから次の高確率要請を呈示し，最低3〜5回の高確率要請が応諾されてから低確率要請が呈示される．

「テーブルの上を片づけて」「シャワーを浴びなさい」）が分類された．その後，一連の高確率要請を低確率要請に先行して呈示した際の低確率要請の応諾率と，高確率要請を先行呈示しなかった場合の応諾率を比較したところ，高確率要請を先行して呈示した場合は，低確率要請課題への応諾率が増加することが観察された．

　低確率要請の前に高確率要請を呈示すると，なぜ低確率要請の応諾率が高まるのかは，行動モメンタム概念によって説明できる．高確率要請への反応も低確率要請への反応も，その応諾の率こそ違うが，同じ応諾という反応クラスに属していると考えられる．高確率要請に何度も応諾させることによって，応諾という反応のモメンタムが強まっていく．単独ではなかなか応諾されない低確率要請も，高確率要請を先行して呈示することによって応諾のモメンタムを高めてやれば，応諾されやすくなるのである．

　この高確率要請連鎖技法は，効果が高いことや単純で実施が容易であるといった理由から，前述のメイスらの実験研究（Mace et al., 1988）以後，急速に研究は進展した．効果を高める要因についての研究（Mace et al., 1997）や，持続（maintenance）やフォローアップといった効果の維持についての研究（Davis et al., 1992; Ducharme & Worling, 1994）が行われている．また当初は単純な応諾行動に限定されていたが，近年では学業課題に適用される（Lee, 2006）など，応用の範囲も広がっている．

　またこの技法は，社会心理学で扱われている応諾獲得方略の1つである段階的要請法（foot-in-the-door technique）と手続き的に類似している．段階的要請法は，フリードマンとフレーザー（Freedman & Fraser, 1966）が報告した要請技法で，誰でも応諾するような小さな要請を出して，応諾・実行してもらい，次に目的とする大きな要請を出すと，最初から大きな要請をする場合よりも応諾率が高まる技法である．段階的要請法における最初の小さな要請を高確率要請，次の大きな要請を低確率要請と考えれば，段階的要請法と高確率要請連鎖技法の手続きは非常に類似している．段階的要請法に関しては社会心理学においてかなりの研究の蓄積もあり（レビューとして，Burger, 1999），段階的要請法と高確率要請連鎖技法の知見を相互に活用することで，双方の分野でまた異なった研究の進展が見られるかもしれない．

　高確率要請連鎖技法に関しては，メイスらの実験研究以後，現在まで数十に及ぶ研究がなされており，変化抵抗研究とは独立して発展を遂げている研究テーマ

といえよう．変化抵抗と高確率要請連鎖技法，どちらも行動モメンタム概念と結びついているが，それぞれの研究の進展は，わかりやすい概念を適用することによって，研究が進展することの好例であると考えることができる．

3. 価値を示す他の行動指標との関係

これまで価値を示す指標の1つとしての変化抵抗について，その基本的知見を述べてきた．そして第1章では，変化抵抗以外にも，さまざまな価値の指標が取り上げられた．これらの指標も等しく価値を示しているならば，変化抵抗とこれらの指標の間には，なんらかの関係性が見出せるのだろうか．変化抵抗研究では，第1章で取り上げられた選好や，第2章で取り上げられた需要弾力性との関係についても検討が加えられている．本節では，変化抵抗と選好・需要弾力性との関係について取り上げる．

選好

選好と変化抵抗の関係については，ネヴィン（Nevin, 1979）が比較的早い段階で指摘をしていたが，実証的な研究はグレイスとネヴィン（Grace & Nevin, 1997）が最初である．選好と変化抵抗の関係はどのようにして検討されるのだろうか．選好は第1章で述べられたように並立連鎖スケジュールを用いて測定されることが多い．一方，変化抵抗は多元スケジュールを用いて測定されている．このように選好と変化抵抗は測定される実験事態が異なっている．このため両者を効果的に比較検討する方法がいくつか考案されてきた．本項ではオリジナルの研究として2つの方法を紹介する．

> **b. 選好と変化抵抗の比較検討の方法**
> **(1) 並立連鎖スケジュールと多元スケジュールを用いる方法**
> （Grace & Nevin, 1997）
> 1回の実験セッション内で並立連鎖スケジュールと多元スケジュールの両方を被験体に経験させ，選好と変化抵抗を比較検討する方法である．具体的な実験手続きであるが，オペラント箱においてハトのキーつつき反応が訓練された．ハトは実験セッションの半分で並立連鎖スケジュールを，もう半分では多元スケジュールを経験した．並立連鎖スケジュールの終磁と多元スケジュールの成分は対応しており，等しいVIスケジュールの対が設定されている．たとえば，並立連鎖スケジュール

の終環に VI 12.5 秒と VI 37.5 秒スケジュールが設定されていた場合，多元スケジュールの成分にも VI 12.5 秒と VI 37.5 秒スケジュールが設定される．この手続きのもと訓練が行われ，並立連鎖スケジュールの初環において終環スケジュールに対する選好が測定され，一方，多元スケジュールでは反応が安定したあと，反応減少操作によって変化抵抗が測定された．

この実験では，VIスケジュール対が8条件用いられ，各条件で選好と変化抵抗が測定された．結果として，選好も変化抵抗も強化率の関数として変化するという従来の知見が再確認された．そして各条件における選好と変化抵抗を散布図にプロットしたところ，線形の関係が見られた．このことは，あるスケジュールに対する選好が強くなればなるほど，そのスケジュールに対する変化抵抗も強くなることを示している．

(2) 並立連鎖スケジュールのみを用いる方法（井垣・坂上，2001a）

並立連鎖スケジュールのみを用いて，直接，選好と変化抵抗を測定し比較する方法である．実験ではハトのキーつつき反応が訓練され，並立連鎖スケジュールの終環には値の等しい VI と FI スケジュールが設定された．ベースライン訓練において初環の選好が測定され，その後反応減少操作を実施して，初環の変化抵抗が測定された．結果として，選好と変化抵抗がともに，終環に VI スケジュールが設定される初環において強いことが確認され，両者の傾向が一致していることが示された．

これらの結果から，選好と変化抵抗の相関関係が示唆されるが，グレイスとネヴィン（Grace & Nevin, 1997; Nevin & Grace, 2000a）は相関関係の指摘にとどまらず，もう一歩踏み込んで，「選好と変化抵抗は同じ対象を異なった手続きで測定しているにすぎない」という強い主張を展開している．同じ対象とは何だろうか．それは強化を通じて形成される価値（value）にほかならないだろう．彼らの主張に従えば，選好と変化抵抗は価値を異なった側面から測定しているにすぎないということになる．このような主張は，選好と変化抵抗を検討したさまざまな実験で裏づけられている（たとえば，Grace et al., 1998, 2002; Mellon & Shull, 1986; Nevin & Grace, 2000b; Nevin et al., 2001）．

需要弾力性

変化抵抗研究においては，前項の選好と変化抵抗との関係に加え，需要弾力性と変化抵抗との関係についても検討が加えられている（井垣・坂上，2001b; Macenski & Meisch, 1998; Nevin, 1995; Nevin & Grace, 2000a）．両者の関係を最初に指摘したネヴィン（Nevin, 1995）は，ハーシュら（Hursh et al., 1988）の研

3. 価値を示す他の行動指標との関係

究データを変化抵抗の観点から分析し，需要が非弾力的であるほど，変化抵抗が強いことを理論的に導いている．

彼の分析に従って需要曲線から変化抵抗曲線を導いてみよう．ハーシュら（Hursh et al., 1988）の実験において，ラットは，さまざまな値のFRスケジュールによってペレットを得ることができた．ここでは2, 1, 0.5個のペレットが得られるラットのグループを取り上げる．各FR値で獲得された1日当たりのペレット数を結んでみると需要曲線を描くことができる（図4.5の左パネル参照）．需要曲線の傾きは各グループによって異なり，ペレット数が多い2のグループで傾きは浅く，ついでペレット数が1のグループ，0.5のグループと傾きが急になっている．つまりペレット数の多いグループの消費が非弾力的であることがわかる．

図4.5の左パネルの需要曲線のデータから変化抵抗を導くことができる．変化抵抗を測定するには，反応減少操作が必要であるが，ハーシュらの実験において反応減少操作に該当するものは何だろうか．この実験ではFRスケジュールの値が1から360まで変化させられていたが，強化スケジュールの要求値が増加することによっても反応は減少すると考えられる．これを変化抵抗研究における反応減少操作に該当するものと考えてみよう．FR1をベースラインとし，それぞれのFR値における獲得ペレット数を，ベースラインに対する比で示したのが，図4.5の右パネルである．この変化抵抗曲線は，反応の変化抵抗ではなく，消費の

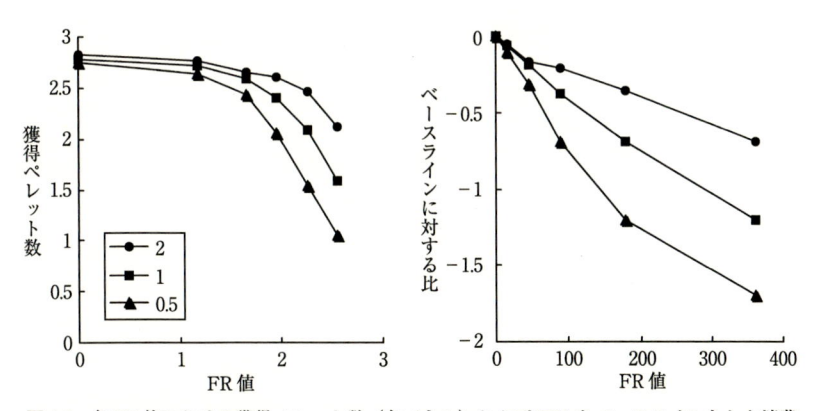

図4.5 各FR値における獲得ペレット数（左パネル）およびFR1をベースラインとした消費の変化抵抗（右パネル）（Nevin (1995) を参考に，Hursh et al. (1988) より改変）
2，1，0.5は各グループにおいてFRスケジュールを満たすことによって呈示されるペレット数を示している．右パネルの消費の変化抵抗は左パネルのデータを用いて示されている．左パネルの縦軸と横軸，右パネルの縦軸の数値は対数値に変換されている．

変化抵抗ではあるが，得られる傾向は1節の最初の項で見た曲線（図4.3）と類似している．強化率の高いグループ（ペレット数が2）の変化抵抗曲線の傾きは他のグループよりも浅く，消費の変化抵抗は強い．需要曲線と変化抵抗曲線のこの関係は，需要が非弾力性であるほど変化抵抗は強いことを示している．

上記の分析は需要曲線から変化抵抗を導いているが，ネヴィン（Nevin, 1995）はさらに変化抵抗のデータから，需要曲線を導くことにも成功している．他にも，アカゲザルのコカイン摂取行動に関して，需要曲線と変化抵抗曲線による分析により，需要が非弾力的であるほど変化抵抗が強いことが確認されている（Macenski & Meisch, 1998）．これらの分析は，選好と変化抵抗の関係と同様に，需要弾力性と変化抵抗も同じ対象を異なった観点から測定している可能性を示唆している．

価値指標と反応率との関係

本章を含め，第Ⅰ部ではさまざまな価値指標について取り上げられてきたが，これらの指標が価値という次元でとらえられるようになったのはごく最近のことであると考えられる．導入部分では，価値とは，強化という操作が反応にもたらす効果のことをいいかえたものではないかと述べたが，これらの指標は，実験的行動分析においては，それぞれ独自の研究テーマのもと発展してきたもので，当初から関連性が指摘されていたわけではなかった．なぜ，さまざまな価値指標が生まれてきたのだろうか．その背景には，おそらくは，それまで価値を示していると考えられた「反応率」という測度に対するアンチテーゼという側面もあったのではないだろうか．

行動分析学の創始者であるスキナーは，強化の効果（ここでの価値）を示す指標として反応率を考えた（Skinner, 1938）．反応率が高い場合，より強い強化の効果があることを意味する．強化という操作は，そもそも直前の反応の生起頻度を高める操作と定義されるため，この考えは至極当然のことのように思える．しかし反応率は強化の効果を適切に示していないことがその後の研究から明らかにされてきた．反応率をとりまくさまざまな問題のうち，最も大きな問題は反応率が呈示される強化子の数や率とは無関係に，強化スケジュールによって簡単に変容してしまうことであった．たとえば，VIとFIスケジュールを用いれば，強化率を等しくした場合でも，まったく異なった反応率を生み出すことが可能である（Herrnstein, 1964）．

このように反応率には，条件づけられてしまう側面があり価値の指標として適切ではない．選好，需要弾力性，変化抵抗といった研究が進展してきた背景には，反応率に代わる指標が必要であったという要因も考えられるのではないだろうか．

反応率が適切に強化の効果を反映できない（反応率とそれ以外の価値指標の傾向が異なる）事例は数多くあげられるが，ここではそのいくつかを紹介しよう．

選好に関しての実験（Neuringer, 1969）では，並立連鎖スケジュールの終環に強化率を等しくした FI と FT スケジュールを設定したところ，初環の選好にスケジュール間で差は見られなかったが，終環の反応率は FI スケジュールで高かった．需要弾力性に関して，ハーシェルとネテルソン（Hursh & Natelson, 1981）の実験では，並立 VI VI スケジュールにおけるラットの餌と脳内電気刺激間の選択が検討された．VI スケジュールの値が体系的に変えられ，ほとんどの VI 値において脳内電気刺激の反応率は餌よりも高かったが，餌の消費のほうが非弾力的であるという結果が見られた．

変化抵抗に関しての実験（Fath et al., 1983）では，多元スケジュールの各成分に強化率の等しい VI スケジュールが設定され，さらに DRH（高反応率分化強化）スケジュールと DRL（低反応率分化強化）スケジュールを付加することによって，2つの成分の強化率はほぼ等しいが反応率は異なるように操作された．結果として，両成分の変化抵抗は反応率が異なるにもかかわらず等しかった．

このように選好，需要弾力性，変化抵抗は，反応率に代わる強化の効果の新たな指標として提出されたところにその共通点が見出せる．これら指標間の関係を検討する試みは，現在のところ変化抵抗研究のサイドから行われているのみで，全体的に見ればごくわずかである．今後の研究の進展が期待されるテーマである．

4. 価値指標研究の意義と今後の展望

本章では，実験的行動分析の領域で近年盛んに研究が行われている変化抵抗について取り上げた．前半では，変化抵抗の測定場面とその制御変数を検討した実験や，行動モメンタムという概念とそこから生み出された高確率要請連鎖技法について取り上げた．後半では，変化抵抗と他の価値指標との関連について取り上げた．そして選好，需要弾力性と変化抵抗の関連から，これらの指標は価値とい

う対象を異なった側面から検討している可能性が示唆された．

　このように変化抵抗をめぐる研究は，私たちに新しい価値指標を提示してくれたわけであるが，「いろいろな価値指標がそれほど必要なのだろうか」と疑問に思う人もいるかもしれない．しかし価値指標が複数あることで，さまざまな場面で価値を知ることができるという利点もある．選好に関しては，たとえばビジネスの営業の場面において，ある商品のパンフレットをどれだけ顧客が見ているのかによって価値を測ることができるだろう．変化抵抗に関しては，たとえば，商品の在庫を切らしている場合の入荷確認の問い合わせ回数で価値を測ることができるだろう．需要弾力性に関しては，たとえば，原材料費が高騰して商品価格を上げざるをえない場合にどれだけ商品が売れ続けるかで価値を測ることができる．これらのさまざまな指標を活用して，顧客にとって価値あるものを調べれば，効果的なビジネス活動を展開できるかもしれない．

　さて，変化抵抗を含め，今後，価値の指標をめぐる研究はどのように進展していくのだろうか．変化抵抗の基礎研究に関しては，制御変数としての刺激-強化子随伴性における強化子の役割をめぐる研究（Podlesnik & Shahan, 2008; Shahan & Podlesnik, 2005, 2008）や，刺激-強化子随伴性そのものの妥当性を再検討する研究（Bell & Gomez, 2008; Bell, Gomez, & Kessler, 2008）など，まだまだ発展は続いている．

　一方，価値指標間の関係を検討する研究は，前節で述べた以上の進展は今のところ見られないが，さまざまな展開が期待されるテーマである．これまでの価値指標の関係をめぐる研究は，それらが相関関係にあることのみを示してきたが，今後研究が進展するにつれ，反応率との関係で見られたような，指標間で異なった傾向が示されるかもしれない．たとえば，ある対象について選好は強いけれども，変化抵抗は弱いという傾向が見出されるかもしれない．どのような状況でそのような傾向が見られるのかを検討していけば，価値のさまざまな様相が明らかになる可能性がある．

　他にもここで取り上げた以外の新しい価値指標が発見されるかもしれない．このように価値という観点から諸研究をとらえなおすことは，行動分析学や価値をめぐる研究に新しい息吹を与えてくれる可能性を秘めている．

コラム6 ●行動モメンタム概念のスポーツへの適用

　変化抵抗の研究から生み出された行動モメンタムという概念は，行動の勢いという新しい観点を行動分析学に与えている．この概念から高確率要請連鎖技法が考案されたことは本文で述べたとおりであるが，行動モメンタムという概念はこれ以外にもスポーツにおけるチーム行動の分析にも適用されている（Mace et al., 1992; Roane et al., 2004）．

　メイスら（Mace et al., 1992）は，1989年のNCAAトーナメントにおける男子大学生のバスケットボールのゲームを分析し，逆境に対するチームの反応や，監督によるタイムアウト要請の効果を行動モメンタムの概念から検討している．まずゲームの録画されたビデオテープをもとに，「強化子」「逆境」「逆境に対する反応」という3つの事象が測定された．

　「強化子」は，得点と有利なターンオーバー（ミスショット以外で攻撃権が自チームに移行すること）として，「逆境」はミスショットやファウルと不利なターンオーバー（ミスショット以外で攻撃権が相手チームに移行すること）として，「逆境に対する反応」は逆境後に初めてボールを所持した場合の結果が自チームに有利（強化子）であったか不利（逆境）であったかとしてそれぞれ定義された．

　研究の焦点は，「逆境」に先行する期間の強化率と，「逆境に対する反応」の結果との関係であった．行動モメンタムの概念からは，「逆境」以前の強化率が高い場合，有利な行動のモメンタムが強まっているため，「逆境に対する反応」は自チームに有利な結果になるのではないかと予測できる．「逆境」に先行する3分間の強化率が算出され，強化率は0もしくは0.3，0.67もしくは1.0，1.3以上の3つに分類された．図4.6の左パネルは，各強化率において「逆境に対する反応」が有利であった割合を示している．

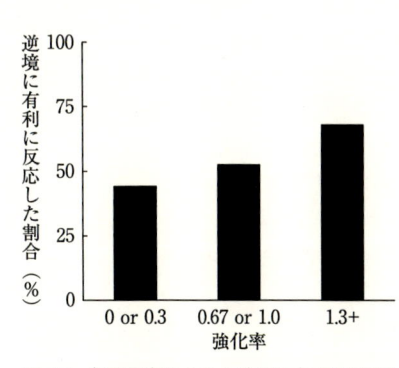

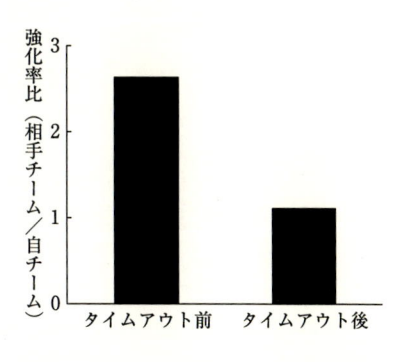

図4.6 各強化率における逆境に有利に反応した割合（左パネル）およびタイムアウト前後の強化率比（右パネル）（Mace et al., 1992；一部改変）
　左パネルの強化率は逆境に先行する3分間について算出された．右パネルの強化率比（相手チームの強化率/自チームの強化率）はタイムアウト前後3分間について算出された．

結果から，強化率が増加するにつれて，逆境に対する有利な反応が増加していることがわかる．このことは，強化率が高い場合は有利な反応のモメンタムが強く，逆境を自チームに有利なように乗り越えることができることを示している．

研究のもうひとつの焦点は，タイムアウトを要求することが，相手チームの有利な反応のモメンタムを効果的に減少させているかであった．相手チームと自チームの強化率比が指標として用いられた．この値が1.0以上である場合は，相手チームに有利な反応が続いていることを意味する．図4.6の右パネルはタイムアウト前後の3分間の強化率比（相手チームの強化率／自チームの強化率）を示している．タイムアウト前は2.63と相手チームに有利な反応が続いていたが，タイムアウト後は1.11と強化率はほぼ同程度になっている．この結果は，タイムアウトを要請することは相手チームの強化率を下げること，つまり相手チームの有利な反応のモメンタムを弱めることに対して効果的であることを示している．

その後，NCAAトーナメントにおける女子大学生のバスケットボールゲームをもとに，メイスら（Mace et al., 1992）の追試（Roane et al., 2004）が試みられている．彼らの分析では，「逆境」に先行する強化率と「逆境に対する反応」の関係はいくぶん不明瞭であったものの，タイムアウトが相手チームの有利な反応のモメンタムを減じる効果は再確認された．

これらの分析は，行動モメンタムの概念が実験室の中だけでなく，スポーツといった現実場面にも適用できることを示していて興味深い．類似した分析は，テニスやフットボールなど他のスポーツに関して行うことが可能であるし，スポーツ以外にも，ビジネスや余暇など日常生活のさまざまな場面を，行動モメンタムの概念からとらえることも可能である．

たとえば，ビジネスにおける取引の場面などでは，他社に先を越されるなど逆境に出会うこともしばしばあるだろう．そのときも，逆境前の強化率を調べておけば，逆境を乗り越えやすいかどうかを判断できる．他にも，効果的にタイムアウトをとることで，自分にとって不利な行動のモメンタムを減じてより効果的なビジネス活動を営めるかもしれない．

タイムアウトの例としては，2008年10月に大阪証券取引所で発動された「サーキットブレーカー」という取引中断制度があげられる（『朝日新聞』，2008年10月14日夕刊）．株価の大幅な上昇による取引加熱を冷ますため，15分間取引が中断されている．この制度は，取引行動のモメンタムを低減させるタイムアウトとして機能しているといえる．株の取引だけでなく，たとえばギャンブルなどでつい熱くなってしまって大損をしたことはないだろうか．タイムアウトをとることの有効性は，行動モメンタムの研究からも支持されるのである．

文　献

Bell, M. C., & Gomez, B. E. (2008). Effect of unsignaled delays between stimuli in a chain schedule on responding and resistance to change. *Behavioural Processes*, 77, 343-350.

Bell, M. C., Gomez, B. E., & Kessler, K. (2008). Signals, resistance to change, and conditioned reinforcement in a multiple schedule. *Behavioural Processes*, 78, 158-164.

Burger, J. M. (1999). The foot-in-the-door compliance procedure: A multiple-process analysis and review. *Personality and Social Psychology Review*, 3, 303-325.

Davis, C. A., Brady, M. P., Williams, R. E., & Hamilton, R. (1992). Effects of high-probability requests on the acquisition and generalization of responses to requests in young children with behavior disorders. *Journal of Applied Behavior Analysis*, 25, 905-916.

Ducharme, J. M., & Worling, D. E. (1994). Behavioral momentum and stimulus fading in the acquisition and maintenance of child compliance in the home. *Journal of Applied Behavior Analysis*, 27, 639-647.

Fath, S. J., Fields, L., Malott, M. K., & Grossett, D. (1983). Response rate, latency, and resistance to change. *Journal of the Experimental Analysis of Behavior*, 39, 267-274.

Freedman, J. L., & Fraser, S. C. (1966). Compliance without pressure: The foot-in-the-door technique. *Journal of Personality and Social Psychology*, 4, 195-202.

Grace, R. C., & Nevin, J. A. (1997). On the relation between preference and resistance to change. *Journal of the Experimental Analysis of Behavior*, 67, 43-65.

Grace, R. C., Bedell, M. A., & Nevin, J. A. (2002). Preference and resistance to change with constant-and variable-duration terminal links: Independence of reinforcement rate and magnitude. *Journal of the Experimental Analysis of Behavior*, 77, 233-255.

Grace, R. C., Schwendiman, J. W., & Nevin, J. A. (1998). Effects of unsignaled delay of reinforcement on preference and resistance to change. *Journal of the Experimental Analysis of Behavior*, 69, 247-261.

Herrnstein, R. J. (1964). Aperiodicity as a factor in choice. *Journal of the Experimental Analysis of Behavior*, 7, 179-182.

Hursh, S. R., & Natelson, B. H. (1981). Electrical brain stimulation and food reinforcement dissociated by demand elasticity. *Physiology & Behavior*, 26, 509-515.

Hursh, S. R., Raslear, T. G., Shurtleff, D., Bauman, R., & Simmons, L. (1988). A cost-benefit analysis of demand for food. *Journal of the Experimental Analysis of Behavior*, 50, 419-440.

井垣竹晴・坂上貴之 (2001a) ハトにおける変化抵抗と選好の関係——並立連鎖スケジュールによる検討　心理学研究, 72, 113-120.

井垣竹晴・坂上貴之 (2001b) 行動経済学と変化抵抗　行動分析学研究, 16, 141-153.

井垣竹晴・坂上貴之 (2003) 変化抵抗をめぐる諸研究　心理学評論, 46, 184-210.

Lee, D. L. (2006). Facilitating transitions between and within academic tasks: An application of behavioral momentum. *Remedial & Special Education*, 27, 312-317.

Mace, F. C., Hock, M. L., Lalli, J. S., West, B. J., Belfiore, P., Pinter, E., & Brown, D. K. (1988). Behavioral momentum in the treatment of noncompliance. *Journal of Applied Behavior Analysis*, 21, 123-141.

Mace, F. C., Lalli, J. S., Shea, M. C., & Nevin, J. A. (1992). Behavioral momentum in college basketball. *Journal of Applied Behavior Analysis*, 25, 657-663.

Mace, F. C., Mauro, B. C., Boyajian, A. E., & Eckert, T. L. (1997). Effects of reinforcer quality on behavioral momentum: Coordinated applied and basic research. *Journal of Applied Behavior*

Analysis, 30, 1-20.
Macenski, M. L., & Meisch, R. A. (1998). Ratio size and cocaine concentration effects on oral cocaine-reinforced behavior. *Journal of the Experimental Analysis of Behavior*, 70, 185-201.
McSweeney, F. K., Farmer, V. A., Dougan, J. D., & Whipple, J. E. (1986). The generalized matching law as a description of multiple-schedule responding. *Journal of the Experimental Analysis of Behavior*, 45, 83-101.
Mellon, R. C., & Shull, R. L. (1986). Resistance to change produced by access to fixed-delay versus variable-delay terminal links. *Journal of the Experimental Analysis of Behavior*, 46, 79-92.
Neuinger, A. J. (1969). Delayed reinforcement versus reinforcement after a fixed interval. *Journal of the Experimental Analysis of Behavior*, 12, 375-383.
Nevin, J. A. (1974). Response strength in multiple schedules. *Journal of the Experimental Analysis of Behavior*, 21, 389-408.
Nevin, J. A. (1979). Reinforcement schedules and response strength. In M. D. Zeiler & P. Harzem (Eds.), *Advances in analysis of behaviour: Vol. 1. Reinforcement and the organization of behaviour*. Chichester, England: Wiley. pp. 117-158.
Nevin, J. A. (1995). Behavioral economics and behavioral momentum. *Journal of the Experimental Analysis of Behavior*, 64, 385-395.
Nevin, J. A. (1998). Choice and momentum. In W. O'Donohue (Ed.), *Learning and behavior therapy*. Boston, MA: Allyn & Bacon. pp. 230-251.
Nevin, J. A., & Grace, R. C. (2000a). Behavioral momentum and the law of effect. *Behavioral and Brain Sciences*, 23, 73-130.
Nevin, J. A., & Grace, R. C. (2000b). Preference and resistance to change with constant-duration schedule components. *Journal of the Experimental Analysis of Behavior*, 74, 79-100.
Nevin, J. A., Grace, R. C., Holland, S., & McLean, A. P. (2001). Variable-ratio versus variable-interval schedules: Response rate, resistance to change, and preference. *Journal of the Experimental Analysis of Behavior*, 76, 43-74.
Nevin, J. A., Mandell, C., & Atak, J. R. (1983). The analysis of behavioral momentum. *Journal of the Experimental Analysis of Behavior*, 39, 49-59.
Nevin, J. A., Tota, M. E., Torquato, R. D., & Shull, R. L. (1990). Alternative reinforcement increases resistance to change: Pavlovian or operant contingencies? *Journal of the Experimental Analysis of Behavior*, 53, 359-379.
Podlesnik, C. A. & Shahan, T. A. (2008). Response-reinforcer relations and resistance to change. *Behavioural Processes*, 77, 109-125.
Roane, H. S., Kelley, M. E., Trosclair, N. M., & Hauer, L. S. (2004). Behavioral momentum in sports: A partial replication with women's basketball. *Journal of Applied Behavior Analysis*, 37, 385-390.
Shahan, T. A., & Podlesnik, C. A. (2005). Rate of conditioned reinforcement affects observing rate but not resistance to change. *Journal of the Experimental Analysis of Behavior*, 84, 1-17.
Shahan, T. A., & Podlesnik, C. A. (2008). Conditioned reinforcement value and resistance to change. *Journal of the Experimental Analysis of Behavior*, 89, 263-298.
Skinner, B. F. (1930). *The behavior of organisms*. New York: Appleton-Century-Crofts.

第Ⅱ部　不確実性を測る

第5章

随伴性を測る

嶋崎恒雄

　人間や動物の生存する環境には様々な不確実性が隠れている．したがってこのような環境のなかで適応的に生存していくためには，さまざまな不確実性に対して適切に情報を集め，統合し，それを利用することが必須の能力である．環境内では数多くの事象がさまざまな時間関係をもって起こっている．これらの中から単一の事象に注目し，その事象に関する不確実性を記述するには，基本的には確率という道具を用いることができる．天気予報での降水確率は，確率を用いて不確実性を表現しようとする例といえよう．一方，明日の午前中の天気を今日の午後の天気から推測することや，「月に暈がかかると天気が下り坂になる」というような知識を使って，明日のおおよその天気を予測することができる．これは複数の事象の関係についての知識を用いて環境の不確実性に対応している例である．不確実性を考える際には他の章で扱われているようなさまざまな枠組みがあるが，この章では複数の事象間の関係という観点から環境の不確実性を捉える研究について，いくつかの実験の例をあげつつ概観を行う．

1. 随伴性とは

　複数の事象間の関係は，学習心理学の領域において随伴性（contingency）という概念で表現されてきた．そもそも学習は，人間や動物がそれらをとりまく環境の中で適応的に生きていくために必要な能力であると考えられ，その研究のためには環境の中にある複数の事象の関係について記述する必要がある．したがって，随伴性は学習心理学の研究における重要な概念として，なかでも環境の構造

を記述する概念として用いられてきたのである．

随伴性とは事象間の共変関係を表す概念である．この場合の事象とは単純化するため通常2値事象を想定する．2値事象とはONとOFFのような2つの状態（値）をもつ事象であり，たとえば単純なスイッチや，学生の出席状況（出席／欠席），テストの結果（合格／不合格），薬の服用（服用あり／服用なし），症状の出現（頭痛あり／頭痛なし）などがその例である．

図5.1は2つの事象（薬の服用と頭痛の出現）の間の関係を示したものである．2値事象が2個あるのでその組み合わせには4通りの状態がある．図5.1はこの4通りの状態の生起頻度をまとめた分割表（contingency table）である．

このような頻度情報から，薬を服用したときの，頭痛生起の条件付き確率（p（頭痛｜薬の服用））と，薬を服用しなかったときの頭痛生起の条件付き確率（p（頭痛｜$\overline{薬の服用}$））を求め，それらをそれぞれ縦軸，横軸としたものが図5.2である．この図はそれぞれの条件付き確率を次元とした2次元空間とみなすことができるので随伴性空間ともよばれている．またそれぞれの条件付き確率は相互に独立に決定することができる．したがって，これらの次元は幾何学的には直交しているということができる．この空間上で上の分割表の条件付き確率に対応した点がAである．

随伴性を記述するためにはさまざまな測度があるが，一般的にはΔPとよばれる値が用いられる．2つの事象をXとYとすると，ΔPは2つの条件付き確率（$p(Y|X)$）と（$p(Y|\overline{X})$）の差として5.1式のように定義される．またこの領域の研究では事象Xを手がかり（cue），事象Yを結果（outcome）とよぶ場合が多い．事象Xの事象Yに対する随伴性は，

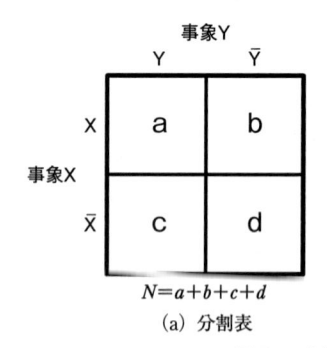

(a) 分割表

	Y	$\overline{Y}$
X	a	b
$\overline{X}$	c	d

$N = a+b+c+d$

(b) 数値例

		頭痛の有無	
		あり	なし
薬の服用	する	3	11
	しない	5	1

図5.1 分割表と数値表

1. 随伴性とは

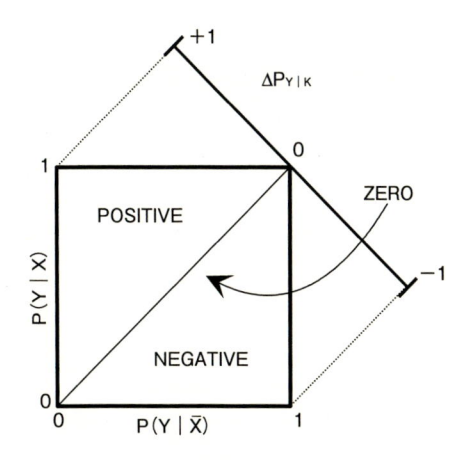

図 5.2 随伴性空間と ΔP との関係

$$\Delta P_{Y|X} = p(Y \mid X) - p(Y \mid \overline{X}) = \frac{a}{a+b} - \frac{c}{c+d} \quad (5.1)$$

と書くことができる（通常これを単に ΔP と記す）．

ΔP は $-1 \sim +1$ の値をとり，随伴性空間に関連して幾何学的に表すと図 5.2 のように縦軸と横軸にそれぞれ 45 度をなす軸として表現される．また点 A から ΔP の軸におろした垂線の足（点 B）が ΔP の値となり，この例では -0.62 となる．

ここでの ΔP は 2 つの 2 値事象，すなわち名義尺度[*i]の変数の間の関係の強さを表す指標のひとつである．2 つの変数の関係を表す尺度としては，ピアソンの積率相関係数（r）がなじみ深い．相関係数は 2 つの間隔尺度，比例尺度[*ii]の変数間の関係の強さを表す相関係数である．一方，ΔP は扱う対象が名義尺度であるので，名義尺度の変数間の相関ということができよう．この例の ΔP は 1 に近い正値であるので薬の服用と頭痛生起の間には正の随伴性がある，すなわち，薬を服用することと頭痛が起こることの間には強い関係があることを示している．ΔP が 0 の場合は薬と頭痛の間には何の関係もないことを示しており，ΔP が負値の場合には両者に負の随伴性があること，すなわち薬の服用と頭痛の非生起の間に関係があることが示されている．もしこの薬が鎮痛薬であり，薬効があるとするならば，薬と症状の間には負の随伴性があることになる．しかしこの薬が鎮痛

[*i] **用語解説●名義尺度**　たとえば，居住している都道府県名などを変数とする尺度．値の間には順序や大小などの関係がなく，他の値と区別ができるだけである．

[*ii] **用語解説●間隔尺度, 比例尺度**　その値が実数をとる尺度．前者の例には気温，後者の例には体重や身長という変数がある．いずれの尺度も値が等間隔であるが，比例尺度の変数での値が 0 は，「そのものがない」という意味（原点）を表しているが，間隔尺度 0 には原点としての意味がない．

薬でなく副作用として頭痛を起こすのであれば，薬と症状との間に正の随伴性があることは，この薬が副作用を起こす「効き目」があることを示している．

このように対象を，名義尺度の2値をもった変数としてとらえるのであれば，それらの事象の間の関係の強さと方向は随伴性を用いて記述することができる．随伴性ということばは日常生活ではほとんど聞くことがない．しかしわれわれが日常，薬効とか信頼性，影響力，関係の強さ，規則などとよんでいる概念は随伴性という概念によって統一的に見渡すことができる．

2. 随伴性の指標

ΔP のみが名義尺度の変数間の関係の強さを扱う指標というわけではない．図5.1のような分割表が与えられ，行と列が2つの名義尺度の変数を表している考えた場合，これらの変数間の独立性を表す場合にはよく ϕ 係数や χ^2 値が用いられる．これらの測度はいずれも名義尺度の変数間の関連を表すものであり，相互の関係は5.2式，5.3式のように表すことができる．

$$\chi^2 = \Delta P_{Y|X} \cdot \Delta P_{X|Y} \cdot N \tag{5.2}$$

$$\phi = \sqrt{\frac{\chi^2}{N}} \tag{5.3}$$

ただし N は分割表のセルの合計値

統計的仮説検定で χ^2 値が用いられるのは，分割表から計算された χ^2 値が近似的に χ^2 分布に従うからである．しかし χ^2 値は0以上の正値しかとりえない．したがって事象間の関係の強さと方向性，たとえば投薬が頭痛を生起させるのか抑制させるのか，を記述するためには ΔP が用いられることがきわめて多い．

3. 随伴性に対する敏感さ

先にも述べたように，随伴性は環境の構造を表現する手段の1つである．したがってヒトを含む動物は，随伴性に対して敏感に反応する能力をもっている．

最も単純な学習プロセスのひとつにパヴロフ型条件づけ（古典的条件づけともいわれる）がある．ロシアの生理学者パヴロフ（Pavlov, I. P.）がイヌの唾液腺の活動を研究しているときに見出した，いわゆる条件反射という現象は，その後米国の心理学者ワトソン（Watson, J. B.）がヒトや動物の行動や感情を制御する

基本原理として採用したことなどにより，1930年代以降多くの実証研究がなされ，現在に至っても基礎心理学のみならず臨床心理学や神経科学などの領域で，その基礎過程の解明や応用研究などが多くなされている．

パヴロフ型条件づけでは，事象X（手がかり事象）を条件刺激（CS），事象Y（結果事象）を無条件刺激（US）として環境の操作を行うが，随伴性空間の対角線の上側の領域，すなわちCSとUSの間に正の随伴性がある領域では，おもに興奮性の条件づけが，下側の随伴性が負の領域では制止性の条件づけが起こることが，また対角線上の随伴性が0の領域ではほとんど条件づけが生じないことが知られている（Rescorla, 1966）．

a. 随伴性とパヴロフ型条件づけ（Rescorla, 1966）

レスコーラはイヌを被験体として，随伴性とパヴロフ型条件づけの関係を示した．彼はまず，シャトル箱とよばれる小さな2つの部屋からなる実験箱の中で，イヌに両方の部屋を往復する行動を訓練した．この訓練ではイヌが片方の部屋に留まっていると一定時間後に床から電撃が与えられるが，イヌは電撃が与えられた後に部屋を移動するか，あるいは電撃の来る前に部屋を移動することで電撃を避けることができる（この手続きはシドマン型回避訓練とよばれている）．

この往復行動が十分に獲得された状態はベースラインとよばれ，後の手続きの効果を査定する際の基礎となる．ベースラインに達したあと，シャトル箱の外で3つの群に分けられたイヌたちに，音を条件刺激（CS），電気ショックを無条件刺激（US）としたパヴロフ型条件づけが行われた．正の予測群（CS^+群）のイヌはCSの開始後30秒以内にUSが与えられ，CSがUS到来の危険信号として機能する．すなわちCSとUSの随伴性は正の値をとる．

負の予測群（CS^-群）のイヌはCSの開始後30秒以上経過してから電撃が与えられる．したがってCSは直後にはUSが来ないことを示し，安全信号として機能する．ここでの随伴性は負の値をとる．ランダム群（CS^0群）ではCSとUSの呈示が無関係に行われる．すなわちCSとUSは非随伴であり，随伴性は0である．

このパヴロフ型条件づけのあと，イヌはシャトル箱に戻され，CSの効力

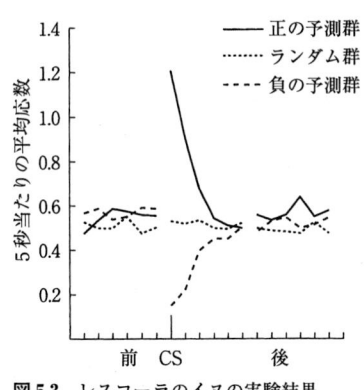

図5.3 レスコーラのイヌの実験結果（Rescola, 1966；今田，1996）

がテストされる．図5.3は各群のイヌのシャトル箱での移動回数を示したものである．縦軸は5秒間のイヌの平均移動数を示し，横軸はCSの呈示前，呈示中，呈示後の時間経過を示している．

　このレスコーラの実験では，CS（音）がUS（電撃）を予測する程度，すなわちCSとUSの随伴性の程度に応じてシャトル箱でのイヌの往復運動の程度がCS提示前のベースラインの状態から変化することが示されている．CSがUSの到来を予測する予測可能群では往復運動が増えるが，CSとUSの間に負の随伴性がある負の予測群では，テスト時の移動回数は訓練時のそれを下回っている．ランダム群はいわゆる統制群であり，CSとUSは随伴性が0であり，CSはUSの到来に対してまったく予測力をもたないことから，テスト時の移動回数はベースラインの移動回数とほとんど変わらない．

　この実験ではCSとUSの間の随伴性がパヴロフ型の条件づけの結果を決定する重要な要因であることが示され，イヌがこのような随伴性に対して敏感であることがわかる．

4. 人間を対象とした随伴性の判断実験

　パヴロフ型条件づけは，筋や腺の活動や条件性情動反応などのいわゆる反射とよばれる行動をターゲットにしたものである．しかし1980年代の中頃から，ヒトの判断などの比較的高次の認知過程で観察される現象と，パヴロフ型条件づけの実験で観察される現象の類似性が指摘されはじめ，ヒトを対象にした多くの研究が行われるようになった．これらの研究領域は現在では，人間の随伴性学習（human contingency learning）とよばれている．

　人間を対象とした随伴性学習の実験でも，レスコーラの実験と同様に，人間も随伴性に対して敏感であることが示されている（Shanks, 1985；嶋崎，1999など）．パヴロフ型条件づけの実験の場合は条件づけの結果生じた反射，いわゆる条件反射が測定の対象になる．しかし人間の随伴性学習の実験では随伴性の評定そのものが測定の対象になる．以下に紹介する実験では「ほうれん草がポパイを強くする程度」，すなわち「ほうれん草の効力」を実験参加者が評定する．

b. 随伴性の評定 (嶋崎, 1999: 実験3; 中道, 1993)

この実験では, PCのディスプレイにポパイとブルートが現れ, けんかをくり返す. 実験参加者は, 毎回のけんかの前にポパイにほうれん草を与えるかどうかの選択を行う. その後ポパイとブルートはけんかをはじめ, どちらか一方が勝つ. 実験参加者はこのけんかを何回か観察した後に「ほうれん草がポパイを強くする効力」について評定を求められる.

この実験の独立変数は, ほうれん草を食べたときのポパイの勝率と, ほうれん草を食べなかったときのポパイの勝率であり, それぞれが75%と25%の2種類で, 合計4つの随伴性が設定されている. この実験でのポパイとブルートは, それぞれ漫画でおなじみのポパイとブルートの孫という設定になっており, ほうれん草も4種類の新種のもので効力も未知であるという設定がなされている. 図5.4は実験参加者の評定の結果である. 縦軸は評定された効力 (随伴性) を, 横軸はけんか8回ごとのブロック (観察試行は5回) を表している.

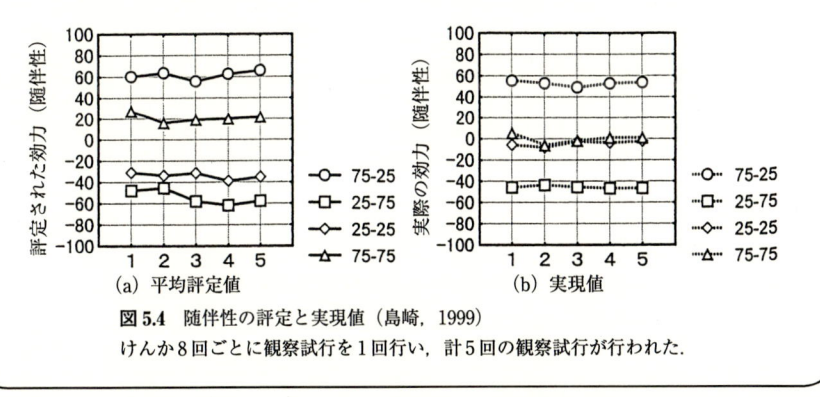

図5.4 随伴性の評定と実現値 (島崎, 1999)
けんか8回ごとに観察試行を1回行い, 計5回の観察試行が行われた.

図5.4に示されているように, この実験では実験参加者はかなり早い時期から, 設定された随伴性を正しく評定している. つまりパヴロフ型条件づけでの条件反応の大きさと同様に, 随伴性に対する判断がかなり正確になされていることが示されている. この実験と同様の他の実験では, たとえば砲弾の戦車破壊に対する効力 (Shanks, 1985) の評定が求められているが, それらの実験でも同様に随伴性に対する敏感性が示されている.

ただ, 人間の判断は客観的随伴性 (ΔP) と必ずしも一致するわけではない. ΔP の絶対値が0に近づくと, 判断の組織的なずれが生じる. 図5.4でも示されているように ΔP が0である2つの条件 (75-75と25-25) では, もし判断が ΔP と完全に一致するとすれば, いずれの条件でも平均評定値が0になるはずであ

る．しかし 75-75 条件では正の方向に，25-25 条件では負の方向に評定値がずれている．

図 5.5 にはポパイとブルートの実験を 25 の随伴性条件のもとで行った結果が示されている．この実験では実験参加者が 18 回のけんかを観察したあとに評定を行う．図の縦軸は参加者の平均評定値を表しており，横軸とプロットの種類は ΔP を構成する 2 つの条件付き確率を表している．同一の ΔP はプロットを直線で結んでいる．

もし評定値が完全に ΔP と一致するならばこれらの直線はいずれも横軸に平行になるはずである．しかし，ΔP を構成する条件付き確率が大きくなるほど，同一の ΔP であっても過大評価がなされていることがわかる．このようなずれは，結果事象の密度（頻度）に依存して組織的に現れることから密度バイアスとよばれており，人間の随伴性学習では頻繁に観察される現象であり，動物のパヴロフ型条件づけにおいても確認がなされている．

現在のところ，人間の随伴性学習の基礎メカニズムの 1 つとして，パヴロフ型条件づけなどのいわゆる連合学習（associative learning）のメカニズムが関与していることは明らかであろう（Shanks, 2003）．連合学習の理論はレスコーラ-ワグナーモデル以来，現在でもさまざまな発展を見せており（今田，2003），これらの理論を検証するために人間を対象とした随伴性学習の実証的研究も多数行われている．たとえば上にあげた密度バイアスなどの現象を含めて，人間の随伴性学習が連合という過程のみで説明ができるのか否かは，いまなお研究の途上にある問題である．

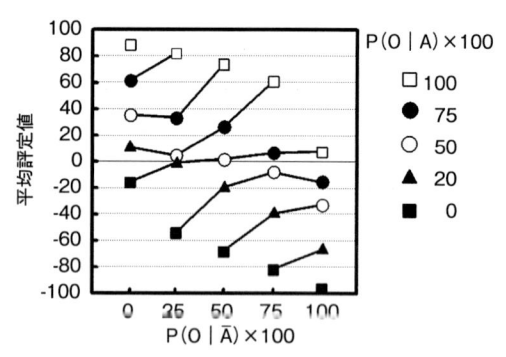

図 5.5 ΔP を構成する 2 つの条件付き確率と評定値との関係（中道，1993 より）

5. 判断の方略

　先にあげたポパイとブルートの実験やパヴロフ型条件づけの実験では，人間や動物は事象生起の事例を1つずつ系列的に経験する．しかし人間の場合，図5.1のような分割表の頻度情報を言語的に呈示しても，2つの事象の間の随伴性を判断することができる．このように事象生起の頻度情報から随伴性を判断するという過程は連合学習の理論では直接的には扱うことができない．

　シャクリーら（Shaklee & Mims, 1981）の実験では随伴性の判断を行う際に用いられる代表的な4つの方略を仮定し，12個の分割表からなる問題セット（随伴性が正，負0になるものをそれぞれ4個ずつ）に対する正答のパタンから，そこで用いられている判断方略を同定する実験を行った．表5.1には4つの判断方略が示されている．

　この4つの方略は1行目のセルa方略から4行目のΔP方略まで，下の方略ほど認知的負荷がかかる．したがってシャクリーらは発達段階に従って使用方略が変化すると考えた．

　一般的に2つの事象間の関係が正の方向に強まるほど，セルaとセルdの頻度が上昇する．このためセルa, dは確信事例とよばれる．一方，セルb, cは2つの事象間の関係が弱まる，あるいは負の方向に強まるほど頻度が上昇することから，非確信事例とよばれる．

　セルa方略は，2つの確信事例のうち手がかりが存在する場合のセルの頻度のみに注目する方略である．自動車の運転免許を取りたての初心者が「自分が狭い道を走っているときに限って対向車が来る」などというのはそれ以外の場合，たとえばセルb, cの非確信事例や，手がかりが存在しない場合の確信事例，すなわちセルcの「狭い道を走っているにもかかわらず対向車が来ない場合」について考慮しないため，セルa方略に基づく判断といえよう．

表5.1　4つの随伴性判断方略（Shimazaki et al., 1991；一部改変）

判断方略	判断方法
セルa	セルaと他の3つのセルを比較する
ΔF	セルcとセルdを比較する
ΔD	$(a+d)$と$(b+d)$を比較する
ΔP	$(a/(a+b))$と$(c/(c+d))$を比較する

ΔF方略は確信事例と非確信事例の情報を用いてはいるが，それらは結果事象の生起する場合に，すなわちセルa, cに限られる．この方略はセルa方略に比べて注目するセルの種類は増えているものの，結果事象の生起しない事例は無視されており，またすべてのセルの情報を使っているわけではない．

ΔD方略は確信事例数の和と非確信事例数の和の間の差を用いるもので，上述の2つの方略に比べ，すべてのセルの情報を用いている．しかし手がかりのある場合の周辺度数（a+b）と手がかりのない場合の周辺度数（c+d）の値が極端に異なる場合には，次のΔP方略とは異なった結果しか得ることができない．

ΔP方略は随伴性（ΔP）の定義そのものであり，手がかりのある場合の確信事例の比率と手がかりのない場合の確信事例の比率の差を計算するものである．またこのように比率を用いることによってΔD方略のもつ欠点が修正される．

シャクリーらは小学校4年生，中学校1年生，高等学校1年生，大学生の4群を用いて年齢が高くなるほど複雑な判断方略が用いられることを示した．ちなみに大学生ではΔP方略とΔD方略が最も多く用いられていた．しかし，このような利用方略の変化は発達段階だけに依存するのであろうか？　次に紹介する実験（Shimazaki et al., 1991）は，シャクリーと同様の方法を用いて大学生を対象として利用方略の変化を観察したものである．

c. 利用方略の変化を観察した実験（Shimazaki et al., 1991）

筆者らは大学生に対して，シャクリーらの方法を用いて問題の難易度を独立変数とした実験を行った．

一般に随伴性が0に近いほど正確な判断が困難になることから，12個の分割表がシャクリーらと同じもの（正と負の随伴性が0から十分隔たっている簡単な問題．図ではWと記載）と，難しい問題（正と負の随伴性が0からあまり隔たっていないもの．図5.6(a)ではNと記載）を用意した．図5.6には各群の参加者の使用方略の分布が示されている．また方略のうちInconsistentと書かれているものは，方略が同定できなかったものを表している．この実験ではシャクリーらの実験と同様に簡単な問題（W）ではΔP方略とΔD方略が優勢である．しかし問題が難しくなると（N）相対的にこれらの方略の使用頻度は下がり，同定できない方略の使用が優勢になってくる．

では難しい問題では大学生は「いいかげんに」判断を行っているのであろうか？

図5.6(b)は使用方略別に判断の正確さが示されている．図の縦軸は参加者の評定値と実際の随伴性とのずれの絶対値であり，この値が小さいほど判断が正確になされていることを示している．判断がセルa方略から順にΔP方略まで順に正確

になっていくのは当然であるが，Inconsistent の場合でもほぼ ΔP に匹敵する正確さで判断がなされていることがわかる．

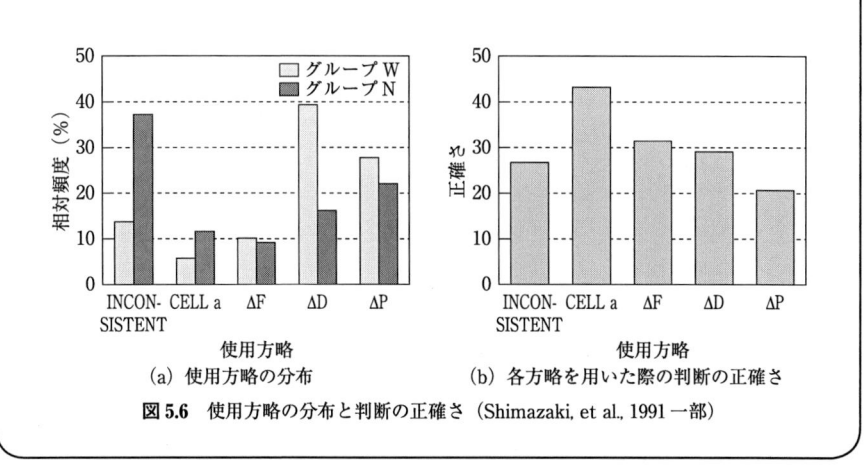

図 5.6 使用方略の分布と判断の正確さ（Shimazaki, et al., 1991 一部）
(a) 使用方略の分布
(b) 各方略を用いた際の判断の正確さ

この実験では，少なくとも大学生は個々の問題に応じた，なんらかの方略を用いて—それがどのような方略であるのかはこの実験のみからは明らかにはできないが—比較的正確に随伴性の判断を行っているようである．

さてここで，ΔP 以外の方略はいわゆる「悪い」方略なのであるのだろうか？　たとえば，セル a 方略は与えられた頻度情報のほとんどの部分を使わず，不正確な結論に至ることも多い．しかしこの方略は，低い認知的負荷しか必要としないがゆえに情報処理にかかる時間も短く，割り当てる処理資源も少なくてすむと思われる．

たとえば高速道路で制限速度をこえて走行しているときに，前方の車の集団が制限速度で車間距離を詰めて走っている場面に出くわすことを考えてみよう．われわれはこのとき，とっさに何を考えるだろうか？　前方の集団のなかに覆面パトカーが潜んでいることを予測するのは筆者だけであろうか？　このような局面では，結果の出現（覆面パトカーの存在）がおおきなリスク（知らずに追い越して速度違反になる）をともなっている．過去に似たような経験をしたとしても，セル a の情報が非常に大きなインパクトをもっており，仮に過去の多くの経験から ΔP に近い随伴性を検出していたとしても，実際に行動に表出される場合にはセル a にしか注目していないように観察される可能性もある．

ここに示した例には，随伴性の判断にかかわる多くの問題が含まれている．たとえば何を目的として随伴性の判断を行うのか，その結果得られた知識をどのよ

うに使うのか，などのことがらは当然判断の過程と独立ではないだろう．また人間を対象とした随伴性学習の実験では，結果事象には通常リスクやベネフィットが結びつけられることはない．人間を対象とした実験は，たとえば，「ほうれん草を食べること」と「ポパイとブルートのけんかの勝敗」というような，いわばニュートラルなカバーストーリーを用いていることが圧倒的に多い．

　北口ら（1999）は手がかり事象に PC のディスプレイ上の単純な図形を，結果事象に音刺激と市販の低周波治療器からの触覚刺激（電気刺激）を用いて実験参加者らに手がかりと結果の間の随伴性判断を行わせた．用いられた触覚刺激は事前に実験参加者に多少の不快感を与えることが確認されていた．この実験では同一の随伴性であっても結果事象が嫌いな刺激である場合にはそうでない場合に比べ，随伴性が過大評価（正の随伴性の場合はより正の方向に，負の随伴性の場合にはより負の方向に評価）された．この実験などは結果刺激にリスクが割り当てられた例と考えることもできよう．

　残念なことに現在のところ，結果事象に対してリスクやベネフィットが結びつけられているような事態での随伴性判断の研究は組織的に行われてはいない．しかし，日常生活の多くの場面では随伴性の客観的な判断が必要とされる場面よりは，むしろ「短い時間と最小の努力で，ありそうな状況を予測する」という場面が多い．またこのような場合には結果事象にもリスクやベネフィットがさまざまな形で結びついている場合が多い．たとえばジンクスや思い込み，偏見などは，ごく少数の事例によって強固な結論に至るという意味では共通の構造をもっていると考えられる．これらはいわばセル a 方略によって短期間に学習されたものであるということもできよう．われわれ人間や動物は長い進化の過程を経て，現在の地球の環境構造に適応してきた．そのような背景を含めて考えると，たとえばセル a 方略であっても，それは随伴性の判断のためのかなり有効なヒューリスティックスと考えることができるだろう．

　しかし現代では環境に人為的な変更が多く加えられ，社会の複雑化が進展してきている．たとえば戸田（1992）は，感情を進化の過程を経て獲得してきた環境適応のための行動選択とコミュニケーションの基礎メカニズムと考えており，複雑化した社会では感情はかつてのように適応的に働くのみではなく，時に非適応的な行動を引き起こすという事を指摘している．随伴性の判断についても，進化の過程を経て獲得してきたヒューリスティックスが必ずしも有効でなくなりつつあるといえよう．このような状況は，たとえば批判的思考（critical thinking）の

研究や教育が社会の多くの場面で注目を集めていることにも現れていると考えられる.

随伴性の判断方略に関して述べれば，ここにもコストやベネフィット，正確さと判断の容易さのトレードオフなど，選択行動や意思決定の研究と相通ずる構造がある．このような側面は今後の研究の進展が望まれる領域であろう．

6. 随伴性と因果性

　統計学に出てくる基本概念の1つである相関関係（比例尺度上の2つの変数間の関係の強さ）は，しばしば因果関係と混同される．相関関係と因果関係は完全に無関係であるとはいえないが，2つの変数間に相関関係があるからといって，それがただちに2つの変数間に因果関係があることを意味するわけではない．

　仮想の例であるが，たとえばある犬種について体重と寿命との関係を調べてみると，「体重が軽いほど寿命が長い」という調査結果が得られたとしよう．すなわち体重と寿命の間には強い負の相関関係がみられた．しかしこれは両者の間に因果関係があることを意味するわけではない．もし，体重の軽いことが長い寿命の本当の原因になっているのであれば，イヌが死なない程度の少量のエサを与えれば，そのイヌは長生きをすることになるだろう．しかし現実にそのような育て方をすれば，イヌの寿命がのびるどころか，イヌは体力も抵抗力もなくなり早晩健康を害してしまうに違いない．

　このような文脈でこのような例を書くと，確かに相関と因果は別物であるということの理解は容易であるような気がするが，実は相関と因果の混同は日常生活から学術論文の内容にいたるまで，さまざまなところに見出すことができる．随伴性も相関と同様に2変数間の関係の強さを表す指標である．したがって同様に随伴性のあることが，因果関係が存在することを意味しているわけではない．

　随伴性の学習についての実験的研究は近年では因果推論の研究，とくに因果帰納（causal induction）とよばれる領域と結びついてさまざまな研究が行われつつある．われわれが環境の構造を認識する際に，われわれは周りにある膨大な情報すべてを処理するのではなく，因果関係という一種の情報の縮約のツールを通して，処理する情報を現実的な量に減らし，許容できる解に到達しやすくすると考えることができるだろう．このように考えると，われわれはそもそも「相関」や「随伴性」という客観的な指標に敏感なわけではなく，むしろ事象そのものが生

態的な意味をもち，複数の事象が因果関係をもって存在しているというとらえ方を生得的にもっており，その枠組みのなかで日常の認識がなされていると考えることもできよう．

　このような考え方はホリオークとチェン（Holyoak & Cheng, 1995）の提唱した実用的推論スキーマという考え方などの認知心理学のさまざまなモデルにも表れている．因果帰納推論の主導的な研究者の一人であるチェンは「文法の処理が脳内の特定の部位と関連しているという近年明らかになりつつある事実と同様に，言語獲得装置のような生得的な因果認識メカニズムが脳内に存在するかもしれない」という主旨の発言を行っている（Cheng, 2008）．いずれにせよ，随伴性という概念を軸にした「事象間の関連性」についての研究は現在では，学習研究の領域からさらに多方面に発展しつつある．

7. 随伴性学習研究の今後

　動物やわれわれ人間は，環境内に存在する複数の事象を観察しそれらの関係を見出すことによって，環境の構造についての知識を獲得し，環境内でよりよく適応しようとする．随伴性という概念は，日常目に触れることはほとんどないが，事象と事象の間の関係を客観的に記述する際に基本となる概念の1つである．このため，心理学の領域では20世紀前半から興った学習研究の中では非常に重要な概念として取り扱われてきた．膨大な数の動物実験を経て，現代ではさまざまな洗練された学習理論が提唱されてきているが，1980年代以降，人間のもつ高度な認知機能である因果推論についても，動物の学習理論が適用できるのではないかという考えが生まれた．動物は進化の過程では人間の先輩にあたるわけだから，人間のもつ心的機能は当然ながら動物のもつそれらと共通の部分があるに違いない．そのような考え方がこれらの研究を推し進める原動力となった．

　一方，現代の心理学の中で大きな部分を占める認知主義の立場からも，当然人間の高次認知機能についての研究が進められてきた．随伴性の学習についての研究は，現在このような大きな2つの流れの両方から影響を受けつつ進められている．とくに因果関係の認識という問題は前節にも記したように随伴性と深い関係にあり，さらにはその背後に哲学的な問題もはらんでいる．本章では因果性の認知や因果帰納の研究についてはふれないが，近年ではラットも因果性に基づいた判断を行っていることを示唆する研究も示され，また，動物を用いて構築されて

きた学習理論と人間の随伴性学習の関連についての研究（たとえば，嶋崎，2008；沼田・嶋崎，2008）も行われつつある．随伴性という概念は非常に基礎的な概念であるがゆえにわれわれの生活の至る所に顔をだしている．本章では基礎的な研究について重点を置いて述べ，また実際にも基礎実験心理学の研究が多いが，今後はさまざまな応用領域での研究が行われることと思う．

文　献

Cheng, P. W. (2008). Personal communication. (筆者あての私信)
Holyoak, K. J., & Cheng, P. W. (1995). Pragmatic reasoning with a point of view. *Thinking & Reasoning*, **1**, 289–313.
今田　寛 (1996)．学習の心理学　現代心理学シリーズ3　培風館
今田　寛 (2003)．学習心理学における古典的条件づけの理論——パヴロフから連合学習研究の最先端まで　培風館
北口勝也・嶋崎恒雄・今田寛 (1999)．随伴性判断課題における結果事象の感情価の効果　日本心理学会第61回大会発表論文集，868.
中道希容 (1993)．随伴事象の確率構造と随伴性判断——分離型試行課題を用いた実験的検討　関西学院大学大学院文学研究科修士論文
沼田恵太郎・嶋崎恒雄 (2008)．ヒトの随伴性学習における2次の回顧的再価値化の実験的検討　心理学研究，**80**, 54–60.
Rescola, R. A. (1966).Predictability and number of pairings in Pavlovian fear conditioning. *Psychonomic Science*, **4**, 383–384.
Shaklee, H., & Mims, M. (1981). Development of rule use in judgments of covariation between events. *Child Development*, **52**, 317–325.
Shanks, D. R. (1985). Continuous monitoring of human contingency judgment across trials. *Memory and Cognition*, **13**, 158–167.
Shanks, D. R. (2003)．
嶋崎恒雄 (1999)．随伴性判断の獲得過程に対する連合学習モデルの適用の妥当性に関して．心理学研究，**70**, 409–416.
嶋崎恒雄 (2003a)．ヒトの随伴性判断　今田　寛 (監修) 中島定彦 (編) 学習心理学における古典的条件づけの理論——パヴロフから連合学習研究の最先端まで　培風館　pp. 163-176
嶋崎恒雄 (2003b)．学習　伊藤謙治・桑野園子・小松原明哲 (編) 人間工学ハンドブック　pp. 109-117
嶋崎恒雄 (2008)．ヒトとヒト以外を隔てるもの——実験心理学の立場から　認知科学，**16**, 148-153.
Shimazaki, T., Tsuda, Y., & Imada, H. (1991). Strategy changes in human contingency judgments as a function of contingency tables. *Journal of General Psychology*, **118**, 349–360.
戸田正直 (1992)．感情——人を動かしている適応プログラム　東京大学出版会

第6章

リスク性を測る

広田すみれ

1. リスク性と不確実性

　本章ではリスク性の測定法とそれにかかわる研究について紹介する．ただし本章は「現実環境の客観的リスク性」，たとえば地震災害，交通事故，環境リスクの直接的な測定に関するものではない．後述するように「人の認知から引き出される（環境の中の）リスク性」や「人が認知しているリスク性」の測定，いわゆるキャリブレーション研究が中心である．

　リスク（risk）は分野により異なる複数の定義がある（詳しくは『リスク学事典』（日本リスク研究学会，2000））が，性質として不確実性（uncertainty）を備えているという点は共通している．意思決定でリスク性が注目される最初の契機を作ったのは，経済学者ナイト（Knight, F.）である．リスク状況での意思決定を意思決定の対象として取り上げたナイトは，確率や確率分布で測定可能な不確実性を「リスク」，それ以外を「不確実性」として区別した（Knight, 1921）．

　「測定可能」とは，実際には先験的に過去のデータから得られた確率または確率分布を用いて，状況の不確実性を記述することを意味し，保険で用いられる年齢・性別などの同一属性集団の死亡率のように，過去に得られた統計に基づき頻度やデータから算出可能な確率が中心であった．しかしその後，このナイトの定義は意思決定領域では必ずしも一般的ではなくなり，なんらかの手段で測定可能な不確実性はすべて「不確実性」，情報のない状態を「無知性（ignorance）」として区別し，確率その他によって測定可能な状況に対してまとめて不確実性という用語を適用することが多くなった．その理由は，後述の認識論的確率概念やファジー測度などの測度の導入により，なんらかの形で「測定可能」な状況が拡大

したことによると思われる（このため，ナイトの定義に基づく場合はとくに「ナイトの不確実性」とよばれる）．第7章で扱う曖昧性（ambiguity）も不確実性に含まれる．なお，本章での「測定」対象は認識論的確率を含むため，正確には「不確実性」の測定になる．

確率の「種類」と不確実性

不確実性は確率などの測度を用いて表されることが一般的である．しかし，確率（probability）の使用に関しては，確率自体に複数の解釈が存在する点に注意が必要である．確率は数学的にはコルモゴロフ（Kolmogorov, A. N.）による公理的定義で定まる．しかし，「確率とは何か」については哲学を中心に複数の解釈があり，これが理解を困難にする1つの原因となっている．そこでまずこの点を簡単に整理する．

表6.1はギリース（2004）に基づいて，現代の確率解釈の説を整理したものである[*1]．確率解釈の説の特徴は通常では大きく客観的（あるいは偶然的）確率（aleatory probability）と認識的確率（epistemic probability）に分類される．確率の初歩の教育でしばしば事例としてあげられる，サイコロの特定の目の出る確率や，確率論史に現れる年金計算に関する確率は前者であり，後者はいわゆる主観確率（信念の度合い）といわれるものである[*2]．頻度説と傾向説は偶然的確率に，主観説は認識的確率に属する．以降，本章では頻度説もしくは傾向説に基づいた偶然的確率を「客観確率」，認識的確率を心理学での慣例に従い「主観確率」とよぶことにする[*3]．

リスク研究との関連では，安全にかかわるリスク評価には客観確率と主観確率による測定が混在している．たとえば，原子炉の安全性の評価には専門家の信念の度合いという形で主観確率が含まれることがある（山口，2009）．またNASA

[*1] なお表以外の主要なものとして，ラプラスによる古典理論，ケインズとカルナップがおもな提唱者である論理説がある．
[*2] 認識的確率の出現は，比較的新しいものであるように感じられるが，実際にはこのような確率の性質の二面性はかなり古くから存在するという主張もある．科学哲学者ハッキング（Hacking, 2006）は，たとえば13世紀の蓋然性（probability）という語に「（権威者から）是認されるもの」という意味が含まれていたところに認識的確率の一つの原型を見ており，他方ダーストンは1837年にポアソンが区別したのを源としている（Daston, 1988）．
[*3] 認識的確率は，主観確率とよばれることも多いが，「主観（subjective）」という用語の使用は，非合理性で偏見や思い込みに影響されるものという印象を与える可能性がある．そこで近年他の領域ではこの語感を避け，「認識的確率」とすることが多いようである．

表6.1 現代の確率解釈の主要な説

確率解釈の立場	名称	代表的提唱者
客観的（または偶然的）確率（aleatory probability）	頻度説	von Mises, R., 1928 Venn, J., 1866 Reichenbach, H., 1949
	傾向説	Popper, K. R., 1957
認識的確率（epistemic probability）	主観説 （ベイズ主義的解釈）	Ramsey, F. P., 1931 De Finetti, B., 1930

注）ギリース（2004）ではこのほかに古典理論，論理説，間主観説があげられている．
注2）確率解釈には多くの議論があるが，Stanford Encyclopedia of Philosophy のサイトが参考になる．

のスペースシャトル・チャレンジャー号の打ち上げに関するリスクの推定も同様の要素が含まれていた．NASAがスポンサーとなったこの研究では，固形燃料ロケットブースターの打ち上げごとの失敗確率を，主観確率と運転経験に基づいて推定していた（Colglazier & Weatherwax, 1986; Cooke, 1991）．

> **a. スペースシャトルにおけるリスクの推定**
> 推定ではさまざまな固形ロケットブースターの過去の1902件の打ち上げからの32の失敗が起きたという事前経験を使い，ベイズ推定に基づいて算出され，失敗確率は約35分の1と推定された．しかし，この推定はNASAによって無視され，マネージャーや行政官による主観的な判断に基づいた，10万分の1の失敗確率という値が報告書に記載され，1986年の1月28日，わずか25回の打ち上げでチャレンジャー号の爆発が起きたという．

このように，事故のリスクの評価や推定，また身近なところでは天気情報の推測など，一見客観確率のように思えるものも，しばしば主観確率を含んでいる．

ところで，心理学で「確率の認知」はしばしば扱われてきたが，その研究の型から推測するといくつかの問題意識が混在しているように見える．型の1つは客観確率（たとえば自動車事故の発生率）を刺激とし，それに対する認知を測定するものである．これは，対象の頻度などから得られた客観確率に焦点があり，それと認知のずれを見るもので，客観確率という「正解」に対して人の認知がどのような「バイアス」を受けるか，という立場ととらえられる．

一方，本章で述べるキャリブレーション研究はそれとは異なり，むしろ各個人がもつ主観確率が関心の焦点にある．このような主観確率に注目した研究が行われた背景にはいくつかの理由が考えられる．1つは意思決定の領域での主観的期

待効用理論（subjective expected utility theory）の出現により，個人の主観確率を積極的に取り上げる必要性が生じたことがあげられる．もうひとつは前述のリスク評価のように，専門家等から導出される主観確率を積極的に利用しようとする社会的要請の高まりがある．このため，個人が各自の信念を確率の形で正確に表出できているか，またそれは手法によりどの程度影響を受けるかを検討する必要性が生じたのではないかと推察される．さらに，とくに心理学の中ではメタ認知という観点から，個人が自分の主観確率をどの程度正しくモニターできるかという点への関心も，研究が進められた動機の1つである．

不確実性の確率による測定

さて，現実環境の不確実性を確率によって表す場合も2つの区別を意識する必要がある．ある事象の客観確率は，われわれが長いくり返しを行った際，「当該事象が生起した回数の比率」から算出される．客観確率はランダムな過程で「くり返し可能な」事象であることを必要とすることから，客観的不確実性のみに適用可能である．いいかえれば，くり返し可能ではない事象については，主観確率を用いるしかない．したがって確率における区別は，現象としての不確実性における客観的不確実性（aleatory uncertainty）と認識的不確実性（epistemic uncertainty）の区別につながる．

具体例として，肺気腫の患者に対するある薬の投薬効果を明らかにするため，肺活量を測定する場合をあげる（O'Hagen et al., 2006）．ある個人の患者について「くり返して」肺活量を測定する，またはランダムに選ばれた患者「群」の肺活量を測定する際の不確実性の検討には客観確率が有効である．なぜなら前者はくり返しの測定であり，後者は測定された複数の患者を標本として母集団での平均値を推定可能であり，これらは客観的不確実性が適用できるからである．しかし，たとえば新薬Xの投薬の効果，つまり唯一無二で他に比較できない薬効を調べる際には過去のデータがないので，客観的不確実性の概念は適用できない．

そこで，このような不確実性には主観確率が適用される．個人の信念の程度を示す主観確率は客観確率とは異なり，過去にデータがなく，くり返し不可能な一回性状況にも適用可能である．過去にデータがなくても，たとえば専門家に依頼しデルファイ法などにより主観確率を得られれば不確実性を数量的に把握できる点で適用範囲が広い．意思決定領域においても同様の理由で，主観確率の導入で適用可能な状況は飛躍的に大きくなったのである[*4]．

b. デルファイ法と集合知

デルファイ法（delphi technique）は，複数の専門家から主観確率を導出し，集約結果をフィードバックして値を洗練しこれを予測などに役立てる有名な手法である．技術予測のほか，株式市場の破綻や原子力プラントの事故，大統領選挙の当選の可能性などに使われている．また，集合知を主張する書"Wisdom of Crowds"（大衆の叡智）(Surowieki, 2005) では複数の専門家の推測値の統合でよい推定のできた例が多数あげられている．潜水艦スコーピオン号の沈没位置の推定やテロ攻撃などの起こる確率を推測する未来市場予測システム（FutureMAP）などがそれで，これらは集合知の根拠の1つとされている．

主観確率に基づく不確実性の導出例

ビジネス場面で主観確率と客観確率の違いを示す具体例を，前書からもう1つあげる（O'Hagen et al., 2006）．木材企業が従来使用したことのない種類の木材の苗を植えることを計画し，生産量の見通しを立てようとしているとする．このとき母集団は植える予定になっている木々全体，個々の木は母集団からランダムに抽出された観測値にあたる．個々の木の生産性は母集団での分布として記述され，そこには客観的不確実性が含まれる．もし母集団の木の30％が50m^{3}以上の生産性であることがわかっていれば，個々の木が50m^{3}以上の生産性をもつ確率は30％として把握可能である．

このように，母集団での生産性の分布がわかれば，客観的不確実性は知ることができる．ところが，実際には母集団における分布は未知なのである．なぜなら他の土地でのデータはあっても，新たに植えようとするこの土地でその種がどのくらい育つかに関しては不確実だからである．そして企業が意思決定を行うにあたって関心をもつのはこの母集団における分布，とくに母集団平均である．そこでこの平均生産量について専門家に推測を求めることが考えられる．

この場合の専門家の推測は2種類の不確実性をともに含む．たとえばこの土地が企業の所有する複数の土地の1つで，それらの土地の25％の平均収量が1本辺り45m^{3}以上であるなら，当該の土地で平均45m^{3}以上／本の収量となる確率は0.25と考えるかもしれない．この数値は平均収量に関する客観的不確実性を表す．しかし不確実性の推測にあたってこれだけでは不適切である．当該の土地

---

*4 このような主観的期待効用理論はサヴェッジ (Savage, 1954) が提案，デグルート (DeGroot, 1970) が拡張した．

は母集団となる複数の土地から無作為に抽出されたものではなく，緯度・経度，気象条件や地理が他とは異なるから，専門家はさらにこれらも考慮に入れる必要がある．

このように，「無作為抽出されていない土地」に関する平均収量の不確実性は，おもに主観確率の性質をもつ．それはこの土地の特定の特徴が平均収量にどう影響するかに関する知識不足によるものである．母集団の木全体での収量の分布に関しては，頻度に基づいた客観確率の適用が可能だが，この土地そのものについては土地が唯一のものである以上，頻度的な客観確率を適用できず，したがって専門家の判断は主観確率でしかありえないことになる．

このような例は交通事故にもあてはまる．次の12ヵ月間に自分が交通事故で死ぬ確率の推測では年齢や性別，運転する車の種類など関連する多数要因の組み合わせが考えられる．これらの複雑な組み合わせにより自分は唯一のものとなり，過去の事故に関するデータからの確率の記述は不可能になり，厳密には客観確率ではなく主観確率の枠組みでしかその不確実性を記述することはできなくなるのである．[*5]

主観確率の導出とキャリブレーション研究

以上のように，個人のもつ主観確率または確率分布の測定が有用な場面は多く，実際リスク分析や意思決定ではこれらを導出（elicitation）することがよく行われる．そこでこの正確な導出法が問題となる．これに関連して行われてきた心理学での研究がキャリブレーション研究である．

キャリブレーション（calibration）とは計測工学などで使われる用語で校正または較正と訳され，測定器の出力と，入力値または測定対象の値との対応を行う作業をさす．具体的には正しく値が計測できることが確認されている標準器と個々の測定器での測定値を対応させ，ずれを校正する．たとえば秤の標準器で肉100gを測定し，一方各店の秤でその100gとなるはずの重さの表示を調べ，ずれを加味する．確率の導出においては，前述のような導出手続きで得られたある事象に関する主観確率と，その事象の客観的な相対頻度を対比する過程のことをさ

[*5] 医療のインフォームド・コンセントにおける手術などの，成功確率の伝達ではさらに別の問題もある．手術の成功確率は頻度に基づいた客観確率として一応は算出可能だが，伝達された患者やその家族にとっては，唯一無二の患者に関する成功確率は主観確率としてとらえることになる．送り手側の確率と受け手側で決定に結びつく確率はそういう意味では異なる．ただし，そのことと伝達の意義は別の問題である．

す．完全に校正された判断であれば，主観確率の判断の集合はその相対頻度と完全対応するはずである．

　主観確率の導出手続きは，心理学の知覚領域で発展してきた心理物理学的測定法と対応させて考えていくことができる．なぜなら，主観的判断を客観的物理量におきかえて測定するからである．ただ，違いもある（O'Hagen et al., 2006）．第一に主観確率は知覚というより判断である．心理物理学的測定法では物理的性質（たとえば物理的な重量）と対応させて知覚（心理的重量）を測定する．しかし主観確率は客観的に存在する物理量と確率が必ずしも対応可能ではなく，そこで与えられる反応モードや手がかりとなる数値によって心理物理学的方法の場合よりも一層影響を大きく受けるものである．この意味で，主観確率の測定ではバイアスの存在を強く意識することが必要となる．第二に主観確率は「確率」であることから0〜1の値しかとらず，判断に上下限が存在し，これらの値が係留点（anchor）として使われる．たとえば0と1のちょうど中間値となる，確率が0.5はその命題が真か偽である可能性が等しいことを意味し，このように絶対的な係留点があることになる．

2. キャリブレーションにおける主観確率の導出の方法

　次に主観確率の導出の具体的方法と，キャリブレーション研究でよく行われる手続きを紹介する．導出手続きには，確率分布のパラメータを離散的に導出する場合と，連続量を導出する場合とがある（Morgan & Henrion, 1990）．

離散的な値の導出

　以下の①〜④のようにいくつかの選択肢を示し，それに対する反応を求める．
　① 選択肢なし：「アブサンとは何か？」のような質問を呈示し，回答者はこの問題に対して解答したうえでそれが正解である確率を述べる．
　② 1選択肢：「『アブサンは宝石である』．この文が正しい確率はどのくらいか」のように正解の確率を直接回答する．
　③ 2選択肢：「アブサンは，(a) 宝石である，(b) リキュールである．」このような質問に対し正解の確率を回答する．その際，確率の回答法は2つあり，半範囲手法（half-range）では選択が正解である確率を0.5〜1の間で，全範囲手

法 (full-range) では 0～1 の間で回答する.

④ 3 つ以上の選択肢: 「アブサンは, (a) 宝石である, (b) リキュールである, (c) カリブの島である, (d) ….」を呈示する. 回答方法は 2 つで, 複数選択肢のうち最も正しそうなものを選び, その反応の正しさを選択肢の数 k に応じて, $1/k$～1 までの範囲で回答するか, または 0～1 の間で回答するか, のいずれかである.

以上のうち, 心理学のキャリブレーション研究で最もよく使われてきたのは 2 選択肢を呈示し半範囲で回答する, ③ の 2 選択肢 (半範囲) 強制選択パラダイム (the two-alternative (half range) forced-choice), いわゆる 2AFC である.

連続的な値の導出

離散量では主観確率として確率の値を 1 つ回答する方法をとるが, 累積分布関数または確率密度関数を回答してもらう場合もある. ただし, 関数を直接回答することは少なく, 回答値によって大きく固定値法 (fixed value methods) と固定確率法 (fixed probability methods) がある (Morgan & Henrion, 1990; Lichtenstein, et al., 1982). 固定値法ではまず, 変数の全体幅を均等な間隔に分ける. 回答者は確率密度関数を求めるときは, ある値が各間隔にある確率を, またはこれを積み上げて加えていったものである累積確率分布を求めるときは, その量が示されたある値よりも小さい確率を判断する. 一般に回答者にとっては累積確率分布よりも確率密度関数のほうがやさしいとされるが, 経験と教育にも依存しているようである.

固定確率法は, 特定の % 分位点 (fractiles) または信頼区間で区切られた値の推定を求められる. たとえば「未知の量が, x という値よりも 25% の確率で小さくなるような x の値を回答してください」など. よく使われる % 分位点は, 中央値 (0.5), 3 分位点 (0.33, 0.67), 4 分位点 (0.25, 0.75), 8 分位点 (0.125, 0.875), そして極端な値 (たとえば 0.01, 0.99) である. 具体的には, たとえばまず中央値を使い, 次にそれぞれの 1/2 (すなわち 4 分位点), さらに再び 1/2 (すなわち 8 分位点) という形で進む. ただし, この方法は累積エラーや後述の自信過剰 (overconfidence) に極端に陥りやすいという批判がある. 固定確率法と固定値法では, 後者のほうがよく校正されるといわれる.

◯ キャリブレーションにおける測度

次に得られた値が正しいかについてキャリブレーションが必要になる．連続確率分布のキャリブレーションでよく使われるのが4分位指標とサプライズ指標である．4分位指標は，真の値が手続きを通して得られた主観確率の分布での4分位範囲（0.25～0.75）に含まれる割合であり，得られた分布が完全に正しいならこの値は 0.5 となる．

サプライズ指標は回答から得られた分布の最も極端な特性点の外側に落ちる真の値の割合（パーセンテージ）である．たとえば最も極端な特性点が 0.01 と 0.99 なら理想的なサプライズ指標は 2（%）になるが，真の値がそれより大きいなら回答者のもつ信頼区間が非常に狭い，すなわち自信過剰ということになる．連続確率分布でも離散分布と同様に大半が自信過剰であるといわれる．

◯ スコアリング・ルール

主観確率の導出では，さらにフィードバックとしてスコアリング・ルールが使われる．スコアリング・ルールは，ずれに関する評価であると同時に，回答者が正しい数値を出すための動機づけでもある．最もよく知られているのは離散値に対するブライア・スコア（Brier score）で（6.1）式で表わされ[*6]，たとえば気象庁の予報ではこのスコアリング・ルールが使われている（たとえば気象庁の季節予報；山口・経田，2005）．

$$BS = \frac{1}{N}\sum_{i=1}^{N}(p_i - a_i)^2 \qquad (6.1)$$

ただし，p_i：主観確率，a_i：客観確率，N：サンプル数，$0 \leq BS \leq 1$

3. キャリブレーションカーブと「自信過剰」

主観確率のキャリブレーションは，キャリブレーションカーブ（calibration curve）の形でも示され，心理学の研究では，① 全範囲，② 半範囲（図 6.1）がよく使われる．全範囲の課題では，確率範囲全体にわたって値が測定される

[*6] 気象学でのブライア・スコアの場合，主観確率は予想した確率，客観確率は実況値，すなわち予想した事象が起きれば1，起きなければ0として計算する．

3. キャリブレーションカーブと「自信過剰」

図 6.1 キャリブレーションカーブの例（半範囲）(O' Hagen et al., 2006)

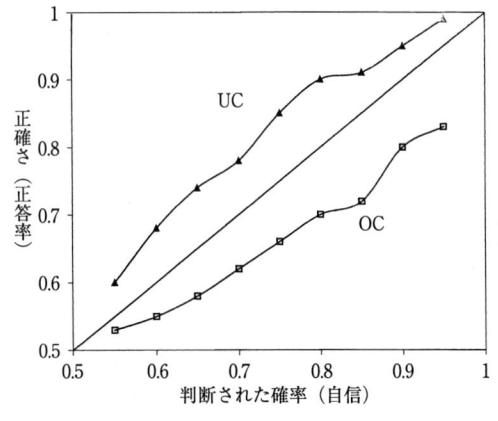

UC：自信不足
OC：自信過剰

（0＜p＜1）．一方，半範囲の課題では，まず2選択肢のどちらがより起こりやすいかが，明示的か暗示的に尋ねられ，その後範囲の上半分における反応値（0.5＜p＜1）が測定される．

たとえば全範囲の課題では，「あなたは明日神戸で雨が降ると思いますか？」と尋ね，半範囲はまず「あなたは明日神戸で雨が降ると思いますか？」を聞いたあと，「それにどのくらい自信がありますか」を尋ねる．この最後の質問では0.5を下回る反応を許容しない．その理由は最初の質問で「0.5 より大」と思われる反応（たとえば「雨が降る」）を使うためである．

キャリブレーション研究は，実験室研究の形で数多く研究されてきた（Griffin & Brenner, 2004）．それは心理学では「現実の可能性判断の質の向上」という動機より，とくに初期には「人々が自分の知識を観察する能力がどのくらいあるか」におもな関心があったためでもある．

心理学の実験室研究の典型的なパラダイムでは，実験参加者は多数の一般知識問題または百科辞典的問題（例，「パリとニューヨークはどちらが北に位置するか」，など）に解答し，続いて自分の選んだものが正解である確率の評定を求められる．形式は前述の2AFCが多く，結果は正答率をY座標，自信をX座標とするキャリブレーションカーブの形で描く．

c. 死亡者数の推定値と実測値

図 6.2 は，米国で1年間にさまざまな原因で死亡する死亡者数を人々が推定させ，推定値の幾何平均をY軸，現実の死亡者数をX軸に対応させたリクテンシュタインらによる有名な図である（Lichtenstein et al., 1978）．ここには利用可能性ヒ

ューリスティック（9章5節参照）の影響があることで知られ，事故などインパクトが強く想起しやすいものは過大視，疾病など想起しにくいものは過小視されている．一方この図はXY軸を逆転させると，X軸が主観的な推定値，Y軸が現実の値（＝正解）になり，キャリブレーションカーブにも似ている．実際，本文で後述するように，リクテンシュタインはもともとキャリブレーション研究に関心があり，レビューも行っている．

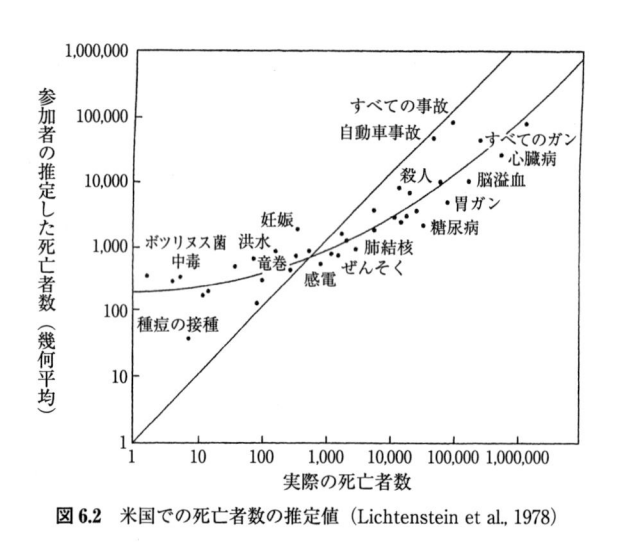

図 6.2 米国での死亡者数の推定値（Lichtenstein et al., 1978）

キャリブレーションカーブで見られるパターンは，理論的には複数考えられる．図 6.3 は全範囲でのパターンを図式化したものである．自信が正確さを上回っている自信過剰とその逆の自信不足（underconfidence）があるが，これらはさらに細かく分かれる．自信過剰は予測過剰（overprediction）（図のA：確率を一貫して高く判断しすぎる場合）と末端過剰（overextremity）（C：一貫して極端すぎる判断を割り振る傾向で，極である0または1に極端に近すぎる判断をし，2値判断ではその回答者が自分の仮説を非常に起こりやすいと過剰に推定することを意味する）に分けられる．自信不足は推定不足（underestimation）（B：一貫して自分の考えている仮説に低い確率を割り振る）と末端不足（underextremity）（D：あまり極端でない値（たとえば，スケールの中央に非常に近い値）に対して確率を割り振る）に分かれる．予測過剰または推定不足と末端過剰または末端不足の組み合わせも起こりうるもので，その場合対角線をどこかでまたがる形の曲線になる．

4. 自信過剰への影響要因

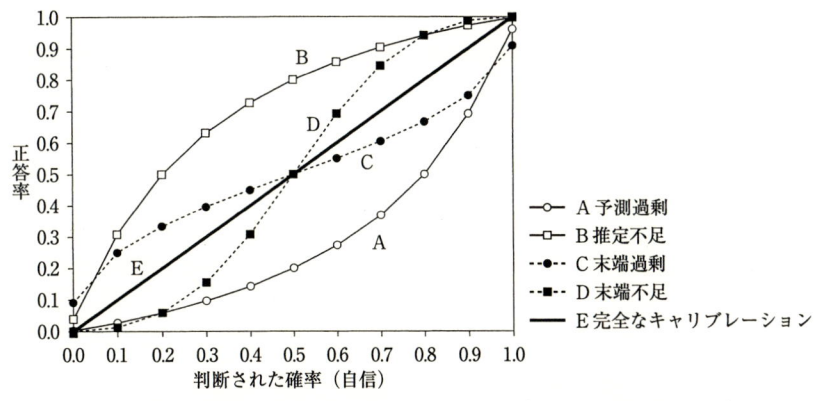

図6.3 キャリブレーションに見られるパターン (Griffin & Brenner, 2004)

グラフ凡例：
- A 予測過剰
- B 推定不足
- C 末端過剰
- D 末端不足
- E 完全なキャリブレーション

縦軸：正答率、横軸：判断された確率（自信）

さて，従来行われてきたキャリブレーションの実験室研究では，多くの場合安定した自信過剰の傾向が指摘されてきた（初期のレビューは，Lichtenstein et al., 1982）．20世紀初頭から行われた予報官による気象予報精度の研究や，1950～60年代の信号検出理論に基づいた知覚課題を用いた研究での結果は，末端過剰と予測過剰をともに含む自信過剰の傾向が優勢であった．自信過剰の程度は後述のように課題の難易度には影響される一方，課題の種類や領域，尋ね方の方法，評価者の性質（予報官，臨床心理学者，CIAの諜報員など）には依存しないといわれている．個人差との関連の研究もある（Hession & McCarthy, 1974）．この研究では自信過剰と権威主義的パーソナリティ，独断主義，頑固さ，知能などの人格特性との関連を分析し，権威主義的パーソナリティのみ多少相関があることが報告されている．

4. 自信過剰への影響要因

難易効果と基準比率の効果　自信過剰に影響する要因としてリクテンシュタインらは2つの効果を指摘した（Lichtenstein et al., 1982）．第一は課題の困難さに関する難易効果（hard-easy effect）である（Lichtenstein & Fischhoff, 1977）．極端に困難な課題では自信過剰が非常に大きく，また本質的に不可能な課題（たとえば，欧州人と米国人の筆跡や，アジアと欧州の子供の絵の区別など）では正答を選ぶ確率は0.5に近いはずだが，それでも7～8割は0.5よりも大の値を回答するという．これは人々が課題の困難さの程度を認識できないことから生じると

考えられた.
　第二は基準比率の効果である．1選択肢の課題（回答が正誤いずれか）では，正答率を上げるためには全体の課題中の正しい文の割合（基準比率）を考慮に入れる必要があり，そのことが影響すると考えられる．
　信号検出モデル（Ferrel & McGoey, 1980）に基づいて考えると，キャリブレーションには，① 正しい文の比率，② 回答者の誤った文と正しいものの弁別力，の2つが独立して影響すると仮定できる．正誤を判断する境界値が一定なら，このモデルからは，弁別力一定で正しい文の比率を変化させることと，正しい文の比率一定で弁別力を変化させたときでは異なる影響が予測され，結果を支持するデータが得られた．すなわち，正解率が異なる集団別に分けたときでも，基準比率の変化に従い同じ曲線が得られ，全体の中での正解の割合という基準比率自体が自信過剰に影響していると考えられた．
　しかしその後の研究でも，引き続き他の理論や心理的メカニズムと関連づけた複数の説明が検討されている（Griffin & Brenner, 2004）．
　1）楽観主義による説明　人は自尊感情や自己に肯定的なように現象を解釈し，そういった情報を収集する傾向にあり，結果として利己的バイアスに陥りやすいことが知られる．たとえば成功を自分の能力などに，失敗を外的要因に原因帰属するのがその例である．ただこれはむしろ，自他の能力に関する注意のバイアスによるものであり，その結果自分が絶対的に高い技術をもつ領域では楽観主義が見られるものの，逆に絶対的に低い能力をもつ領域については悲観的との指摘もある（Kruger, 1999）．また，自信過剰の現象のうち，末端過剰は楽観主義では説明できない．これらのことから最近は情報処理のバイアス（以下の2），3））による説明に移行している．
　2）確証バイアスによる説明　確証バイアス（confirmatory bias）とは人々が自然に自分の選んだ仮説を支持する証拠に注目しがちであることをいい，記憶の中で自分の注目する仮説を確証する証拠を検索・採用しやすいことから自信過剰は生じるというものである（Koriat et al., 1980）．この説を支持する結果として，選択肢について支持する理由と支持しない理由を言わせると自信過剰が相対的に減少し，とくに選んだ選択肢と矛盾する理由を言わせると自信過剰が減少することがあげられた．しかしこれは必ずしも確証バイアスと直接結びつくものではない．また確証バイアスは自信過剰の部分的説明，とくに末端過剰の説明にはなるが，その役割や確率判断における影響の程度については不明で，基準比率の

無視といったバイアスとの関係はまだ明らかではない.さらにその後の研究では,支持しない証拠を言わせても自信過剰は減らないとする報告(Fischhoff & McGregor, 1982)や,反対の論拠を与えたり,自分で考え出した論拠と実験者による論拠を与える条件を比較してもとくに違いがなかったというものもある(Allwood & Granhag, 1996).

3) 事例に基づいた判断(case-based judgment)による説明　　この説はいわゆるヒューリスティックスとバイアス研究(9章参照)と関連している.この見方では,自信過剰は人々が各事例に特有の要因だけを見ることで環境の情報構造を無視する,つまりその事例が引き出された元の集合やクラスを考慮しない結果生じているとする.具体的には,すでにあげられた基準比率の無視*i や,人々は回帰現象を無視するという非回帰的予測*ii,標本の大きさをしばしば無視するという標本サイズの無視*iii,そして連言錯誤*iv などが誤ったキャリブレーションにつながっていると考えられている(Kahneman, et al., 1982).

この事例に基づいた判断による説明をより組織的にしたものと考えられるのが強さと重みモデル(strength and weight model)による説明(Griffin & Tversky, 1992)である.強さとはこの事例における証拠の極端さの程度,重みはその証拠の予測的な妥当性とされる.正しさの判断を行う際,人々は当該の事例における

---

* i 　**用語解説●基準比率の無視**(base-rate fallacy)　　ある事象が特定カテゴリーに属するかどうかの判断の際に,カテゴリー自体の比率を無視して個別情報に基づいて判断する傾向をいう.カーネマンとトヴェルスキー(1973)は 100 名の法律家とエンジニアのプロフィールについて両者の割合を 7:3 または 3:7 に変化させても,提示されたプロフィールがどちらの職業のものかに関する回答者の判断は描写内容に基づいており,両者の全体の割合には影響されないことを示した.
* ii 　**用語解説●非回帰的予測**　　統計学者ゴールトン(Galton, F.)は遺伝研究において背の高い(低い)親からは背の高い(低い)子どもが生まれるものの,その身長はより平均に近づく(回帰する)傾向にあることを発見した.この平均への回帰現象はデータの観測の際にも当てはまり,極端に平均から離れた値が偶然観察されたとしても,次には平均に回帰する可能性が高い.しかし多くの人はこの現象を考慮に入れずに予測を行ってしまうことをさす.米国の一流スポーツ選手の間では「スポーツイラストレイテッド」という一流誌の表紙に載ると次は成績が落ちる,というジンクスがよく知られているが,これは非回帰的予測による誤りの例である.
* iii 　**用語解説●標本サイズの無視**　　人々が確率判断を行う際に標本の大きさに対する感受性が低いこと.トヴェルスキーとカーネマン(1974)は大きさの異なる 2 つの病院で「60% 以上男の子が産まれる日が記録されるのが多いのはどちらか」を尋ねる問題を呈示したところ,本来は標本の大きい大病院の方が平均値(約 50%)とずれる日は少ないはずであるのに,「大体同じ」として標本の大きさを無視する回答者が多いことを示した.
* iv 　**用語解説●連言錯誤**(conjunction fallacy)　　本来は 2 つの事象の連言または同時生起であることを無視し,一方のみの事象の生起確率よりも低く判断してしまうこと.「リンダ問題」(Tversky & Kahneman, 1982)(本書 165 頁も参照)が連言錯誤を起こす代表的問題として知られる.

証拠がどのくらい極端かという証拠の強さに注目し，それから標本の大きさや基準比率，特徴など分類に基づいた証拠の重みを少しずつ調整するというものである．

具体例として教授が書いた大学院生の推薦状を評価する場面があげられている．この手紙を評価する際は，①手紙がどのくらい肯定的または温かさのあるものか，②その書き手はどのくらい信憑性または見識があるか，という二点から評価される．コイン投げでそのコインが表がより出るように歪んでいる，という仮説を評価するような場合には，①はコインを実際に投げたときの表の割合，②は標本数になる．いずれも①が証拠の強さ，②が証拠の重みにあたり，自信過剰は強度は高いが重みが低いために生じると考えられている．ヒューリスティックとバイアスに基づくこれらの説は，回答者が説明を誤解していることから生じるというものや，質問紙法での研究に限定されるなどの批判がある．

4) 生態学的妥当性という観点からの説　この説は自然環境でも確率事象の知識は適応的に得られているはずなのに，確率判断の研究では人工的な刺激呈示が行われるため生ずる，という見方をとる．主唱者はギガレンツァー (Gigerenzer, G.) で，もし手がかりの妥当性が生態学的妥当性と一致していれば，キャリブレーションがよくなることが期待できるとする (Gigerenzer et al., 1991)．難易効果について大規模なレビューを行った研究でも (Juslin et al., 2000)，前述の情報処理のバイアス説を支持する研究は課題の代表性を欠き，特定の問題に対する注目が過大になされており，結果として課題を困難にしていることが指摘されている（この研究では，それ以外に用いられた研究手法による影響が難易効果とされている研究に含まれている可能性も指摘している）．ただ，自然環境に近いと思われる現実環境での専門家の判断も誤ったキャリブレーションを示すことがわかっており，また生態学的観点からよいとされる頻度判断でも，必ずしも確率判断に比べ優れた結果が現れるわけではなく，むしろ同じ証拠に基づいている場合同様の自信過剰が見られることも示されている (Brenner et al., 1996)．

5) 計量心理学の誤差モデルからの説明　この立場では，不正確な判断が末端過剰のバイアスを生み出しており，ランダムな反応誤差を削減すればこれは改善されると考える (Erev, Wallsten, & Budescu, 1994)．すなわち，確率判断は系統的な要素（隠れた自信）に一定量のランダムな誤差が加わったものであり，仮に真の値がバイアスのないものであっても反応段階でのランダムな誤差によって，客観確率と自信の率とが対応しない，つまり平均への回帰効果によって末端

過剰が生まれていると考える．判断された確率Xの関数として客観確率Yがプロットされていると仮定するなら，回帰効果で高い評価確率は相対的に低い結果確率と対応するため，尺度の高いほうでは自信過剰現象が起きうる．ただ，逆にXYの影響関係を逆転させれば自信過剰現象は説明できないことになり，このことはキャリブレーション曲線で自信過剰を判断することの危険性を明らかにしている．ランダムな誤差を除くため判断をくり返し測定した研究でも（Budescu et al., 1997）全体的に末端過剰であり，このことから誤差モデルだけで自信過剰の現象を説明するのは不十分であることが明らかになった．

以上のように，確定的な説明は今のところ定まっていないものの現在までのところ単なる楽観主義の影響ではなく，基準比率の影響や回帰効果など，認知的な複数の要因が複合的に影響しているという考え方が有力である．

5. キャリブレーションにおける文化差

1980年代からは文化差に関する多くの研究が行われた．キャリブレーションの1つの応用としてこの文化差に関する結果をみていこう．

d. 文化差に関する初期の研究（Phillips & Wright, 1977; Wright & Phillips, 1980）
「ジュートは，(a) 穀物 (b) 繊維，のいずれにあたるか（どちらか1つに丸）」といった2AFCの一般知識問題を香港，マレーシア，インドネシアを含む南アジア地域と英国で行った．結果は英国では判断された自信の平均値が0.7を上回るのに

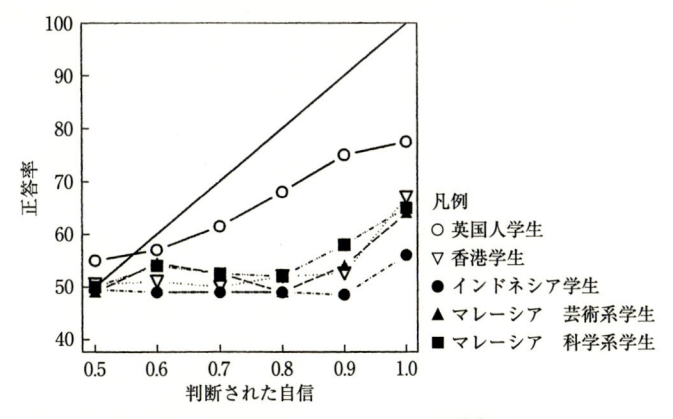

図6.4 英国，香港，インドネシア，マレーシアの回答者のキャリブレーション曲線（Wright et al., 1980; Yates et al., 2002）

対し実際の正解率は約 62% という自信過剰を示したが，一方で自信過剰は一貫して英国よりもアジアの回答者のほうが大きかった（図6.4）．

d. の研究のようにアジアと西欧との比較でこのような差が生ずる理由はいくつか考えられている．1つは使われた方法論の副産物という説で，まず課題の難易効果で生じたことが考えられた．用いられた問題自体がアジアの回答者に難しく，結果としてアジアでより自信過剰が起きた，というものである．しかし，困難度を同一に制御したの研究（Yates et al., 1989）でも，中国の回答者が米国より自信過剰の傾向が得られたことからこの説明は却下された．

また，反応尺度の使用法の文化差の可能性，すなわち，アジア人は西欧人に比べ，自分が実際考えているよりもより極端な確率判断を報告する傾向をもつために起こることも考えられた．そこで正解なら $2.20，不正解なら支払いがないようにしてその賭けの売却価格を回答させたり，またスコアリングルールを適切に設定した場合でも，やはり同様の自信過剰の傾向が見られた．これらからみると，自信過剰は用いられた方法の副産物ではないことになる．

このようなアジアと西欧地域の違いに一般性はあるのだろうか．主要な比較研究（表6.2）では，やはりアジア人は西欧人より自信過剰が大きい傾向がみられる（ただし，シンガポールでは米国人と同程度という研究もある）．日本人の自

表6.2 キャリブレーションにおける文化差の主要な研究とその結果

報 告	対象者	比較のおもな結果*
Wright & Phillips (1980)	英国，香港，インドネシア，マレーシアの中国人学生	英国＞香港，インドネシア，マレーシア（図6.4参照）
Yates et al. (1989)	中華人民共和国，米国，日本	中国（13.4%）＞米国（7.2%），日本
Yates et al. (1990)	米国，台湾	台湾＞米国
Lee et al. (1995)	台湾，米国，インド，シンガポール，日本	台湾＞インド，シンガポール＞米国 米国（約7%）＞日本（約3%）
Whitcomb et al. (1995)	トルコ，米国	トルコ＞米国
Yates et al. (1998)	台湾，日本，米国	台湾では時間経過で自信過剰が減少したが，日本と米国は変化が少ない
Price & Murphy (1999)	ブラジル，米国	ブラジル（12.1%）＞米国（5.1%）
Yates et al. (2002)	韓国，米国	韓国（5.1%）＞米国（2.4%）

* （ ）内はバイアスのインデックス（平均判断−正解率）で，大小記号はその結果．

信過剰の程度は，米国人と同程度で中国人よりも弱い（Yates et al., 1989），もしくは米国人よりもさらに小さいという結果が報告されている（Lee et al., 1995）．

> **e. 自信過剰の文化差**
>
> 　自信過剰の文化差は，連続確率分布を引き出す課題（例，ある街でのホテルの部屋の平均値）でも見られることが報告されている（Yates et al., 1989）．サプライズ・インデックスで比較を行うと，同一課題で米国人の2%のサプライズ・インデックスが53.8%に対し，中国人では同じ2%のサプライズ・インデックスが59.8%となり，中国人はこうした極端な値をとるケースが多いことが明らかになった．この現象は未来予測でも見られた．日常，職業的に経済指標に関する未来予測を行っている北京のエコノミストに中国経済の指標の予測を行わせた（Zhang, 1992）．ただし，彼らは日常は「最もよい推測値1つを出す」という予測を行っているが，この課題では確率分布の導出を求められた．その結果，経済予測での値の自信過剰は先行研究（Yates et al., 1989）での中国人での自信過剰とほぼ同様の高いレベルを示した．また応用場面の研究として，架空の医療場面で医師として架空の2つの疾病の「いずれに罹患しているか」を判断する場面を台湾，日本，米国で比較したものがある（Yates et al., 1998）．結果は，やはり台湾で自信過剰が高く，一方，日本人は米国人より小さい傾向が見られた．

　イェーツ（1998）は，自信過剰は自尊感情の高さや自己高揚（self-enhancement）と結びついているという見方に基づき，以上の結果が一見「欧米人は自己主張が強く，アジア人は謙虚」というステレオタイプとは一致しないように見える点について考察している．彼はキャリブレーションの実験室研究で使われる一般知識問題は自己評価とあまり関連しないことを理由とし，傍証として友人との比較の中で自己評価を行う課題での研究をあげている．

　この研究（Lee et al., 1995）では回答者は自分の所属大学での自分を含む100人の学生の無作為標本を想像し，他者への影響力など複数の個人特性について順位づけし，その中での自分の位置を想像するよう言われた．結果として，課題のうち自己評価と関連する特性については米国・インド・台湾は日本・シンガポールに比べ高い傾向にあったが，あまり関連がないものは，どの文化でも全般に自信不足で差がなかった．このことから，イェーツは文化差は自己評価と関連する課題には影響するがそうでない課題では少なく，このことを一般知識問題で異なる傾向が見られた理由としている．

　また，アジアの回答者では「100%正しい」という回答が多い点も注目されて

いる (Wright & Phillips, 1980; Yates et al., 1989). たとえば米国・日本では「100%正しい」という回答割合が22.6%, 21.4%であるのに対し, 中国では47.7%と非常に高いという. この「絶対的に正しいという信念をもつ傾向」すなわち確実性幻想 (certainty illusion) も自信過剰の現象と関連する可能性が指摘されている.

最後に最近のこの領域の研究動向を簡単に述べると, 近年は自信過剰の一般性を精緻に検討するとともに, その原因を理論と結び付けて検討する研究が多くなっているようである.

文 献

Allwood, C. M., & Granhag, P. A. (1996). The effects of arguments on realism in confidence judgments. *Acta Psychologica*, **91**, 99–119.

Brenner, L. A., Koehler, D., Liberman, V., & Tversky, A. (1996). Overconfidence in probability and frequency judgments: A critical examination. *Organizational Behavior and Human Decision Processes*, **65** (3), 212–219.

Budescu, D. V., Erev, I., & Wallsten, T. S. (1997). On the importance of random error in the study of probability judgment. Part I: New theoretical developments. *Journal of Behavioral Decision Making*, **10**, 157–171.

Colglazier, E. W., & Weatherwax, R. K. (1986). Failure estimates for the space shuttle. *Abstracts from the Society of Risk Analysis, annual meeting*, Boston, MA, Nov. 9–12, 1986, 80.

Cooke, R. M. (1991). *Experts in uncertainty*. New York. Oxford University Press,

Daston, L. (1988). Classical probability in the enlightenment. NJ: Princeton University Press.

DeGroot, M. H. (1970). *Optimal statistical decisions*. McGraw-Hill.

Erev, I., Wallsten, T. S., & Budescu, D. V. (1994). Simultaneous over- and underconfidence; The role of error in judgment processes. *Psychological Review*, **101**, 519–527.

Ferrell, W. R., & McGoey, P. J. (1980). A model of calibration for subjective probabilities. *Organizational Behavior and Human Decision Processes*, **26**, 32–53.

Fischhoff, B., & McGregor, D. (1982). Subjective confidence in forecasts. *Journal of Forecasting*, **1**, 155–172.

Gigerenzer, G., Hoffrage, U., & Kleinbölting, H. (1991). Probabilistic mental models: A Brunswikian theory of confidence. *Psychological Review*, **98**, 506–528.

Gillies, D. (2000). *Philosophical theories of probability*. Routledge: London. (中山智香子 (訳) (2004). 確率の哲学理論 日本経済評論社)

Griffin, D., & Brenner, L. (2004). Perspectives on probability judgment calibration. In D. J. Koeher & N. Harvey (Eds.), *Blackwell handbook of judgment and decision making*. UK: Blackwell.

Griffin, D., & Tversky, A. (1992). The weighing of evidence and the determinants of confidence. *Cognitive Psychology*, **24**, 411–435.

Hacking, I. (2006). *The emergence of probability*. 2nd ed. Cambridge University Press.

Hession, E., & McCarthy, E. (1974). Human performance in assessing subjective probability distribution. *JASA*, **70**, no. 350.

Juslin, P., Winman, A., & Olsson, H. (2000). Naive empiricism and dogmatism in confidence research: A critical examination of the hard-easy effect. *Psychological Review*, **107**(2), 384-396.
Kahneman, D., Slovic, P., & Tversky, A. (1982). *Judgment under uncertainty: Heuristics and biases.* NY: Cambridge University Press.
Kahneman D., & Tversky, A. (1973). On the psychology of prediction. *Psychological Review*, **80**, 237-251.
Knight, F. (1921). *Risk, uncertainty, and profit.* Houghton Mifflin (reprint 1948).
Koriat, A., Lichtenstein, S., & Fischhoff, B. (1980). Reasons for confidence. *Journal of Experimental Psychology: Human Learning and Memory*, **6** (2), 107-118.
Kruger, J. (1999). Lake Wobegon be gone! The "below-average effect" and the egocentric nature of comparative ability judgments. *Journal of Personality & Social Psychology*, **77**, 221-32.
Lee, J. W., Yates, J. F., Shinotsuka, H., Singh, R., Onglatco, M. L. U., Yen, N. S., Gupta, M., & Bhatnagar, D. (1995). Cross-national differences in overconfidence. *Asian Journal of Psychology*, **1**, 63-69.
Lichtenstein, S., Fischhoff, B., & Phillips, L D. (1982). Calibration of probabilities: The state of the art to 1980. In D. Kahneman, P. Slovic, & A. Tversky. *Judgment under uncertainty.* NY: Cambridge University Press. pp. 306-334.
Lichtenstein, S., & Fischhoff, B. (1977). Do those who know more also know more about how much they know? The calibration of probability judgments. *Organizational Behavior and Human Performance*, **20**, 159-183.
Lichtenstein, S., Slovic, P., Fischhoff, B., Layman, M., & Combs, B. (1978). Judged frequency of lethal events. *Journal of Experimental Psychology: Humen Learning and Memory*, **4**, 551-578.
Morgan, G., & Henrion, M. (1990). *Uncertainty: A guide to dealing with uncertainty in quantitative risk and policy analysis.* NY: Cambridge University Press.
日本リスク研究学会（編）(2000). リスク学事典　阪急コミュニケーションズ
O'Hagan, A., Buck, C E., Daneshkhah, A., Eiser, J R., Garthwaite, P H., Jenkinson, D J., Oakley, J E., & Rakow, T. (2006). *Uncertain judgements: Eliciting experts' probabilities.* England: Wiley.
Phillips, L. D., & Wright, G. N. (1977). Cultural differences in viewing uncertainty in assessing probabilities. In H. Jungermann & G. de Zeeuw (Eds.), *Decision making and change in human affairs.* Dordrecht, Netherlands. pp. 507-519.
Price, P. C., & Murphy, R. O. (1999). General-knowledge overconfidence: A comparison of Brazilian and American university students. *Mente Social*, **5**, 55-74.
Savage, L. J. (1954). *The foundations of statistics* NY: Wiley; and London: Chapman and Hall. (2nd ed. 1972; NY: Dover)
Stanford Encyclopedia of Philosophy. (2009). http://plato. stanford. edu/
Surowiecki, J. (2005). *The wisdom of crowds.* NY: Anchor books.（小高尚子（訳）(2006). みんなの意見は案外正しい　角川書店）
Tversky, A., & Kahneman, D. (1974). Judgment under uncertainty: Heuristics and biases. *Science*, **211**, 453-458.
Tversky, A. & Kahneman, D. (1982). Judgments of and by representativeness. In D. Kahnemann, P. Slovic, & A. Tvesky (Eds.), *Judgment under uncertaingy: Heuristics and biases.* Cambridge: Cambridge University Press. pp. 84-98.
Whitcomb, K. M., Önkal, D., Curley, S. P., & Benson, P. G. (1995). Probability judgment accuracy for general knowledge: Cross-national differences and assessment methods. *Journal of*

Behavioral Decision Making, 8, 51-67.
Wright, G. N., & Phillips, L. D. (1980). Cultural variation in probabilistic thinking: Alternative ways of dealing with uncertainty. *International Journal of Psychology*, 15, 239-257.
山口宗彦・経田正幸 (2005.11.19). 気象庁が運用するアンサンブル予報とその利用. THORPEX 研究連絡会 第3回研究集会 http://www.jamstec.go.jp/esc/afes/thorpex/activities/20051119/slides/yamaguchi.pdf (2008年9月29日検索).
山口 彰 (2009). 地震 PSA における安全裕度と不確かさ 保全学, **7**(4), 16-22.
Yates, J F., Lee, J.-W., Levi, K. R., & Curley, S. P. (1990). Measuring and analyzing probability judgment accuracy in medicine. *Philippine Journal of Internal Medicine*, **28**(Suppl. 1), 21-32.
Yates, J. F., Lee, J. W., Sieck, W R., Choi, I., & Price, P C. (2002). Probability judgment across cultures. In T. Gilovich, D. Griffin, D. Kahneman (Eds), *Heuristics and biases: The psychology of intuitive judgment*. NY: Cambridge University Press.
Yates, J F., Lee, J.-W., Shinotsuka, H., Pataloano, A. L., & Sieck, W. R. (1998). Cross-cultural variations in probability judgment accuracy: Beyond general knowledge overconfidence. *Organizational Behavior and Human Decision Processes*, **74**, 89-117.
Yates, J. F., Zhu, Y., Ronis, D. L., Wang, D.-F., Shinotsuka, H., & Toda, M. (1989). Probability judgment accuracy: China, Japan, and the United States. *Organizational Behavior and Human Decision Processes*, **43**, 145-171.
Zhang, B. (1992). *Cultural conditionality in decision making: A prospect of probabilistic thinking*. Unpublished doctoral dissertation, Department of Information Systems, London School of Economics and Political Science, University of London, UK. (Cited from Yates et al., 2002).

第7章
曖昧性を測る
―2次確率から見る―

増田真也

次のようなテニスの試合について考えて欲しい．まず試合1では2人の選手について十分な情報があり，実力はまったくの互角であることがわかっている．試合2は選手に関する情報がなく，結果を予測するための手掛かりが一切ない．最後の試合3は，一方の選手が圧倒的に強いことがわかっているのだが，それがどちらであるかがわからない（Gärdenfors & Sahlin, 1982）．

この3つの試合は，いずれも一方の選手が勝つ確率を0.5と推定するのが妥当であろう．しかし，確率に関する情報の量が大きく異なっていることから，たとえば「どの試合で賭けをするか」ということになると，選好の差が生じるものと思われる．実際，日常での決定場面では明確な確率情報が得られないことが多いことから，上記の試合2や3のような状況下での判断や決定について検討することは重要であろう．

本章ではまず，エルスバーグのパラドクス（Ellsberg's paradox）とよばれる問題から，確率に関する情報が明確にわかっている選択場面よりも，わかっていない選択場面が一般に避けられるという曖昧性忌避（ambiguity aversion）について説明する．そして曖昧性をとらえる代表的な方法である2次確率分布（second order probability distribution）を取り上げるとともに，曖昧性忌避を異なる観点から把握しようとする有能感仮説（competence hypothesis）について検討する．

1. エルスバーグのパラドクス

まず，「エルスバーグのパラドクス」として知られる2色問題と3色問題を説明する（Ellsberg, 1961）．

a. 2色問題

赤色と黒色の玉が入っている2つの壺があり，その中の1つからランダムに玉を取り出すとする．'赤1'に賭けるということは，「壺1から玉を取り出すこと」に決めたということである．そして，もしあなたが赤玉を取り出したら，賞金a（たとえば100ドル）を受け取り，黒玉を取り出したら，それより小さい賞金b（たとえば0ドル）を受け取る．

あなたには次のような情報がある．壺1には赤玉と黒玉が100個あるが，その比率はわからない．すなわち，赤玉の数は0～100個までの可能性がある．壺2には赤玉と黒玉が50個ずつあることが保証されている．

あなたは，① 赤1と赤2のどちらに賭けるか，また，② 黒1と黒2のどちらに賭けるか．

このような2つの質問をすると，壺1は色玉の割合がわからず曖昧であるため，赤1より赤2に，黒1より黒2に賭けたいと答える人が多くなるという．しかしそうなると，以下のような矛盾が生じる．

「赤2に賭けたい」ということは，選択者は赤1よりも赤2のほうが起こりやすいとみなしたものと考えられる．つまり，0.5よりも小さい主観的確率を赤1に付与しているということになる．そして，赤1が0.5よりも小さいのであれば，黒1の確率は0.5よりも高いということになる．しかしながら，選択者は②の質問で，黒1より黒2に賭けたがるのであるから，黒1も0.5より小さいと考えているはずである．したがって，赤1と黒1の合計は1よりも小さくなり，確率の合計は1であるという加法性（additivity）の公理に反することになる．

b. 3色問題

ある壺の中に赤玉が30個と黒玉と黄玉が合わせて60個入っているが，黒玉と黄玉の割合はわからない．ランダムに玉を1つ取り出して，それが「当たり」だったら100ドル貰えるとする．「赤玉を当たり」とする賭けIと，「黒玉を当たり」とす

表7.1 3色問題

	30個	計60個	
	赤玉	黒玉	黄玉
賭けI	$100	$0	$0
賭けII	$0	$100	$0
賭けIII	$100	$0	$100
賭けIV	$0	$100	$100

る賭けIIでは，玉数がわかっている賭けIのほうが選ばれるだろう．では，同じ壺で赤玉か黄玉を引けば当たりである賭けIIIと，黒玉か黄玉を引けば当たりとなる賭けIVとでは，どちらが好まれるだろうか（表7.1）．

　今度は，黒と黄が合わせて60個あることがわかっている賭けIVが好まれるものと思われる．しかし，賭けIIIとIVは，賭けIとIIに同じ黄玉の数が当たりに加わっただけである．それにもかかわらず，IIIとIVとの間ではIVのほうが好まれるという逆転が生じるのである．

　意思決定に関する規範理論である主観的期待効用理論（subjective expected utility theory）では，確率の曖昧性が選択に影響を与えるとは考えていない（Savage, 1954）．それにもかかわらず，このような曖昧性の忌避が見られることから，主観的期待効用理論が現実の人々の選好と一致しないことを示す強力な例として，エルスバーグのパラドクスが注目されることになったのである．

2. 曖昧性忌避に関する研究と経済現象

　以上の問題では，同じ生起確率が期待できるにもかかわらず，明確な確率をもつ選択場面のほうが曖昧な選択場面よりも好まれることを示していた．これに対して，明確な確率のほうを変化させることで，曖昧状況と等価となる確率を得ようとした研究もある（Lauriola & Levin, 2001）．この実験の選択課題は2色問題と似ており，確率が曖昧な壺1には2色の玉がどれくらいの割合で入っているかがわからない．一方，明確な壺2には0.02〜0.98までの41の当たりの確率が設けられ，それぞれが壺1とどちらを選択するかが尋ねられる．こうして曖昧性忌避が曖昧性選好へと変化するクロスオーバーポイントを得たところ，0.5以下で曖昧性選好へと立場が変わる参加者が68％となり，やはり曖昧性忌避の傾向が見られたのである．

曖昧性が好まれるとき

　2色問題や3色問題では曖昧な選択場面は避けられるが，むしろ好まれる場合があることもエルスバーグは示唆している（Becker & Brownson, 1964より）．

> **c. 曖昧性選好**
> 壺1には，1000個の玉が入っており，それぞれ1〜1000まで1つずつ数字が書いてある．もうひとつの壺2にもやはり1000個の玉が入っており，1〜1000までの数字が書かれているが，各数字がいくつずつ書かれているかわからない．2つの壺のどちらかから，ある数字（たとえば，687）が書かれた玉を取り出したときに賞金が貰えるとしたら，壺1と壺2のどちらから引きたいだろうか．

　壺1でも壺2でもある数字を取り出す確率は0.001であるが，壺1では確率が明確で壺2は曖昧である．しかしこの場合は，壺2を選ぶ者のほうが多いと考えられる．すなわち，成功の確率が非常に低いときは，曖昧性はむしろ好まれるのである．

　その後の研究から，利得状況のときに平均確率が0.5以上となる高確率場面では曖昧性忌避が見られるが，確率が低くなると好まれるようになること，損失状況では逆に，高確率場面では曖昧性選好が見られ，低確率で忌避される傾向があることがわかっている（Curley & Yates, 1985; Viscusi & Chesson, 1999など）．

曖昧性忌避と経済現象

　より現実的な場面を用いた研究として，クンルーサーら（Kunreuther et al., 1995）は，地震などの災害の可能性や被害について述べられたシナリオを作成し，保険業者に保険料を設定してもらった．この場合でも，確率が曖昧だったり損失の大きさがはっきりしなかったりするようなときに保険料が大きく課され，曖昧性忌避の傾向が見られた．

　経済的な決定場面において重要な，コストやベネフィットに関する情報の曖昧性について言及した研究もある（Dijk & Zeelenberg, 2003）．

> **d. サンクコスト効果と曖昧性**
> ある会社で新薬を開発しており，これまでに投じた費用は50万から150万フランの間であった．この薬は完成までにさらに100万フランかかるが，他社が同種のより優れた製品を発売することがわかった．開発を継続するべきだろうか，中止するべきだろうか．

　金銭，努力，時間などの投資が一度なされると，それ以上の投資が利益を生まないことがわかっていても，その試みが続けられるというサンクコスト（sunk cost) 効果が知られている．この実験では，すでに投じた費用について一切ふれられていない統制群，50万フランかかった低サンクコスト群，150万フランかかった高サンクコスト群，そして上のかこみにあるような50万〜150万フランかかった曖昧サンクコスト群が設けられた．結果は，低群と高群では約7割が開発の継続を選択したが，曖昧群では3割程度であり，統制群と差がなかった．すなわち，曖昧な情報はサンクコスト効果を消滅させたのであった．

別の実験では，将来期待できるベネフィット情報の曖昧性が扱われた．具体的には，すでに2軒のレストランを所有している人が，「3軒目を開店するかどうか」を検討しており，新店舗への関心の程度を調べる2つの調査を行ったという設定で判断を求めた．

すると新店舗への関心の多少にかかわらず，2つの調査結果の数値が同一であったリスク群のほうが，数値が異なる曖昧群や情報がない統制群よりも開店すると答えた人が多かった．また実験1と同様に，曖昧群と統制群との間には差がなかった．

このように，確率の曖昧性と同様にコストや結果の曖昧性も避けられ，情報がない場合と同じような選択がなされることが示されている．

3. 2次確率分布による曖昧性の把握と選好

曖昧性忌避は頑健な現象であるという (Keren & Gerritsen, 1999)．ではそもそも曖昧性とは何であり，どのようにしてとらえられたり，表現されたりするのだろうか．

曖昧性の定義と表現

エルスバーグ (1961) は曖昧性を「情報の量，タイプ，信頼性，一致度に依存する性質であり，相対的な可能性の推定における個人の確信度に影響を与える」ものと定義し，単なる刺激の性質だけではなく，それに対する人の認知までをも含めている．その他に，「曖昧性とは確率に関する不確実性であり，関連していたり，知りうる情報が欠けていたりすることから生じる」(Frisch & Baron, 1988) といった定義がある．つまり，曖昧性とは主として情報の欠如や矛盾をさしている．

実験研究において曖昧性は,「40〜60％」といった確率値の範囲（Becker & Brownson, 1964）で表されることが多い．また確率値になんらかの言語を付与することで曖昧性が表されることもある．たとえば,1つの数値に定まった明確な確率に対して,「おおよそ50％」（Kuhn, 1997）とか,広く用いられてきた成功率50％の治療法に対して「医師が成功率50％と推定している新しい治療法」（Highhouse, 1994）といった表現によって,確率が1つに決まるわけではなかったり,確率値自体の信頼度が十分でなかったりすることを表すのである．このように曖昧性はさまざまな形で表されているが,その中でも2次確率分布によって曖昧性をとらえようとする試みが研究者に人気があるという（Camerer & Weber, 1992）．

2次確率分布での把握

アインホーンとホガース（Einhorn & Hogarth, 1985）は,2色問題の2つの壺について,「壺1の最も妥当な確率の推定値は0.5だが,推測の確信度が低い．一方,壺2は不確実性に関して（少なくとも）確実である」と述べている．つまり曖昧性とは,不確実性に関する不確実性（uncertainty about uncertainty）,あるいは確率に対する確率（probabilities for probabilities）であり,2次確率分布で把握できるとしたのである．

そして彼らは,事象の生起確率の分布（1次確率分布）の多少を2次確率分布で示して,不確実性を無知性（ignorance）,曖昧性（ambiguity）,リスク性（risk）の3種類に分類した．具体的には,無知性にはあらゆる1次確率分布が存在しうるが,リスク性では1つに定められる．そして,曖昧性はこの2つの中間状態である．2色問題における色玉の割合がわからない壺1は,確率に関するいかなる情報もないことから,ここでの分類に従えば無知性に相当することになる．

このことは,冒頭のテニスの試合の例を考えるとわかりやすい．まず試合1は,どちらの選手でも勝率が0.5であると推定するだけの十分な情報があって,1次確率分布が1つに確定できるためリスク性場面である．試合2は試合結果を予測するための情報がまったくないことから,無知性場面である．最後の試合3は,分布に関する情報がある程度わかっているので,曖昧性場面ということになる（Gärdenfors & Sahlin, 1982）．

図7.1にさまざまな形状の2次確率分布を示した（混乱を避けるために以下で

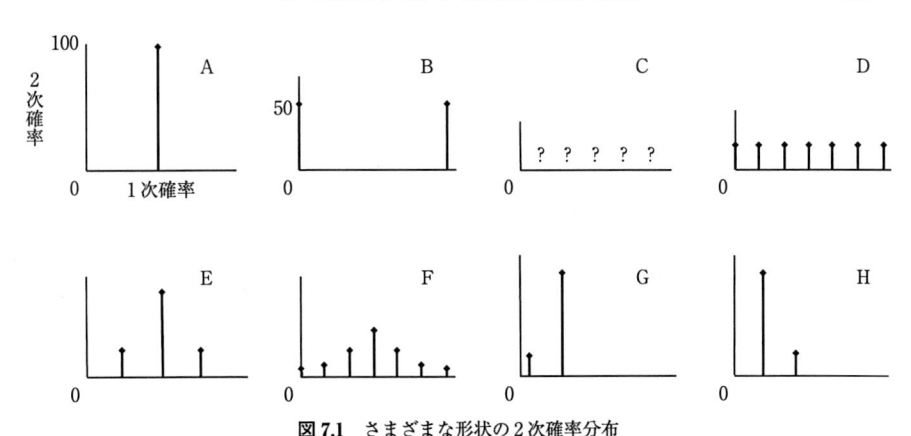

3. 2次確率分布による曖昧性の把握と選好

図7.1 さまざまな形状の2次確率分布
2次確率分布はグラフ上で横軸にある事象の生起確率（くじでいう「当たりの確率」）をとり，縦軸にその「ある事象の確率」が出現する確率をとって表している．

は，1次確率を0から1までの数字で，2次確率を0から100までのパーセンテージで表す）．たとえば上述の試合1はAであり，横軸の0.5の場所にある100％の高さの垂直線が，その試合におけるあるプレーヤーの勝敗の2次確率分布を示している．また試合3はBであり，横軸の0と1の場所に高さ50％の垂直線が書かれている．そして試合2は確率に関する情報が全くないのでCのようになる（ただし，試合2のような無知性に関しては，あらゆる1次確率がありうるという意味から，Dのように表すことができるかもしれない）．このように，1次確率のレベルではすべて0.5と推測することが適切であると考えられる3つの状況が，2次確率分布で表すとその形状が大きく異なることがわかる．

また，ある事象の生起確率の推定値を，「3％であるが，初めて行われた調査であり，正確さに欠ける」というように言語的に曖昧性を付与した場合と，「1〜5％」というように範囲で表した場合を2次確率分布で表すと，前者はたとえば「0.01が20％，0.03が60％，0.05が20％」で生じるという図7.1のEのような凸型の分布としてとらえることができ，後者は「001, 0.02, 0.03, 0.04, 0.05のそれぞれが20％ずつ」生じるDのような分布となる（Di Mauro & Maffioletti, 2004）．

2次確率分布の形状と選好

イェーツとズコウスキ（Yates & Zukowski, 1976）は，「袋からポーカーのチッ

プを取り出す」という架空の賭けを設けて，3つのタイプの不確実性間の選好を検討した．まず，ゲームGは当たりとはずれが5枚ずつ袋に入っている（リスク性場面）．次にゲームG′は，0～10までの数字が記された11個のチップの中から1つをまず引き，そこに記された数だけ当たりが入った袋で賭けをする（曖昧性場面）．最後にゲームG″は当たりが何枚あるかがわからない（無知性場面）．結果はG′とGとの間で選好の差は見られなかったが，G″はG′やGよりも好まれなかった．すなわちこの研究では，曖昧性とリスク性は同等であり，無知性だけが避けられた．

しかし一口に曖昧性といっても，さまざまな2次確率分布をとりうる．こうした分布の形状が選好に与える影響を調べるために，増田ら（2002）はトランプを用いて，参加者に曖昧性の高い場面で賭けをするか，低い場面で賭けをするかどうかの選択を実際に求めた．

> **e. 2次確率分布の形状が選好に与える影響**（増田ほか，2002；実験1）
> まずJ，Q，Kのカードをあらかじめ除いたトランプを2組用意し，赤（♡◇），黒（♠♣）がそれぞれ20枚ずつ含まれていることを参加者に確認してもらう．それからカードを裏にしてよくきった後，10枚の束を2つ取り出す（曖昧性場面）．次に実験者はもう1組のトランプから，赤黒5枚ずつからなる10枚のカードを2束作成し，参加者に見せてから裏返してよくきる（リスク性場面）．
> 参加者は曖昧性場面とリスク性場面のどちらかの束を選び，その中から黒のカードを引けば当たりである．

4つのカードの束はすべて当たりの客観的確率が2分の1であるが，曖昧性場面には「当たりが1枚もない」可能性もあれば，「10枚全部が当たり」である可能性もある．一方，リスク性場面では，「当たりが5枚ある」ことがはっきりしている．

この実験では制御幻想（illusion of control）を引き起こす要因として，他者との競争の有無や選択の制約の有無も操作されていたが，それらを無視して曖昧性場面が選ばれた割合を算出すると45％となり，リスク性場面のほうがやや好まれる傾向が見られた．

次の実験2では，曖昧性場面の2つの束のうち，片方は10枚全部が当たりで，もう一方は全部がはずれであった．この場合の曖昧性場面の選択率は35％であり，実験1のような手続きで構成された曖昧性場面よりも避けられる傾向があっ

た.

　これらの曖昧性場面を2次確率分布で表わすと，実験1は図7.1のFに，実験2はBに近い（また，もう一方の選択肢であるリスク性場面は，Aのように表すことができる）．さらに実験3でEに近い場面を設けて質問紙で選好を尋ねたところ，リスク性場面よりも曖昧性場面のほうが好まれた．すなわち，曖昧性場面は一概に避けられるとは限らず，2次確率分布の形状によっては，リスク性場面と同等であったり，好まれたりすることもあった．

　さらに増田ら（広田・増田・坂上，2001；増田，2006；増田・坂上・広田，2000）は，さまざまな形状の2次確率場面を設定し，一対比較によって各対における選択率を求め，サーストン（Thurstone, W.P.）のケースVの仮定のもとで，各選択場面の好悪の尺度値を算出した．結果は，DやFのように当たりの1次確率が0から1までの間に数多くあるような場面が強く好まれた．逆に分布がまばらな場面は避けられる傾向があり，とくにBのような1次確率が0か1のどちらかが極端に高いような場面は嫌われた．ただし，その中でもEのような凸型の分布は比較的選ばれた．またAのようなリスク型の選択場面への選好は中程度であり，2次確率分布がまったくわからない無知型のCは強く嫌悪されていた．無知性はDのような一様分布状の2次確率分布で表せる可能があると述べたが，実際に人々に選好を求めると，分布の形状がまったくわからないCが明らかに避けられるのに対して，Dはむしろ好まれていた．

2次確率分布と経済実験

　2次確率を考慮した経済実験として，カメレールとクンルーサー（Camerer & Kunreuther, 1989）は損失の可能性がある実験的な市場を設け，参加者に保険の売買を求めた．

> **f. 保険売買の実験**（Camerer & Kunreuther, 1989）
> 　実験参加者は取引期間ごとに一定の金額を所有し，低確率（0.01～0.5）であるが，大きな損失をもたらす可能性がある状況を示すチケットを渡される．そして金銭を支払ってこのチケットを別の実験協力者に渡し，くじを引いた結果からその損失が発生するかどうかを決める．すなわち参加者は保険を購入することで損失を避けることができるのである．保険の取引は，複数の売り手と買い手が売値・買値を随時入札するというダブル・オーラル・オークションで行われた．

この実験では，図7.1のDのような2次確率分布で表される曖昧性が組み込まれた取引状況が設けられており，たとえば損失の平均発生確率が0.2のときには，0, 0.1, 0.2, 0.3, 0.4のいずれかが等しい確率で出現することになっていた．すると売買価格は曖昧性の影響を受けることがあったが，その方向は一定ではなく，価格が上がったり，下がったりした．また，全体的に見ると曖昧性の影響は非常に小さかった．

同じくサリンとウェバー（Sarin & Weber, 1993）でも，証券取引市場を模したオークション実験で，一様な2次確率分布で表される曖昧性場面の効果を検討した．すると成功確率が0.5のときには曖昧性忌避が見られたが，0.05のときにはむしろ選好された．

なおこの研究の一部では，専門家が成功確率を予想しているという状況設定で，曖昧性を操作していた．3人が予想した成功確率はそれぞれ0.1, 0.5, 0.9であるが，誰が正しいかはランダムに決まる．しかしこのような少ない数（3）の1次確率で構成された2次確率分布は，20の1次確率をもつ2次確率分布よりも強く避けられていた．

以上の経済実験の結果は，分布数の多い2次確率分布を有する曖昧性場面が好まれ，少ない曖昧性場面が避けられるという先述した増田ら（広田・増田・坂上，2001；増田，2006；増田・坂上・広田，2000）の結果と一貫している．

非対称的な2次確率分布

2次確率分布に関するほとんどの研究では，対称的な形状だけが取り上げられているが，非対称な2次確率分布について検討した研究もある（Boiney, 1993）．この研究では負の歪度を持つ曖昧な選択肢1（たとえば図7.2のG），正の歪度をもつ曖昧な選択肢2（H），曖昧でなくそれゆえに歪度も0であるようなリスク性選択肢3（A）の3つが設けられた．いずれも平均生起確率は同じであるが，選択肢1には非常に低い1次確率となる可能性がわずかにあり（たとえば，10%の可能性で0.02, 90%の可能性で0.22），逆に，選択肢2は高い1次確率が生じる可能性が含まれている（たとえば，10%の可能性で0.38, 90%の可能性で0.18）．

すると平均確率の高中低（0.8, 0.5, 0.2）や，選択場面の結果が利得であるか損失であるかにかかわらず，負の歪度のときに強い曖昧性忌避が，対称的なときにはやや曖昧性忌避が，正の歪度のときには曖昧性選好が見られた．このような結

果が得られたのは，平均から大きく離れた確率にウェイトが置かれたためであると説明されている．すなわち，選択肢1ではわずか0.02の勝率となる可能性がわずかでもあるので避けられるが，選択肢2では0.38という他と比べて非常に高い勝率を得られるかもしれないために好まれるというのである．

2次確率分布が明確に得られることは必ずしも多くないかもしれないが，以上の研究は分布の形状が選好に大きな影響を及ぼすことを示している．

4. 有能感からの説明

これまで見てきた研究は，2次確率分布への関心も含め，曖昧性自体が選好に影響を与えると考えていた．しかし，ヒースとトヴェルスキー（Heath & Tversky, 1991）は，不確実な事象への賭けの意欲は，推定される確率の高低やその推定の正確さだけでなく，関連する文脈の知識や理解に依存するという有能感仮説を提唱した．つまり，よくわかっていたり，有能感を感じたりするような文脈のほうが，情報がなかったり無知であることを示すような文脈よりも好まれるというのである．このような立場からすると，曖昧性は有能感を減ずる可能性のある要因の1つにすぎず，意思決定者の有能感の方が曖昧性よりも選好において重要だということになる．

有能感仮説

ヒースとトヴェルスキー（1991）によると，有能感は一般的な知識，選択課題への親密性，接触経験などがあることによって高められる一方，決定者には利用できないが他者には利用できる関連情報があることで減じる．2色問題の曖昧な壺の当たりの割合は，原理的には知りうるが参加者にはわからないので，有能感が低くなって避けられるのである．また年金運用などの際に，必ずしも有利とはいえない国内資産に外国資産よりも多く配分するというホーム・バイアス（home bias）という現象が見られるが，これもなじみ深い国内資産への有能感が高いために生じるとされる（French & Poterba, 1991; Kilka & Weber, 2000）．

選好において曖昧性そのものよりも有能感のほうが重要であることを示すために，ヒースとトヴェルスキー（1991）は次のような実験を行った．

> **g. 有能感仮説の検証**（Heath & Tversky, 1991；実験1）
> 　参加者は，30の一般知識問題に解答する．各問題には4つの選択肢があり，まず答えを1つ選んでから，その自信の程度を偶然に正解が選ばれるという25%（まったくの推測）から100%（完全に確実）の間で評定する．この後，参加者は自分の答えか，自信の推定値と等しい確率のくじのどちらかを選択する．たとえば75%の自信を示したなら，参加者は自分の答えが正しいという選択肢か，100までの数字が書かれたポーカーチップのうち，1から75までの数字が書かれたチップを取り出せば当たりという選択肢のどちらかに賭けるのである．

　自分の答えの自信の程度が曖昧であるのに対して，くじ引きの確率は明確なので，曖昧性を避けるならばくじ引きのほうが選ばれることになる．結果は，参加者が推定した自信の評定が低いときにはくじ引きを選ぶが，60%をこえると自分の正解に賭ける率が高くなった．すなわち，自信があるときには，曖昧であっても有能感が感じられる自分の答えに賭けるが，ないときには逆に確率が明確なくじを好んだのである．
　実験2は，①一般的な知識の査定ではなく現実世界の未来の出来事を予測する，②選択肢が2つである（したがって，自信評定の最低レベルは0.5），③確率判断だけでなく各予測に対する知識のレベルを参加者が評定する，ことが実験1と異なっていた．
　回答者はフットボールゲームの勝率とフットボールやチームに関する知識を評定したあと，その試合の勝敗に賭けるか，同確率のくじに賭けるかを尋ねられた．しかし結果は実験1と同様であり，より知識をもった人のほうが曖昧な確率である試合での賭けを選択したのである．

比較性無知仮説

　曖昧性忌避が有能感の欠如から生じるのであるならば，どのような条件がこの心理状態を生み出すのだろうか．フォックスとトヴェルスキー（Fox & Tversky, 1995）は，より優れた知識と比較対照されて，事象についての知識が限られていると感じることから有能感の欠如が生じると考えた．そして，より曖昧でない事象と比較したときには，曖昧な選択肢のほうがその事象に関する知識が少なく，有能感が低くなるために曖昧性忌避が生じるという，比較性無知仮説（comparative ignorance hypothesis）を提唱した．

> **h. 比較性無知仮説の検証**（Fox & Tversky, 1995；実験 1）
> 50％ で当たる賭け 1 と，確率がわからない賭け 2 に対して最大いくらまで払ってもよいかという支払い意志（WTP: willingness to pay）を協力者に尋ねた．このとき比較群では，両方の賭けの回答を求められるが，無比較群ではどちらか一方だけに回答した．

この実験では，比較群で曖昧性忌避が見られたが，無比較群では見られなかった．すなわち，曖昧性自体が避けられるのではなく，リスク性場面と比較されることが重要であった．

またフォックスとウェバー（Fox & Weber, 2002）の実験 1 では，米国のある大学の学生に，「都市の気温の予測の賭け」という課題を設けて WTP を求めた．実験参加者の半数はその大学の所在地の気温を先に予測し，サンフランシスコをあとに答えた．残りの半数は，トルコのイスタンブールについて回答したあとに，サンフランシスコについて尋ねられた．すると，サンフランシスコを対象とした賭けの平均の WTP が前者では約 22 ドルであったのに対して，後者では約 38 ドルであった．前者は最もよく知っている現地と比べられたので，サンフランシスコについて無知であることが強められたが，後者では逆になったというのである．

さらに彼らの実験 5 では，オランダのインフレ率について，自分の予測（当たれば 150 ドル）確実な 50 ドルのどちらかを選択するよう学生に求めた．統制群は「オランダのインフレ率が 3％ 以上か未満か」だけが尋ねられた．一方，実験群では GDP や失業率などの情報が付加された．すると統制群では 56％ が自分の予測に賭けると回答したが，実験群では 36％ であった．こうした結果が得られたのは，経済に関する情報が加えられたことによって，学生は自分が無知であることに気がついたためであると説明されている．

有能感に関する研究の問題

比較性無知仮説は，2 色問題のような確率事象だけでなく，知識に関するより広い判断の傾向を説明する際にも適用できる．ただし，フォックスとトヴァースキー（1995）の追試の結果は，必ずしも比較性無知仮説を支持しているわけではない（Chow & Sarin, 2001; Rode et al., 1999）し，比較の有無によって曖昧性忌避がどのくらい大きくなるかについて予測できないといった問題がある．

またこれらの研究はいずれも有能感自体を測定しておらず，選好の違いが有能感の差から生じていることを直接示してはいない．たとえばくじ引きのような明確な確率事象と答えの自信や気温の推定のどちらかに賭けるといった選択課題は，確かに後者のほうが曖昧であるといえるが，そもそも比較されている事象がかなり異なっていることから，有能感以外の要因によって結果が生じているという可能性を疑うこともできる．

さらに本章で詳述した2次確率分布の形状の違いが選好に影響することも，有能感仮説から説明することはできない．したがって，2次確率分布の形状の違いを含む曖昧性が，いかにして有能感を減じるのかについても，今後検討する必要があるものと思われる．

文　献

Becker, S., & Brownson, F. O. (1964). What price ambiguity? Or the role of ambiguity in decision making. *Journal of Political Economy*, **72**, 62–73.

Boiney, L. G. (1993). The effects of skewed probability on decision making under ambiguity. *Organizational Behavior and Human Decision Processes*, **56**, 134–148.

Camerer, C., & Kunreuther, H. (1989). Experimental markets for insurance. *Journal of Risk and Uncertainty*, **2**, 265–300.

Camerer, C., & Weber, M. (1992). Recent developments in modeling preferences: Uncertainty and ambiguity. *Journal of Risk and Uncertainty*, **5**, 325–370.

Chow, C. C., & Sarin, R. K. (2001). Comparative ignorance and the Ellsberg paradox. *Journal of Risk and Uncertainty*, **22**, 129–139.

Curley, S. P., & Yates, J. F. (1985). The center and range of the probability interval as factors affecting ambiguity preference. *Organizational Behavior and Human Decision Processes*, **36**, 273–287.

Dijk, E. V., & Zeelenberg, M. (2003). The discounting of ambiguous information in economic decision making. *Journal of Behavioral Decision Making*, **16**, 341–352.

Di Mauro, C., & Maffioletti, A. (2004). Attitudes to risk and attitudes to uncertainty: Experimental evidence. *Applied Economics*, **36**, 357–372.

Einhorn, H. J., & Hogarth, R. M. (1985). Ambiguity and uncertainty in probabilistic inference. *Psychological Review*, **92**, 433–461.

Ellsberg, D. (1961). Risk, ambiguity, and the Savage axioms. *Quarterly Journal of Economics*, **75**, 643–669.

Fox, C. R., & Tversky, A. (1995). Ambiguity aversion and comparative ignorance. *Quarterly Journal of Economics, August*, 585–603.

Fox, C. R., & Weber, M. (2002). Ambiguity aversion, comparative ignorance, and decision context. *Organizational Behavior and Human Decision Processes*, **88**, 476–498.

French, K. R., & Poterba, J. M. (1991). Investor diversification and international equity markets. *American Economic Review*, **81**, 222–226.

Frisch, D., & Baron, J. (1988). Ambiguity and rationality. *Journal of Behavioral Decision Making*, **1**, 149–157.

Gärdenfors, P., & Sahlin, N. E. (1982). Unreliable probabilities, risk taking, and decision making. *Synthese*, **53**, 361–386.

Heath, C., & Tversky, A. (1991). Preference and belief: Ambiguity and competence in choice under uncertainty. *Journal of Risk and Uncertainty*, **4**, 5–28.

Highhouse, S. (1994). A verbal protocol analysis of choice under ambiguity. *Journal of Economic Psychology*, **15**, 621–635.

広田すみれ・増田真也・坂上貴之 (2001). 多次元尺度法による曖昧さの異なる選択場面間の選好構造 日本心理学第 65 回大会発表論文集, 581.

Keren, G., & Gerritsen, L. E. M. (1999). On the robustness and possible accounts of ambiguity aversion. *Acta Psychologica*, **103**, 149–172.

Kilka, M., & Weber, M. (2000). Home bias in international stock return expectations. *The Journal of Psychology and Financial Markets*, **1**, 176–192.

Kuhn, K. M. (1997). Communicating uncertainty: Framing effects on responses to vague probabilities. *Organizational Behavior and Human Decision Processes*, **71**, 55–83.

Kunreuther, H., Meszaros, J., Hogarth, R. M., & Spranca, M. (1995). Ambiguity and underwriter decision processes. *Journal of Economic Behavior and Organization*, **26**, 337–352.

Lauriola, M., & Levin, I. P. (2001). Relating individual differences in attitude toward ambiguity to risky choices. *Journal of Behavioral Decision Making*, **14**, 107–122.

増田真也 (2006). 曖昧性と制御幻想が選好に与える影響 慶應義塾大学大学院社会学研究科博士論文 (未公刊)

増田真也・坂上貴之・広田すみれ (2000). 曖昧さの異なる選択場面間の選好に関する研究 日本心理学会第 63 回大会発表論文集, 937.

増田真也・坂上貴之・広田すみれ (2002). 選択の機会が曖昧性忌避に与える影響――異なる種類の曖昧性での検討 心理学研究, **73**, 34–41.

Rode, C., Cosmides, L., Hell, W., & Tooby, J. (1999). When and why do people avoid unknown probabilities in decisions under uncertainty? Testing some predictions from optical foraging theory. *Cognition*, **72**, 269–304.

Sarin, R. K., & Weber, M. (1993). Effects of ambiguity in market experiment. *Management Science*, **39**, 602–615.

Savage, L. J. (1954). *The foundations of statistics*. NY: Wiley.

Viscusi, W. K., & Chesson, H. (1999). Hopes and fears: The conflicting effects of risk ambiguity. *Theory and Decision*, **47**, 153–178.

Yates, J. F., & Zukowski, L. G. (1976). Characterization of ambiguity in decision making. *Behavioral Science*, **21**, 19–25.

第8章

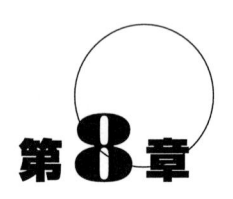

インセンティブ両立的な手段で測る

川越敏司

1. はじめに

　ベルリンから来られたフィーヴェク氏には，6歩格の詩形で2000行になる叙事詩『ヘルマンとドロテア』を出版する権利を譲渡するつもりでいます．印税に関しては，次のようにして決めようと思っています．まず，弁護士のベッティンガー氏に，わたしの要求額を記した書類を封印して渡します．それから，フィーヴェク氏がわたしの著作にいくら支払う気があるか，その提案額の返事を待ちます．もし彼の提案額がわたしの要求額より低い場合は，その封印した書類を取り戻し，これ以上は交渉しないことにします．もし彼の提案額がわたしの要求額より高い場合は，ベッティンガー氏によって開かれるはずの，封印した書類に書かれている以上の額は要求しないつもりです．

　これは，あのドイツの文豪ヨハン・ウォルフガング・フォン・ゲーテが1797年1月16日に，出版社のフィーヴェク氏宛てに書いた手紙である．ここには，一風変わった印税の取り決め方法が記されている．これは，その約160年後の1961年に，ノーベル経済学賞を受賞したウィリアム・ヴィッカレーが「発見」した二位価格オークションの先駆になっていると，この手紙を紹介したモルドヴァヌとティーツェル（Moldovanu & Tietzel, 1998）は記している．ゲーテが生きていた時代では，印税は原稿に対して1回限りしか支払われず，原稿を買い取った出版社は何部でも，そして何刷でも出版できたようである．おまけに，まだドイツは統一国家になっておらず，法体系が十分整備されていなかったため，著作権は保護されておらず，海賊版の天国であったようだ．とくに，出版社は著者に何部・何刷するか，告げないことが通常であったため，著者と出版社との間の情

報の非対称性は非常に大きく，そのため著者は印税を値切られる危険性にいつもさらされていたようである．

ゲーテは，このような時代状況の中で，出版社は実のところ，自分の原稿に対する価値を一体いくらと見積もっているのかを探り出そうと考えて，冒頭に記したような印税決定方式を発明したようである．モルドヴァヌとティーツェル（Moldovanu & Tietzel, 1998）は，ゲーテが発明した方式を二位価格オークション[*i]としているが，この場合買い手は1名だけなので，厳密にいえば，後で詳述するBDMメカニズムだと考えたほうがよい．

いずれにしても，ゲーテの天才的ひらめきによって発明された方式は，買い手にとって真の評価値を表明することが最適になる，インセンティブ両立的メカニズム（incentive compatible mechanism）だったのである．ゲーテは色彩学においても後世に残る研究を残したが，実は経済学の分野でも計り知れない業績をあげていたのだ．ただ，せっかくのこのゲーテの発明も，あまり首尾はよくなかったようである．というのは，出版社との間を仲介した弁護士のベッティンガー氏が，ゲーテが封印した書類に書いていた金額をフィーヴェク氏に漏らしてしまったからだ．こうしてフィーヴェク氏は，ゲーテの要求額どおりの提案額を提示したため，自分の原稿に対する買い手の真の評価値を知りたいというゲーテの願いは結局かなえられなかったのだ（Moldovanu & Tietzel, 1998）．

本章では，ゲーテが発明した二位価格オークション，あるいはBDMメカニズムに代表される，インセンティブ両立的メカニズムについて解説していく[*1]．

2. インセンティブ両立的メカニズム

経済学におけるインセンティブ両立的メカニズムの本格的な研究は1960年代からはじまる．オークションにおけるインセンティブ両立的メカニズムの設計については，ヴィッカレー（Vickrey, 1961）がその先駆者である．1970年代には，ハーヴィッツ（Hurwicz, 1972）が市場，マイヤーソン（Myerson, 1979）が交渉，

[*1] オークション理論一般については，Milgrom（2004），Steiglitz（2007）などを参照．

[*i] **用語解説●二位価格オークション**　最も高い入札をした人が落札するが，支払う価格は2番目の価格であるようなオークション．これはインセンティブ両立的なオークション・メカニズムであり，BDMメカニズムはその特殊ケースと考えることができる．二位価格オークションに関して，さらに詳しいことはSteiglitz（2007）やMilgrom（2004）を参照のこと．

ギバード (Gibbard, 1973), サタースウェイト (Satterthwaite, 1975) が投票における インセンティブ両立的メカニズムを研究した. その後, この研究分野はメカニズム・デザイン論や遂行理論 (implementation theory) という名で膨大な研究がなされている[*2].

インセンティブ両立的メカニズムの設計とは, メカニズムに参加する主体が自分の選好を偽ることのないような誘引や動機づけを与える制度や取引の仕組みをデザインすることである. なぜこのようなことを考えるかというと, たとえある取引制度が, その取引に参加する主体の選好を所与として効率的な配分を達成できるとしても, それらの主体が自分自身の選好を偽ることで取引の結果を自分に有利にできるなら, 実際には効率的な配分が実現できないことがあるからである.

主体が選好を偽るこうした戦略的操作 (strategic manipulation) の例として,「安定な結婚 (stable marriage)」問題について考えてみよう. いま, アキラ, カズオ, サユリ, タカコの男女4人がいて, それぞれが異性に対して, 表8.1のような選好をもっているとする. たとえば, アキラはサユリが一番好きで, 2番目にタカコ, そして独りでいることは最下位の好みとなっている. ここで, 4人がなるべく満足がいくようなカップルの組み合わせ方を決定するメカニズムを考える. これについては, 古典的な研究 (Gale & Shapley, 1962) があって, 次のようにすればよいことがわかっている.

まず, 男女どちらかのグループから他方のグループへ「プロポーズ」する. ここでは, とりあえず, 男性からプロポーズするものとする. プロポーズするときは, 最も自分の好みの者から順にプロポーズしていく. プロポーズを受けた女性は, プロポーズしてきた者が複数ある場合は, その中から最も好みの者を「キープ」する. カップルができなかった男性は, 次に2番目に好みの女性にプロポー

表8.1 安定結婚問題における選好順序

	1位	2位	3位
アキラ	サユリ	タカコ	独りでいる
カズオ	タカコ	サユリ	独りでいる
サユリ	カズオ	アキラ	独りでいる
タカコ	アキラ	カズオ	独りでいる

[*2] Corchon (1996), Dasgupta Hammond & Maskin (1979), Mascollel Whinston & Green (1995) の第23章, Osborne & Rubinstein (1994) の第10章などに, 基本的な結果がよくサーベイされている.

2. インセンティブ両立的メカニズム

ズする．再びプロポーズを受けた女性は，キープしている男性も含めて，プロポーズしてきた者の中から最も好みの者をキープする．このようにしてプロポーズをくり返し，すべての男性にカップルになる相手が見つかるか，最下位の好みに至るまでカップルが決まらなければ終了である．こうしてできたカップルの組み合わせが，「安定な結婚」である．

たとえば，表8.1の好みの場合，最初にアキラがサユリに，カズオがタカコにプロポーズし，サユリもタカコもそれぞれの男性をキープする．これで，すべての男性に相手が見つかったので，これが「安定な結婚」になる．この結果では，男性は最も好みの女性とカップルになっており，男性にとって有利な結果になっている．ところが，女性はいずれも2番目の好みの人とカップルになっている．そこで，たとえば，サユリがこっそりカズオに「タカコと別れてわたしと一緒になろう」と誘惑しても，カズオは一番好みのタカコとペアになっているので，そうした誘いに応じるはずもないので，こうしてできたカップルは安定なのである．

ところが，たとえば，サユリが自分の真の選好を偽って，「カズオと一緒になれないくらいなら，わたしは一生独身で暮らす」と言ったらどうなるだろうか．すなわち，サユリは自分の選好をあたかも，カズオが一番好きで，2番目に独りでいること，そしてアキラは最下位の好みだと偽ったらどうだろうか．このとき，ゲールとシャプレー（Gale & Shapley, 1962）のメカニズムを適用すると，最初にアキラがサユリに，カズオがタカコにプロポーズし，タカコはカズオをキープするが，サユリはアキラと一緒になるよりは独りでいることを好んでいるので，アキラをキープしない．ペアができなかったアキラは，2番目の好みであるタカコにプロポーズし，タカコはキープしていたカズオよりもアキラのほうが好みなので，アキラをキープする．今度は，カズオが相手を失ったので，彼は2番目の好みであるサユリにプロポーズし，サユリはカズオをキープする．こうし

	サユリ	タカコ
プロポーズ1回目	~~アキラ~~	カズオ
プロポーズ2回目		アキラ, ~~カズオ~~
プロポーズ3回目	カズオ	アキラ

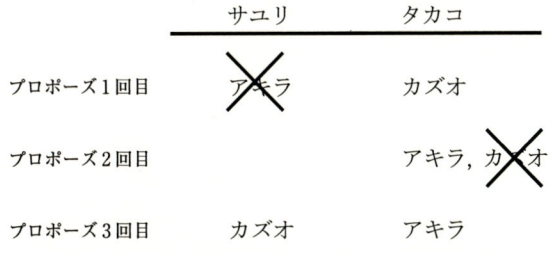

図8.1 サユリが自分の真の選好を偽ったときの，安定結婚が決まるプロセス

て，アキラとタカコ，カズオとサユリのカップルができる．こうしてサユリは，自分の選好を偽ることで，自分が一番好みのカズオとカップルになることに成功したのである．また，サユリのおかげでタカコも一番好みのアキラとカップルになれていることにも注意しよう．

　ゲールとシャプレー (Gale & Shapley, 1962) のメカニズムを含めて，この「安定結婚」問題に関して，サユリが行ったような「自分の選好を偽る戦略的操作」を防ぐメカニズムは設計できない (Roth & Sotomayer, 1992)．一般に，多くの問題においてインセンティブ両立的メカニズムの設計は不可能であるか，非常に限定された条件が必要である．しかし，ゲーテが編み出した二位価格オークションや BDM メカニズムは，そのまれな成功例なのである．

3. BDM メカニズム

　この節では，ゲーテの発明したメカニズムを取引対象がくじの場合，すなわち，不確実性がある場合に一般化した，ベッカーら (Becker, DeGroot & Marschak, 1964) によって設計された BDM (Becker, DeGroot and Marschak) メカニズムを紹介する．これは，被験者から真の確実性等価を引き出すインセンティブ両立的メカニズムである．

　不確実性下の意思決定において重要な概念に確実性等価[*3] (CE: certainty equivalent) およびリスク・プレミアムがある．いま確率 p で賞金 X が得られ，確率 $1-p$ で賞金 Y が得られるくじ L があるとする．被験者の賞金に対する主観的満足を表す効用関数を u とすると，このくじに対する被験者の期待効用[*4] は $Eu = pu(X) + (1-p)u(Y)$ となる．このとき，ある確実な利益 CE をもたらすくじ L' があって，$u(CE) = Eu$ となるとき，CE を確実性等価という．つまり，リスクのあるくじ L と同じ満足をもたらしてくれる，リスクのないくじ L' のもとでの確実な賞金額が確実性等価なのである．

　つぎに，この確実性等価から，どのようにしてリスクに対する態度を測定するかを説明する．くじ L の算術的期待値 R から確実性等価 CE を引いた額 $R-CE$ に

[*3] 確実性等価を，心理学では，「不確実な選択肢で得られる報酬量と等しく感じられる，確実な選択肢での報酬量によって表現される主観的等価点」と考えている．たとえば第3章かこみ a, b．
[*4] くじの各賞金額（ここでは X, Y）の効用を，その実現確率（p, $1-p$）で重みづけた値．くじに対する主観的満足度を表す．

3. BDMメカニズム

相当する値を，リスク・プレミアムという．この値は，もし被験者がリスクのあるくじ L をあきらめて利得 CE を確実に得るためならば進んで払おうとする金額を意味する．すなわち，リスクに対する態度が危険回避的である被験者とは，リスク・プレミアムが正であるような被験者，リスクを避けるためならば，進んでお金を支払う意志のある被験者のことを意味する．逆に，リスク・プレミアムが負であるような被験者は，危険愛好的（risk loving，リスク志向）な効用関数をもっていることになる．そこで，被験者に対してくじ L に対する確実性等価 CE をたずね，それがくじの単純な期待値より小さければ危険回避的，同じであれば危険中立的，大きければ危険愛好的な効用関数をもっていることがわかる．

このとき，被験者の確実性等価を知るために，BDMメカニズムをもちいることができる．先ほどのくじ L を例にとって説明しよう．BDMメカニズムでは，まず被験者にくじ L の販売価格 s を聞く．つぎに，実験者がそのくじに対する購入価格 b をランダムに決める．もし $b \geqq s$ ならばくじは販売できて被験者に b の利益が入り，$b<s$ ならばくじは販売できずに被験者はくじ L を実際に引くことになり，その結果に従ってくじの賞金を受け取ることになる．これは，まさに冒頭で述べたゲーテの印税決定メカニズムにほかならないことがわかるだろう．

つぎに，このBDMメカニズムがインセンティブ両立的であること，すなわち，真の確実性等価 CE を販売価格 s とすることが最適になることを説明しよう．まず，被験者は真の確実性等価 CE を述べるか，それより高い値 $s>CE$ を述べるか，いずれの選択をすべきかを考慮しているとしよう．このとき，くじ L に対して実験者がランダムに決める購入価格 b の実現値は，① $b<CE$，② $CE<b<s$，③ $s<b$ の3通りが考えられる．そこで，それぞれの場合の利得を表にしたのが以下の表 8.2 である．

まず，① $b<CE$ の場合，真の確実性等価 CE を述べようと，それより高い値 $s>CE$ を述べようと，くじは販売できず，被験者はくじ L を実際に引くことになる．そのときの期待効用はともに Eu である．つぎに，② $CE<b<s$ の場合，真の確実性等価 CE を述べれば，くじは販売できて b の利益が得られるが，それよ

表 8.2　$X>CE$ の場合の利得表

	① $b<CE$	② $CE<b<s$	③ $s<b$
CE	Eu	$u(b)$	$u(b)$
$s>CE$	Eu	Eu	$u(b)$

り高い値 $s>CE$ を述べると，くじは販売できない．前者では $u(b)$ の効用が得られるが後者では Eu である．ここで，確実性等価の定義から $u(CE)=Eu$ であり，効用関数は単調増加関数なので，$b>CE$ ならば $u(b)>u(CE)$ であることから，$u(b)>Eu$ となる．よって，真の確実性等価 CE を述べたほうが効用は高くなる．最後に，③ $s<b$ の場合，真の確実性等価 CE を述べようと，それより高い値 $s>CE$ を述べようと，くじは販売できて，いずれの場合も $u(b)$ の効用を得ることになる．

これら3つの場合を総合すると，真の確実性等価 CE を述べたほうがそれより高い値 $s>CE$ を述べた場合よりも好ましいことがわかる．すなわち，真の確実性等価 CE を述べるという戦略がそれより高い値 $s>CE$ を述べる戦略より優れていることになる．同様の議論により，真の確実性等価 CE を述べるという戦略がそれより低い値 $s<CE$ を述べる戦略より優れていることがわかる．したがって，BDMメカニズムのもとでは真の確実性等価 CE を述べることが最適戦略になっている．すなわち，BDMメカニズムはインセンティブ両立的である．

4. BDMメカニズムの実験

この節では，BDMメカニズムの性能をテストするために実施された実験をいくつか紹介しよう．はじめに，ベッカーら（Becker, DeGroot, & Marschak, 1964）自身によって行われた，期待効用理論検証のための実験を紹介する．次に，選好逆転現象に関する実験，およびランダムに決められる価格の分布がインセンティブ両立性に与える影響に関して調べた実験を紹介する．最後に，BDMメカニズムと二位価格オークションとを比較した実験を紹介する．

期待効用理論検証のための実験

BDMメカニズムを用いて，被験者が期待効用理論に従っているか否かを確かめるために最小限必要なことは，表8.3にまとめられているような4つのくじを順に被験者に呈示して，それぞれのくじに対する販売希望価格を聞くことである．

この表8.3において，①は賞金Aの値，②は賞金Bの値，③は賞金Aの実現確率 p，④は被験者が表明した販売希望価格をそれぞれ示している．したがって，第1回目の実験では，被験者に賞金Aの値が0で賞金Bの値が100，そし

4. BDMメカニズムの実験

表 8.3 BDMメカニズムによる期待効用理論の検証法

	①賞金A	②賞金B	③Aの実現確率	④販売希望価格
くじ1	0	100	0.25	s_1
くじ2	100	s_1	0.25	s_2
くじ3	0	s_1	0.25	s_3
くじ4	s_3	s_2	0.25	s_4

て賞金Aが確率0.25で実現するくじに対する販売希望価格s_1を聞く．第2回目の実験では，賞金Aの値は100であるが，賞金Bの値はその被験者が第1回目に表明した販売希望価格s_1であるようなくじに対する販売希望価格s_2を聞く．第3回目では，賞金Aの値は0であるが，賞金Bの値はその被験者が第1回目に表明した販売希望価格s_1であるようなくじに対する販売希望価格s_3を聞き，最後に第4回目では，賞金Aの値はその被験者が第3回目に表明した販売希望価格s_3で，賞金Bの値はその被験者が第2回目に表明した販売希望価格s_2であるようなくじに対する販売希望価格s_4を聞く．

このとき，もし被験者が期待効用理論に従っているなら，被験者が第1回目に表明した販売希望価格s_1と第4回目に表明した販売希望価格s_4は一致する．したがって，第1回目と第4回目の販売希望価格を比較することによって，被験者が期待効用理論に従っているか否かを判定できるのである．実際，被験者が期待効用理論に従っているなら，被験者の危険に対する態度（あるいは効用関数）によらず，被験者が第1回目に表明した販売希望価格s_1と第4回目に表明した販売希望価格s_4が一致することは，次のようにして証明できる．

まず，被験者の効用関数uを$u(0)=0$, $u(100)=1$と規格化する．このとき，

$$u(s_1) = pu(0) + (1-p)u(100) = 1-p$$
$$u(s_2) = pu(100) + (1-p)u(s_1) = p + (1-p)^2$$
$$u(s_3) = pu(0) + (1-p)u(s_1) = (1-p)^2$$
$$u(s_4) = pu(s_3) + (1-p)u(s_2) = 1-p$$

となる．したがって，$u(s_1) = u(s_4)$ となる．よって，$s_1 = s_4$ なので，BDMメカニズムが本来の性能を発揮している限りにおいて，被験者の表明する確実性等価の値s_1とs_4が同じ値ならば期待効用理論が妥当しており，そうでなければ妥当していないと推測できる．

ベッカーら（Becker et al., 1964）の実験では，先に説明した4つ1組のくじを6通り用意し，それら計24のくじをランダムな順序で被験者に呈示している．

そして，この実験を3回くり返している．その実験によれば，同値なくじ1と4に対する確実性等価が大きく乖離することが観察された．そのため，被験者の行動は期待効用理論とは整合的でないと結論されている．

選好逆転現象に関する実験

期待効用理論に対してはさまざまな反例が発見されている．それらの反例のうち，ここでは選好逆転現象に焦点を当て，この逆転現象が期待効用理論の反例としてではなく，実験手段として用いられるBDMメカニズムがその本来の性能を発揮しないためではないかという仮説を調べた実験について述べる．そこで，まず選好逆転現象について説明しよう．

> **a. 選考逆転現象の実験例**
>
> いま，2つのくじL_1とL_2があり，L_1は確率0.8で4000円，確率0.2で－500円の賞金（あるいは罰金）が当たり，L_2は確率0.1で40000円，確率0.9で－1000円の賞金（あるいは罰金）が当たるものとする．L_1もL_2もその賞金の期待値は3100円なので，危険中立的な主体にとっては無差別であるが，危険中立的でない主体にとってはこの2つのくじに対する期待効用は一般に異なる．
>
> リヒテンシュタインとスロヴィック（Lichtenstein & Slovic, 1971）は，実験において被験者にくじL_1とL_2を呈示して「どちらのくじが好ましいか」を尋ねて直接比較させた場合と，呈示したくじをそれぞれ「いくらなら販売するつもりがあるか」を尋ねて，間接的に比較させた場合のくじに対する選好を比較した．
>
> その結果，たとえば，くじを直接比較した場合にL_1をL_2より選好する多くの被験者が，それらのくじの販売額についてはL_2のほうを高くする選好を示したのである．

この実験では，主体にくじの販売額を尋ねる手段としてBDMメカニズムを用いていた．したがって，L_1をL_2より選好する主体は，L_1の販売額p_1をL_2の販売額p_2より高くするはずである．なぜなら，L_1，L_2それぞれの販売額は，BDMメカニズムによれば，L_1，L_2それぞれと同じ期待効用をもたらすそれぞれの確実性等価に等しいからである．したがって，$L_1 > L_2$ならば$p_1 > p_2$であるはずであるが，実験では多くの場合$p_1 < p_2$となる．これが選好逆転現象とよばれる理由である．

ボームら（Bohm et al., 1997）は，BDMメカニズムを，ゲーテの印税決定方式のように，確実な賞金が得られる場合に適用して，期待効用理論から独立な

BDM メカニズムの変形を用いた実験を行った．

> **b. ランダムに決まる購入価格の上限値が与える影響を調べた実験例**
>
> 　ボームらの実験（Bohm et al., 1997）では，実験の処理変数として買い手の購入価格 b の上限値 M を取り上げ，この上限値をさまざまに変えた場合に，被験者の表明する販売額が異なるかどうかが調べられた．BDM メカニズムの均衡は買い手価格 b の上限値 M によって左右されないので，どの上限値のもとでも被験者の表明する販売額 s に差はないと予想された．
>
> 　実験において被験者に呈示されるくじとして，自動車 1 台を満タンにできる量のガソリンと実際に交換可能なガソリン券を用いて，この販売希望価格 s を BDM メカニズムを通じて被験者に尋ねている．買い手価格 b の上限価格 M は，このガソリン券の市場実勢価格に基づくものと，それより若干高い価格，および上限はとくに設けない場合の 3 通りが比較された．ところが，予想とは異なり，この実験によれば，市場実勢価格を上限とした場合や上限がない場合に比べて，市場実勢より若干高い上限価格のもとで被験者の表明する販売価格が高くなり，他の上限価格のもとでの価格に比べて統計的に有意な差が見られたのである．

　リヒテンシュタインとスロヴィック（Lichtenstein & Slovic, 1997）や，BDM メカニズムについてさらに系統的な実験を行ったグレザーとプロット（Grether & Plott, 1979）が，BDM メカニズムを利用するにあたっては，そのルールを説明したあと，「この方式ではあなたが心に描いたとおり正直に販売額を表明することが最善なのです」という教示を与えているが，この教示に疑いをもつ被験者がいるかも知れず，この教示が有効であったか確かめられていない．期待効用理論に関係しないかこみ b. の実験において BDM メカニズムが機能していないらしいという結果から判断すると，これまで BDM メカニズムを応用した実験において見られた選好逆転現象は，期待効用理論からの逸脱だけでは説明が困難であり，それ以外の要因が影響していた可能性が示唆される．

価格の分布がインセンティブ両立性に与える影響

　BDM メカニズムの性能を検証した別の実験研究（Irwin et al., 1998）では，実験者がランダムに決める買い手の購入価格 b の分布が一様分布の場合と正規分布の場合，および買い手の購入価格 b の分布に関する情報を，被験者に知らせる場合と知らせない場合に分けて実験が行われた．理論的には，すでに示したように，購入価格 b の分布の形状やその情報が既知か未知かは，BDM メカニズムに

おいて真の確実性等価 CE を述べることが支配戦略になることに影響を与えないはずである．

ところが，実験結果では，購入価格 b の分布が正規分布のように尖った分布の場合には，分布に関する情報が既知であろうと未知であろうと真の確実性等価を誘発できるが，購入価格 b の分布が一様分布のようにフラットな分布の場合には，分布に関する情報が未知のときには真の確実性等価を誘発することに失敗しやすいことが示されている．

BDM メカニズムと二位価格オークション

コンブリら（Combris et al., 2002）は，BDM メカニズムと二位価格オークションを比較している．彼らは，5種類のシャンペンを用いて実験している．実験は3段階に分かれていて，第1段階では，被験者はシャンペンのラベルを知らされないままテイスティングをするのみで入札（ビッド）する．第2段階目では，テイスティングなしでシャンペンのラベルを見てビッドする．最後に，シャンペンのラベルを見て，テイスティングもできる条件でビッドする．被験者には毎回のシャンペンが同じものとは伝えず，またこれらの3回のビッドのうちの1つだけが実際の結果に用いられると説明されている．

被験者は，落札した場合，そのシャンペンを購入することになっている．ここでの BDM メカニズムでは，従来の研究とは違って，実験者によって決められるランダムな購入価格の分布や範囲は被験者に知らされない．それでも，BDM メカニズムで支払い意志額を正直に表明することが支配戦略であることには変わりがない．実験結果によれば，BDM メカニズムと二位価格オークションとの間で，価格決定において有意な差はそれほど見られなかったものの，二位価格オークションでは真の評価値よりも高い入札が見られる傾向があった．

ローザンら（Rosan et al., 2002）は，食品に含まれる重金属による汚染のリスクを消費者がどのように評価するのかを知るために，BDM メカニズムと二位価格オークションを比較している．彼らの実験では，（フランスパンの）バゲットとりんごとじゃがいもが取引される財として用いられた．実験は5段階に分けて行われている．第1段階では，実験の説明がなされ，チョコレート菓子を用いた練習が行われた．第2段階では，中国のお酒（老酒？）をもちいて，実験手順への習熟が行われた．第3段階では，後述する価値誘発理論に従い，各被験者には財の価値が事前に割り与えられ，それに基づいて取引が行われた．また，真の評

価値を入札することが支配戦略であることも告げられた.

こうして，実験手順やメカニズムの性質に十分なじんだところで，第4段階では，バゲットとりんごとじゃがいもが実際に取引された．第5段階では，これらの財に含まれる重金属とその汚染による人体への影響についての情報が開示され，そのうえで取引が行われた．それぞれの財には何のラベルもないものと，先ほど開示された情報に記された量よりも低い重金属しか含まれないとラベルづけされたものが用いられた．BDMメカニズムと二位価格オークションのいずれにおいても，重金属の含有量に関する情報がある場合のほうがない場合よりも，ラベルのない場合のほうがある場合よりも，表明される価格が低くなる傾向，すなわち，食の安全性に対する選好が表明されることが認められた．ただ，BDMメカニズムのほうが二位価格オークションよりも，こうした判断により整合的な結果が得られる傾向があった．

5. 被験者の選好の特定化をめぐる諸問題

本章で詳しく紹介したBDMメカニズムは，被験者の選好を正直に表明させるインセンティブ両立的メカニズムであった．実験では必ずしも性能がよいとはいえないが，理論的には，このBDMメカニズムを利用することで，期待効用理論が成立している限り，実験者は被験者の選好を推定できる．しかし，実験に参加する被験者は，実験者が実現しようと考えている実験環境で要請されているような選好を必ずしももっていないかもしれない．たとえば，実験者が危険中立的な選好をもった経済主体からなる経済環境を実現したいと考えていたとしても，実際に実験に参加する被験者は危険回避的な選好をもっているかもしれない．このままでは，はじめから理論の前提と異なる被験者が参加しているので，無意味な実験になりかねない．

こうした問題に対処するには2つの方法がありうる．1つの方法は，なんらかの心理テストによって被験者の危険に対する態度を測定し，危険中立的な被験者のみを採用することである．ただ，この方法の欠陥の1つは，実験参加に応じてくれた被験者の多くが実験者の望んでいる選好をもっていない場合には，実験に必要な人数を確保できないことである．もうひとつの欠陥は，数々の心理実験で明らかにされているように，同じ被験者がある課題では危険回避的であるが，別の課題では危険愛好的になるなど，被験者の選好が課題に応じて変化することが

あげられる（Payne, Bettman, & Johnson, 1993）．したがって，ある課題に対する心理テストによって選び出された被験者が，当該の実験の課題においては実験者の望まない選好を示すかもしれないのである．

被験者の選好の特定化については，従来から顕示選好理論（revealed preference theory）と表明選好理論（stated preference theory）が知られている．顕示選好理論では，たとえば与えられた消費者の選択行動の結果から，顕示選好の公理系に合致する選好関係を推定する．これに対し表明選好理論では，被験者に各選択肢に対する価値評価を質問紙などを通じて表明させる[*5]．いずれの方法も上記の方法と同様の問題をはらんでいる．

もうひとつ別の方法は，被験者がどのような選好をもっていようとかかわりなく，実験者の望む選好を被験者がもつように，なんらかの手段で被験者の選好を実験的に誘導・統制することである．たとえ被験者が危険回避的な選好をもっていようとも，被験者の行動が実験者の望む危険中立的な選好に基づくようになるような，適切な選好統制手段を実験者が採用するのである．いわば，統制選好理論（controlled preference theory）とよぶべきものを採用するのである．Vernon Smith（1976, 1982）は，こうした選好統制の手法を価値誘発理論（induced value theory）として定式化している[*6]．

╭┈┈┈┈ コラム 7 ●オークション ┈┈┈┈┈┈┈┈┈┈┈┈┈╮

オークションハウスでの美術品のオークション，魚河岸での威勢のよい朝の競り売り，証券取引所での目まぐるしい株の売買，生花市場や中古車市場，そしてネットオークションまで，わたしたちの生活の周りでオークションを目にすることは非常に多い．

最も古く記録されているオークションは，ヘロドトスが『歴史』に記したバビロニアでの奇抜な「お見合い」である．そこでは，求婚者の男性たちが意中の女性たちをオークションで競っていた．面白いことに，お金のない貧乏人は，「売れ残っ

[*5] Louviere, Hensher and Swait（2000）および栗山浩一（1998）．なお，表明選好理論は CVM 法[*ii] などの環境の経済価値評価の基礎理論となっている．

[*6] これについては，川越（2007）の第 2 章に詳しく記したので，そちらを参照してほしい

[*ii] **用語解説● CVM 法**（Contingent Valuation Method）　　仮想評価法ともよばれる．仮説的な状況説明の下で，ある財やサービスの提供に関して，その評価額を質問紙を用いて被験者に表明させる手法．市場では取引できず価格評価できない財（たとえば，失われつつある生態系の価値など）の測定に用いられている．

た」女性たちを「いくらの持参金をもらえば引き取るか」という形式のオークションに参加できた．こうして，金持ちから獲得したお金が，貧乏人に持参金として再配分されていたのである．

　オークションの理論研究は，ノーベル経済学賞を受賞したヴィッカレーの1960年代の研究から本格的にはじまった．オークションのルールにはさまざまなものがあるが，まずビッド（買い手価格）の提示の仕方では口頭オークションと封印オークションに分かれる．前者ではビッドを口頭で示し，何度でも価格を更新してよい．後者では他の買い手に見られないように全員が同時に一度だけビッドする．落札に関しては，最も高いビッドをした1位の人が落札するのが通常だが，支払うべき価格は1位価格（つまり落札者自身の価格）である場合と，2位価格である場合とがよく研究されている．2位価格の場合，買い手は自分の財に対する評価値を正直にビッドするのが最適になる（インセンティブ両立的）という特徴がある．

　教室や仲間内で，よく知られた次のような簡単なオークションを試してみてほしい．いまある賞金（仮に千円とする）を提示する．買い手には，口頭・1位価格オークションでその賞金を落札してもらう．ただし，変則ルールがある．2位の人は何ももらえないが2位価格を支払わなければならない．一度競りがはじまると，誰も2位になりたくないので，ビッドはどんどん釣り上がる．これがドル・オークションである（詳しくは，Poundstone, 1992）．今度は，中身が見える透明の小さなビンにさまざまな硬貨をぎっしり詰め，この中身を口頭・1位価格オークションで落札してもらう．この場合，変則ルールなしだが，賞金額が不確実である．すると，買い手たちは実際の中身よりもずっと大きな額をビッドするようになる．これが「勝者の呪い」である（詳しくはThaler（1992））．

　今度は売り手に目を転じてみると，オークション理論の中心的な結果は「収入同値定理」である．それは，売り手がオークションで得られる収入の期待値は，かなり広い範囲のオークション・ルールの間で互いに等しいというものである．つまり，収入同値定理によれば，売り手がどんなにルールに工夫をこらしてみても，結局収入の期待値は変わらないのである．これはオークション・ルールの設計の限界を示した定理である．もちろん，買い手の危険回避性や戦略の非対称性の導入によってこの定理は修正を迫られる（詳しくは，Steiglitz（2007））．

　オークション理論は実験室やフィールドでの実験結果によってその現実的妥当性を厳しくチェックされている．実験によれば，オークション間の収入同値性が成り立たなかったり，理論的な最適ビッドよりも過剰なビッドがなされたりするので，合理的な主体を考える既存のゲーム理論だけではオークションで観察される現象を説明するには力不足である．オークション理論は，いまや人々の心理的要素を盛り込んだ行動経済学的な理論を必要としているのである（詳しくはSteiglitz（2007））．

文　献

Becker, G. M., Degroot, M. H., & Marschak, J. (1964). Measuring utility by a single-response sequential method. *Behavioral Science*, **9**, 226–32.
Bohm, P., Linden, J., & Sonnegard, J. (1997). Eliciting reservation prices: Becker–DeGroot–Marschak mechanisms v.s. markets. *Economic Journal*, **107**, 1079–1089.
Combris, P., Lange, C., & Issanchou, S. (2002). Assessing the effect of information on the reservation price for Champagne: Second–price compared to BDM auctions with unspecified price bounds. Unpublished manuscrpt.
Corchon, L. C. (1996). *The theory of implementation of socially optimal decisions in economics*. St. Martin's Press.
Dasgupta, P., Hammond, P., & Maskin, E. (1979). The implementation of social choice rules: Some general results on incentive compatibility. *Review of Economic Studies* **46**, 185–216.
Gale, & Shapley (1962). College admissions and the stability of marriage. *American Mathematical Monthly*, **69**, 9–15.
Gibbard, A. (1973). Manipulation of voting schemes: A general result. *Econometrica*, **41**, 587–601.
Grether, D., & Plott, C. (1979). Economic theory of choice and the preference reversal phenomenon. *American Economic Review*, **69**, pp. 623–638.
Hurwicz, L. (1972). On informationally decentrized systems. In McGuire, C. B. & Radner, R. (Eds.), *Decision and Organization*, North–Holland, pp. 297–336.
川越敏司（2007）．実験経済学　東京大学出版会
栗山浩一（1998）．環境の価値と評価手法　北海道大学図書刊行会
Lichtenstein, S., & Slovic, P. (1971). Reversal of preferences between bids and choices in gambling decisions. *Journal of Experimental Psychology*, **101**, pp. 16–20.
Louviere, J. J., Hensher, D. A., & Swait, J. D. (2000). *Stated choice methods analysis and application*. Cambridge University Press.
Mascollel, A., Whinston, M .D., & Green, J. R. (1995). *Microeconomic theory*, Oxford University Press.
Milgrom, P. (2004). *Putting auction theory to work*. Cambridge University Press.（川又邦雄・奥野正寛・計盛英一郎・馬場弓子（訳）(2007)．オークション理論とデザイン　東洋経済新報社）
Moldovanu, B., & Tietzel, M. (1998). Goethe's second–price auction. *Journal of Political Economy*, **106**, 854–859.
Myerson, R. (1979). Incentive–compatibility and the bargaining problem. *Econometrica*, **47**, 61–73.
Osborne, M., & Rubinstein, A. (1994). *A course in game theory*. The MIT Press.
Poundstone, W. (1992). *Prisoner's dilemma: John von Neumann, game theory, and the puzzle of the bomb*. New York: Doubleday.（松浦俊輔ほか（訳）(1995)．囚人のジレンマ――フォン・ノイマンとゲームの理論　青土社）
Payne, J. W., Bettman, J. R., & Johnson, E. J. (1993). *The adaptive decision maker*. Cambridge University Press.
Rosan, A., Stenger, A., & Willinger, M. (2002). The effect of heavy metal content on food pricing behaviour: BDM versus second price auction. Unpublished manuscrpt.
Roth, A. E., & Sotomayor, M. A. O. (1990). *Two–sided matching: A study in game–theoretic modeling and analysis*. Cambridge University Press.
Satterthwaite, M. A. (1975). Strategy–proofness and Arrow's conditions: Existence and

correspondence theorems for voting procedures and social welfare functions. *Journal of Economic Theory*, **10**, 187-217.

Thaler, Richard H. (1992). *The winner's curse: Paradoxes and anomalies of economic life*. New York: Free Press., (篠原勝(訳)(2007). セイラー教授の行動経済学入門 ダイヤモンド社)

Smith, V. L. (1976). Experimental economics: Induced value theory. *American Economic Review*, **66**, 274-279

Smith, V. L. (1982). Microeconomic systems as an experimental science. *American Economic Review*, **72**, 923-55.

Steiglitz, K. (2007). *Snipers, Shills & Sharks eBay and Human Behavior*. Princeton University Press. (川越敏司・小川一仁・佐々木俊一郎(訳)(2008). オークションの人間行動学 日経BP社)

Vickrey, W. (1961). Counterspeculation, aucitons, and competitve sealed tenders. *Journal of Finance*, **16**, 8-37.

第 III 部　不確実状況の意思決定を考える

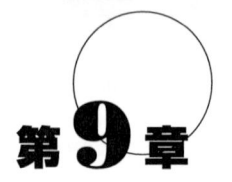

第9章

行動的意思決定理論から考える

山岸侯彦

意思決定研究の意義

　不確実な状況での賢明とよべない意思決定は，ときに深刻な悪影響をもたらす．The Guardian 紙（Arie, 2005）によると，イタリアではナンバーズクジに「53」番の当たりがこないことが，2005年2月まで2年間ほど続いた．「この空白期間の後なら53番が当たりやすくなる」という期待に憑かれたイタリア中の人々が，53番の当たりを目論んでクジ購入に殺到．1月中だけで，クジの売り上げは6億7100万ユーロに達した．こうした意思決定が「賢明とよべない」理由は後述する．

　6億7100万ユーロもの大量購入と同時進行して，幾多の悲劇が起きた．クジ購入による散財がもたらした破産は後を絶たず，フィレンツェ郊外では全財産を失った夫が妻子を射殺後に自殺を遂げ，別の主婦は一家の全財産をクジで失ったと遺書に残して入水自殺した．ついに2月上旬に53番が当たるまで，クジ関連の事件による死者は4人を数えた．

　正確な数は不明であるが，家計の破綻は無数に見られたであろう．こうした破滅を避ける智恵とよべる，不確実性下の意思決定理論を本章では解説する．

1.　意思決定研究の分類

　心理学の最新動向を概観する学術誌 Annual Review of Psychology に，「行動的意思決定理論」に相当する「Behavioral Decision Theory」という章が登場したのは 1961 年（Edwards, 1961）であり，後に 1967 年（Becker & McClintock,

1967), 1977年 (Slovic, Fischhoff, & Lichtenstein, 1977), 1981年 (Einhorn & Hogarth, 1981) と続いた. 異なる表題による同様の章は現在にも受け継がれているが, 心理学に行動的意思決定というジャンルが確立したのは1960年代と見ることができよう.

意思決定研究に特化した文献では, 諸研究を3つに分類するのが一般的である. それらは, 規範的 (normative), 記述的 (descriptive), 処方的 (prescriptive) とよばれる. 規範的研究とは, 合理的に決定するとはどのようことかを探求する理学である. 記述的研究は, 実際の人間 (および他の動物や知的システム) の意思決定を説明し, 予測する科学である. そこでは, 生物の意思決定がしばしば規範的意思決定から乖離するという観察事実が説明の対象となる. 処方的研究は, 知的システムの決定を規範的理論が示す合理性に近づけるための具体的な支援方略を探求する工学的・応用的実践である. この分類中, 記述的研究が行動的意思決定の心理学研究に相当する. したがって本章も, 記述的研究を中心に論じる.

2. 規範的意思決定理論

最も単純な規範的意思決定理論によれば, 意思決定者は個々の選択肢の期待値を計算し, 最大の期待値を提供する選択肢を選ぶ. この議論は, どのような選択肢であっても, それは選択肢が実現する確率 p と, 選択肢が実現した際に意思決定者が得る利得 x で構成されるギャンブルとして抽象的に表現可能であるという前提を根底にもつ. しかし人間の決定現象は, 金銭 x (利得) の客観価値ではなく, x の主観的価値, すなわち x の効用 (utility) によってよりよく説明されることは19世紀に指摘されていた. よって期待値ではなく期待効用を最大化させる意思決定を合理的とみなす理論が, 規範的理論として受け入れられている. この期待効用理論 (expected utility theory) は, フォン・ノイマンとモルゲンシュテルン (von Neumann & Morgenstern, 1944) が定式化した. 彼らは $u(x)$ (x の効用) の期待値, すなわち期待効用 $p*u(x)$ を最大化させる選択肢を選ぶ意思決定が合理的 (無矛盾) であることを数学的に証明したのである.

期待値と期待効用の違いは, 次の選択課題で例示できる. 一般に, 「確実に1万円を得る」選択肢と「確率0.5で2万円得られるが, 確率0.5で何も得られない」ギャンブルの選択肢では, 前者が好まれる. 期待値の等しい両者で前者が好まれるという事実は, 意思決定者にとって前者の期待効用 $u(10,000)$ が後者の

期待効用 $0.5*u(20,000)+0.5*u(0)$ を上回ることの反映である．$u(0)=0$ とすると，$u(10,000)>0.5*u(20,000)$ となり，これは利得の領域において，一般に意思決定者がリスク忌避的（危険回避的，risk averse）であることを示す．

リスク忌避は，人間の効用関数が客観価値 x の非線形・上に凸の漸近的関数であることの反映である．一方，「確実に1万円を失う」選択肢と「確率 0.5 で2万円失うが，確率 0.5 で何も失わない」ギャンブルの選択肢では，一般に後者が好まれる．この傾向は，損失の領域における効用関数が下に凸の漸近的関数であることを反映する．この関数形は，損失領域におけるリスク志向（risk seeking，危険愛好的），すなわち確実な損失よりは，同等の期待値で損失ゼロの帰結を可能にするギャンブルを好む傾向を含意する．

「意思決定者は期待効用の最大化を目指すべし」と考える効用理論は，標準的な経済学の根幹をなす．そこでは意思決定者は常に合理的であり，無矛盾である．無矛盾であるとは，同一の決定場面における決定は，選択肢の記述方法や解釈のあり方に影響を受けないということである．しかし，人間の意思決定はそのような合理性には従わない場面がある．よって記述的および処方的アプローチが必要とされるのである．

3. 人間の決定と規範的決定理論の齟齬

フォン・ノイマンら以後，期待効用理論からの逸脱は数多く指摘されてきた．とくに，アレの逆説（Allais, 1953）とフレーミング（枠組み）効果（Kahneman & Tversky, 1983）は，選好（特定の選択肢への好み）の規範と記述を峻別する必要性を明確にした．

アレの逆説

アレの選択課題の1つは，次のAまたはBの選択である．

- A：確実に 100 万円もらう．
- B：確率 0.1 で 250 万円もらい，確率 0.89 で 100 万円もらい，確率 0.01 で何ももらわない．

この選択場面で，一般にはAが好まれる．その根拠として，Bを選んで運が悪ければ何も得られないという帰結より，確実に 100 万円を手元に置きたいという

3. 人間の決定と規範的決定理論の齟齬

理由があげられる.

次に, C と D ではどちらが好ましいだろうか.

- C：確率 0.11 で 100 万円もらい, 確率 0.89 で何ももらわない.
- D：確率 0.1 で 250 万円もらい, 確率 0.9 で何ももらわない.

一般に, C と D では D が好まれる. 確率 0.11 と 0.1 のわずかな違いでは, 100万円と 250 万円の差は補償できないという理由からである.

しかし, A と D の選好を<u>同時に</u>示す決定者は合理性の規範から逸脱する. アレの逆説とはこの非合理性をさす. 期待効用理論より, A への選好は, 次を意味する（効用関数の引数は, 利得の万円単位表示である）.

$$1.00u(100) > 0.1 * u(250) + 0.89 * u(100)$$
$$\therefore \quad 0.11 * u(100) > 0.1 * u(250) \tag{9.1}$$

(9.1) 式が表現することは, C と D の選択における C への選好にほかならない. 合理的決定者は, A を選べば C を選ぶべき（または B と D) なのである. この要求から逸脱することが, 人間の選択が示す非合理性である.

サヴェッジ (Savage, 1954) は, アレの逆説における非合理性とフォン・ノイマンらの公理の関連を示した. Savage は, 前述の選択場面を表 9.1 に整理した. 表 9.1 の第二〜第五行は選択肢を表し, 列は, 第一行に示す確率で得られる利得を示す. 表 9.1 より, 選択肢 A と B は, C と D に「確率 0.89 で 100 万円を得る」という帰結を加えた結果であることがわかる.

期待効用理論は, 選択肢間の選好順序がいくつかの公理に従うことを要求する. その中の「独立性公理」は, 選択肢間の選好順序は, 全選択肢に共通の帰結を加えた前後で不変であることを要求する. ハンバーガーとフライドチキンでハンバーガーを好む決定者が独立性に従うなら,「ハンバーガー & コーラ」を「フライドチキン & コーラ」より好む. 表 9.1 から, アレの逆説における非合理性はすなわち独立性公理からの逸脱であることがわかる.

表 9.1 サヴェッジによるアレの選択肢の表現 (Savage, 1954)

	0.1	0.01	0.89
A	100 万	100 万	100 万
B	250 万	0	100 万
C	100 万	100 万	0
D	250 万	0	0

枠組み効果

次の選択場面はカーネマンとトヴェルスキー（Kahneman and Tversky, 1983）による，「アジア病気問題」として有名である．アジアで起こった病気が流行し，600名の命が危険にさらされているとする．そのとき，次の帰結をもたらす対策EかFのどちらを選ぶか．

- E：400人が死ぬ．
- F：確率1/3で0人が死んで，確率2/3で600人死ぬ．

大半の人はFを選ぶことが知られている．一方，同じ場面で次の選択肢G，H間ではどうなるであろう．

- G：200人助かる．
- H：確率1/3で600人が助かって，確率2/3で誰も助からない．

この場合，大半の人はGを選ぶ．しかし，600名が危険にさらされているのだから，EとGは別の言葉で書かれた同じ帰結であり，FとHも同様である．このように，抽象的には同一の帰結をもたらす選択肢対でありながら，記述の違いによって表面的には損失の選択（上記EまたはF）あるいは利益の選択（上記GまたはH）のように見せかけ，その違いが選好に影響する現象を枠組み効果（フレーミング効果）とよぶ．

期待効用理論に従う合理的決定者（一貫した決定を行う者）であれば，EとG，あるいはFとHを選択する．この状況は「手を打たなければ600人が死ぬ」ことが話の前提である以上，EとGはともに「200人が生存し，400人は助からない」という帰結である一方，FもHもともに「全員生存の確率が1/3，全員死亡の確率が2/3」を意味するからである．EとFの対，GとHの対が違った印象を与えるのは選択肢を記述する文言の違いであるにもかかわらず，FとGを選択することが一貫性の欠如であり，非合理性のあらわれなのである．

4. 記述的決定理論

意思決定が規範からなぜ逸脱するか，を説明できる記述的理論の代表と目されるのが，カーネマンとトヴェルスキー（Kahneman & Tversky, 1979）の「プロス

ペクト理論（prospect theory）」である．プロスペクト理論はフォン・ノイマンとモルゲンシュテルン（von Neumann & Morgenstern）の期待効用理論に，①確率荷重，②参照点，③損失忌避の3つの特徴を新たに加えて定式化される．

プロスペクト理論

プロスペクト理論に従う意思決定者は，期待値や期待効用理論と似た計算で選択肢を評価する．ただし，利得は主観的価値 $V(X)$，確率は確率荷重（心理的評価）関数 $\pi(p)$ によって評価する．両者を各々，図9.1と図9.2に示す $\pi(p)$ は，ゴンザレスとウー（Gonzalez & Wu, 1999）の分析による．$\pi(p)$ グラフ上の斜直線は，$Y=X$ の関数である）．

価値関数 $V(X)$ は，意思決定者の参照点（reference point）と照らし合わせて，利益の領域で上に凸，損失の領域で下に凸の形となる．上に凸の関数は，利益領域におけるリスク忌避傾向を表し，下に凸の関数は，損失領域におけるリスク志向傾向を表す．参照点は意思決定者にとっての価値判断の基準点であり，客観価値がゼロである時の「原点」とは必ずしも一致しない．

多くの場合，決定場面での現状が参照点であり，現状が変化すれば参照点も変わる[*1]．また，$V(X)$ は利益より損失の勾配が急である．この損失の急勾配が損失忌避を表している．損失忌避は，ある金額を得る喜びよりも，同じ金額を失う

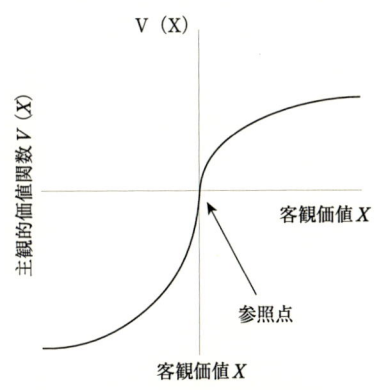

図9.1 プロスペクト理論の価値関数 $V(X)$

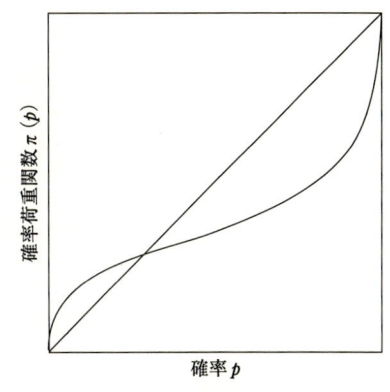

図9.2 プロスペクト理論の確率荷重関数

[*1] 努力目標なども参照点になりうる．あるセールスマンが営業目標として新規顧客10名獲得を課され，8名の顧客を得た場合，数値的には8名の増加として評価すべきである．しかし参照点との対比では，「目標に2名不足」という評価となる．

痛みのほうが心理的な変化が大きいことを意味する．

プロスペクト理論によるアレの逆説の説明

　プロスペクト理論は，さまざまな非合理的決定現象を説明しうる事により高い評価を得た．上記のアレの逆説を検討しよう．プロスペクト理論では，CD間でのDの選好およびAB間でのAの選好を，各々次のように表す．

$$\pi(0.1)*V(250) > \pi(0.11)*V(100)$$
$$V(100) > \pi(0.1)*V(250) + \pi(0.89)*V(100)$$

これらのことから，

$$\therefore\ 1.00 > \pi(0.11) + \pi(0.89) \tag{9.2}$$

が導かれる．図9.1が示すように，確率pに対する$\pi(p)$の値は，一般にpより小さい．よって$\pi(p)$は(9.2)式を満足させる．すなわち，アレの逆説はプロスペクト理論とは矛盾しないのである[*2]．

プロスペクト理論による枠組み効果の説明

　プロスペクト理論は，枠組み効果を次のように説明する．「アジア病気問題」では，状況を放っておけば600名が死ぬ．そこから，EF選択では「状況悪化をどこまで抑えられるか」という選択に読め，GH選択は「状況をどこまで好転できるか」という選択に読める．つまり「600人が死ぬ」という事態が，図9.1左の$V(X)$における参照点になる．参照点との対比で，EとFの選択では損失領域におけるリスク志向を反映してFが選択される．一方のGとHの選択では，利益領域におけるリスク忌避傾向を反映してGが選択されるのである．

5. 確率判断の非合理性

　本章の冒頭に述べたように，意思決定とは効用と不確実性の評価を組み合わせた帰結である．前節までは効用を評価する認知過程の非合理性を紹介したが，本節では確率の評価，つまり主観確率が確率論の規範から逸脱する現象を概観する．
　主観確率は，しばしば確率論を遵守する計算ではなく，計算結果に近い近似解を推定する思考の簡便方略に依存する．このような簡便方略をヒューリスティッ

[*2] この説明は概略である．プロスペクト理論に従う決定者の選好が必ずアレの逆説を示すことの証明は，Miyamoto (1987) を参照されたい．

ク（heuristic）とよぶ*3. 確率判断のヒューリスティクスは，「代表性（representativeness）」，「利用可能性（入手容易性，availability）」ほかが知られている．

代表性ヒューリスティックは「典型との類似性ヒューリスティック」とよばれることもある．確率の判断にあたって，判断対象と同種の著名な事例や，対象の属するカテゴリーのステレオタイプなどの「典型例」を比較して，両者の類似性の強さを確率の強さに代替する判断方略である．カーネマンら（Kahneman & Tversky, 1972）の被験は，子供が6人いて長子から末子までの順番が，「男男男女女女」である家庭と，「女男男女男女」では後者を観察する見込みを高く判断した．一人一人の性別はランダムに決まるので確率は同じなのだが，無秩序さの印象が強い後者が，ランダム性のよりよい代表（典型的なランダム性）であるため，起こりやすいと判断するのである．

確率論の分野で古くから知られるのは「賭博者の錯誤」という判断傾向で，これは「ランダム性に従う事象が連続して起こるとき，事象はランダム性を反映する自己修正を示す」という思いこみである．コイントス（投げ）を続けて行い，4回連続して表が出た次のトスについて「ランダム性のあらわれは半々だから，次回は裏が出る番だ」と期待しがちである．しかしコインは記憶装置をもたないので，次回のトスを行う際に直前の結果がどうであろうと，トス履歴の影響を受けることはない．本章冒頭で紹介したイタリア国内のナンバーズクジ大量購入は，まさしく賭博者の誤謬による意思決定であり，代表性ヒューリスティックによる判断の例である．この例が賢明とよべない所以とは，全財産の運用を誤謬に託した判断であった．

また，次の記述から人物の印象を想像されたい．

> リンダは31歳独身で，聡明で率直に物を言う．大学では哲学を専攻し，差別と人権問題を研究した．彼女は反核デモに参加したことがある．

リンダが銀行員である確率と，フェミニスト運動に熱心な銀行員である確率のどちらが高いか．多くの人は後者を選ぶ（リンダ問題とも）．この判断傾向は連言錯誤（conjunction fallacy）とよばれる（Tversky & Kahneman, 1983）．

フェミニスト運動に熱心な銀行員である確率を高く評価することが，なぜ誤謬なのか．世間にはフェミニスト銀行員よりも銀行員の総数のほうが多いはずであ

---

*3 判断方略として，認知的な努力を要求する一方で正解を算出する手続きはアルゴリズムとよぶ．

る．だから，ある人物がフェミニスト銀行員である確率は，銀行員である確率を上回ることはできないのである．連言誤謬も，代表性ヒューリスティックで説明できる．典型との類似度判断を確率判断におきかえるため，銀行員よりフェミニストに似ているリンダを，フェミニスト銀行員の確率が高いと判断することが誤謬なのである．

利用可能性（availability）ヒューリスティックとは，具体例を想起しやすい出来事の確率を高く判断するヒューリスティックである（Tversky & Kahneman, 1973）．「rではじまる英単語と，rが3文字目にある英単語ではどちらが多いか？」という質問には，前者という回答が多いが，現実には後者が3倍多い．リスクの認知では，「航空機事故は，自動車事故よりも頻繁に起こる」という有名な誤解がある（Slovic, 1987）．事故統計では，航空機事故の生起数のほうがはるかに少ないのだが，ニュース報道などで事故を知らされる回数は，航空機のほうが多い．

「飛行機から落下する部品による場合と鮫に襲われる場合，どちらで命を落とす確率が高いか？」という質問では，多くの回答者は鮫を選ぶが，死亡統計では航空機部品の事例が多い．われわれのリスク判断は，実際の生起頻度よりもマスメディアの報道量との相関が高いのである．

6. 処方的アプローチ

意思決定を合理的基準に近づけようとする処方的アプローチにおいては，規範的アプローチにおける期待効用理論のごとき，標準的理論が存在しないのが現状である．高名な実践例は，在ペルー日本大使公邸占拠事件の際，即時の武力解決より粘り強い対応が望ましいと結論した「AHP（analytic hierarchy process）」の応用である（Saaty, 1997）．これは，1996年，ペルーの日本大使公邸でのパーティにテロリスト団が乱入し，日本大使らを人質に取って公邸を占拠した末，事件発生から127日後にペルー軍および警察特殊部隊が強行突入して終結した事件であった．

サーティ（Saaty, 1980）が提唱したAHPは，おもにビジネス界で汎く実践される．AHPでは，決定課題を「目標」「評価基準」「選択肢」の構成とみなし，図9.3のように構造化する．

続けて，各評価基準について選択肢すべてのペアを「1は2より良い」，「両者

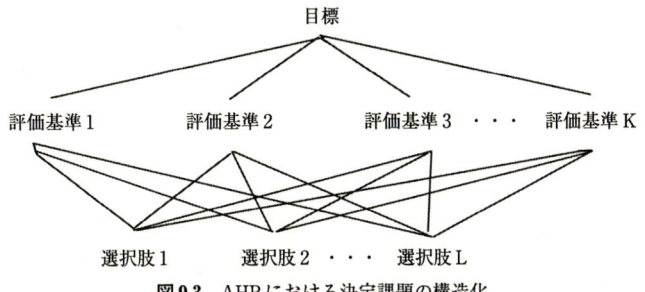

図9.3 AHPにおける決定課題の構造化

は同程度である」のように感覚的に評価する．その判断序列にAHPでは順序尺度（競走の着順のように，大小関係のみに意味のある数値）の主観的評価値を割り当てる．その評価値を一対比較行列に整理し，行列の主固有ベクトルの各要素の総和を1とした値を重要度とみなし，全評価基準の重要度総和が最高となる選択肢を選ぶのである[*4]．

7. より近年の動向

近年の意思決定研究には，感情を説明変数とする理論の提唱および脳科学の影響，進化心理学の影響などが顕著に見出される．

感情が意思決定に影響を与えるであろうこととは，直感的には受け入れられる仮説である．しかし，フォン・ノイマンらの公理系が感情を考慮しないことの影響から，感情の意思決定理論は発展してこなかった．感情と意思決定の関係を理論化することに貢献したのは，近年の脳科学の知見である（10章コラム8も参照）．

ダマシオ（Damasio, 1995）は，前頭前野の働きが意思決定に影響を及ぼすという「ソマティック・マーカー（somatic marker）仮説」を提唱した．ソマティック・マーカーという身体感覚は，意思決定に際して選択肢に関する推論を行い，特定の選択肢との関連で悪い結果が予想されるときに経験する不快な直感（gut feeling）である．ダマシオらは，ソマティック・マーカーを実現する神経システムが前頭前野にあるという主張を指示する結果を得た（Bechara et al., 1999）．

[*4] AHPの手順および応用例は刀根（1986）に詳しい．

彼らのギャンブル課題では，被験者は複数のカードの山から一つを選択し，カードを一枚ずつめくることにより，利益あるいは損失の利得を得た．選択肢は，大きな損失を含む山とそうでない山とで構成した．脳損傷をもつ被験者は，健常者に比べて大きな損失を含む山の選択を続けた．また，カード山選択と同時に測定された脳活動でも，健常者のソマティック・マーカー指標は大きな損失を含む山の選択時に活発に反応した一方，脳損傷者のソマティック・マーカー指標は選択した山の種類に限らず不活発であったのである．

フィヌケーンら（Finucane et al., 2003）はソマティック・マーカー仮説を包括する考えとして，意思決定における感情ヒューリスティックを提唱した．彼らは，多くの非合理的選択に内在する認知過程は，選択肢の感情的評価であると主張した．

進化心理学に触発され，ヒューリスティックによる確率の誤判断を低減させる「バイアス矯正（debiasing）」を成功させたのはギガレンツァーら（Gigerenzer et al., 1999）である．ギガレンツァー（Gigerenzer, 1994）は，代表性ヒューリスティックによる確率判断のエラーを，一事例の確率を考慮することから起こる現象と指摘し，特定の事例が世間に現れる頻度を検討することで低減することを示した．リンダの例では，世間の「銀行員の人数」「フェミニスト銀行員の人数」の違いを考慮することで，連言誤謬は減少した．彼らの主張は，進化心理学（Cosmides & Tooby, 1996）の「ヒトの進化途上で，環境が育んだ数量の表象は自然数の頻度である」という主張に立脚している．

8. 将来の展望：フォン・ノイマンの彼方へ

前節の動向に共通し，さらに近年の認知科学に通底する指向性は何か．筆者はそれを，「コンピュータ・メタファからの脱却」と見る．情報処理システムとしての人間をコンピュータ「のようなもの」とみなすことは，20世紀の認知科学が採用した研究方略であり，この人間観が認知科学を発展させてきた（Gardner, 1987）．しかし，あるメタファを採用することは，そのメタファが反映しない側面を見落させる．

21世紀になって，認知科学はコンピュータ・メタファが看過してきた認知の側面に，より深く注目しはじめた．具体的には，認知の身体性および環境の影響

の探求である．ローレンス（Lawrence, 2009）は，著書 "Embodied Cognition" でわれわれの認識が深く身体の機能に依存し，影響されることを論じている．また，環境要因への注目は，前出の進化心理学研究の出発点である．

行動的意思決定研究では，判断に与える身体動作の影響が報告されている（Epley & Gilovich, 2001; Oppenheimer et al., 2008）．環境への注目という点では，ギガレンツァーら（Gigerenzer et al., 1999）が代表的である．彼の研究グループの主張は生態学的合理性（ecological rationality）という概念を鍵としており，限定合理性の制約下での判断が「日常場面で有用である」と言える環境要因を分析し，多数の論文を発表している（たとえば，Gaissmaier, Schooler, & Mata, 2008）．

「ノイマン型」という呼称で明らかなように，今日主流であるコンピュータ・アーキテクチャはフォン・ノイマンの定式化を採用している．この点および，規範的意思決定理論がフォン・ノイマンとモルゲンシュテルンの期待効用理論であることから，20世紀の行動的意思決定理論や認知科学は，釈迦ならぬフォン・ノイマンの掌の上でさまざまな探求をしていたといえよう．21世紀に入った新たな行動的意思決定理論の目標とは，フォン・ノイマンの枠組みに入りづらい現象を見据え，彼が先鞭を付けた伝統をさらに発展させることではないだろうか．

文　献

Allais, M. (1953). Le comportement de l'homme rationnel devant le risque: Critique des postulats et axiomes de l'ecole americaine. *Econometrica*, **21**, 503-546.
Arie, S. (2005) . No 53 puts Italy out of its lottery agony. *The Guardian*, February 11.
Bechara, A., Damasio, H., Damasio, A. R., & Lee, G. L. (1999). Different contributions of the human amygdala and vetromedial prefrontal cortex to decision-making. *The Journal of Neuroscience*, **19**(13), 5473-5481.
Becker, G. M., & McClintock. (1967). Value: Behavioral decision theory. *Annual Review of Psychology.*, **18**, 239-286.
Cosmides, L., & Tooby, J. (1996). Are humans good intuitive statisticians after all? Rethinking some conclusions from the literature on judgment under uncertainty. *Cognition*, **58**, 1-73.
Damasio, A. R. (1995). *Descartes'error: Emotion, reason, and the human brain*. Avon Books.（田中三彦（訳）（2000）．生存する脳――心と脳と身体の神秘　講談社）
Edwards, W. (1962). Behavioral decision theory. *Annual Review of Psychology*, **12**, 473-498.
Einhorn, H. & Hogarth, R. (1981) . Behavioral decision theory: Processes of judgment and choice. *Annual Review of Psychology*, **32**, 53-88.
Epley, N., & Gilovich, T. (2001), Putting adjustment back in the anchoring and adjustment heuristic. *Psychological Science*, **12**, 391-396.
Finucane, M. L., Peters, E., & Slovic, P. (2003). Judgment and decision making: The dance of affect

and reason. In S. L. Sneider & J. Shanteau (Eds.), *Emerging perspectives of judgment and decision research*. Cambridge, MA: Cambridge University Press. pp. 327-364

Gaissmeier, W., Schooler, L. J., & Mata, R. (2008). An ecological perspective to cognitive limits: Modeling environment-mind interactions with ACT-R. *Judgment and Decision Making*, 3, 278-291.

Gardner, H. (1987). *The mind's new science: A History of the cognitive revolution*. Basic Books. (佐伯胖・海保博之 (訳)(1987). 認知革命——知の科学の誕生と展開　産業図書)

Gigerenzer, G. (1994). Why the distinction between single-event probabilities and frequencies is important for psychology (and vice versa). In G. Wright & P. Ayton (Eds.), *Subjective Probability*. Chichester: Wiley. pp. 129-161

Gigerenzer, G., Todd, P., & The ABC Research Group. (1999). *Simple heuristics that make us smart*. Oxford, UK: Oxford University Press.

Gonzalez, R., & Wu, G. (1999). On the shape of the probability weighting function. *Cognitive Psychology*, 38, 129-166.

Kahneman, D., & Tversky, A. (1972). Subjective probability: A judgment of representativeness. *Cognitive Psychology*, 3, 430-454.

Kahneman, D., & Tversky, A. (1983). Choices, values, and frames. *American Psychologist*, 39, 341-350.

Lawrence (2009). *Embodied cognition*. Taylor & Francis.

Miyamoto, J. M. (1987). Constraints on the representation of gambles in prospect theory. *Journal of Mathematical Psychology*, 31, 410-418.

Oppenheimer, D. M., LeBoeuf, R. A., & Brewer, N. T. (2008). Anchors aweigh: A demonstration of cross-modality anchoring and magnitude priming., *Cognition*, **106**. 13-26.

Saaty, T. L. (1980). *The analytic hierarchy process*. New York: McGraw-Hill.

Saaty, T. L. (1997). The Peruvian Hostage Crisis of 1996-1997: What should the government do? *Socio-Economic Planning Sciences*, 31, 165-172.

Savage, L. J. (1954). *The foundations of statistics*. New York: Wiley.

Slovic, P. (1987). Perception of risk. *Science*, **236**, 280-285.

Slovic, P., Fischhoff, B., & Slovic, S. (1977). Behavioral decision theory. *Annual Review of Psychology*, 28, 1-39.

刀根　薫 (1986). ゲーム感覚意思決定法　日科技連出版社

Tversky, A., & Kahneman, D. (1973). Availability: A heuristic for judging frequency and probability. *Cognitive Psychology*, 5, 207-232.

Tversky, A., & Kahneman, D. (1983). Extensional versus intuitive reasoning: The conjunction fallacy in probability judgment. *Psychological Review*, **90**, 293-315.

von Neumann, J., & Morgenstern, O. (1944). *Theory of games and economic behavior*. New York: Wiley. (銀林浩・橋本和美・宮本敏雄 (監訳)(1972). ゲームの理論と経済行動　東京図書；ちくま学芸文庫版 (2009))

第10章

行動的ゲーム理論から考える

森　久美子

1. 他者という不確実性

　本章で取り上げる行動的ゲーム理論の特徴は，意思決定における選好や不確実性のうち，社会関係の中で発生するもの（他者の存在によって発生するもの）をとくに重視している点にある．他者を相手として決定を行う場合，結果は自分の選択だけから決まるのではなく，相手の選択にも影響を受ける．このような，たがいの選択の結果がたがいの選択の影響を受け合うような状況を相互依存的状況という．相互依存的状況では，他者の選択をどうとらえるかによって不確実性のあり方は左右される．また，自分の結果が同じであっても，同時に相手が得た結果によってその受け止め方が異なるように，われわれの選好自体が，自分の結果だけではなく他者の結果も含めて形成されている．

　他者の選択に影響を受けながらなされる意思決定においては，他者によって引き起こされる不確実性や，他者を考慮に入れた選好（社会的選好，social preferences）を取り扱う必要が生じる．そして実際，われわれにとって重要な意思決定の多くは，他者の選択に左右される社会的状況でなされることのほうが多い．行動的ゲーム理論は，相互依存的状況下での意思決定を取り扱うツールとして優れた可能性をもっている．

　ゲーム理論では，このようなプレーヤー間の相互作用状況を，ゲームとよばれる数学的モデルによって定式化して取り扱っている．伝統的には，各プレーヤーは自己利益最大化を目指して行動するという仮定を置き，さまざまな相互依存的状況下で，各プレーヤーの選択の最適解を求める手法が探求されてきた．しかしながら，人を合理的経済人と位置づけるこの伝統的な仮定は，後述するように必

ずしも実際の人間行動に適合しない．ゲーム理論のアプローチには，「どう行動することが合理的なのか」に関する規範的理論と，「実際に人間がどう行動するのか」に関する記述的理論があるが，行動的ゲーム理論は後者に属する．すなわち，プレーヤーが自己利益最大化にのみ関心を払うという伝統的な仮定をゆるめ，心理学の知見を取り入れた，人々の実際のふるまいや，その背後にある認知についての理論だといえるだろう．

　心理学においては，ゲームを用いた人間行動の研究は，おもに社会心理学の領域でなされてきた．それらの研究は，個人の非協力行動を抑制して相互協力を実現することを目指し，それに貢献するだろう要因を次々と操作して膨大な知見を蓄積してきた（レビューとして Pruitt & Kimmel, 1977）．しかしながら，その歴史を振り返れば，統一的理論を欠いたままにゲーム場面での行動説明にのみ焦点を当て，ただ個別的な実験結果を量産してきた面も否めなかった．

　行動的ゲーム理論は，伝統的なゲーム理論や社会心理学的な実験ゲーム研究が，意思決定研究，神経科学，進化心理学といった領域と，たがいに出会うことによってたどり着いた1つの突破口だといえる．われわれの意思決定における「心」の役割について，多くの刺激的な知見をもたらしつつある領域であり，本章はそうした知見について紹介することを目的としている．まず2節では，これらの実験でよく用いられるゲームを紹介し，その中でくり返しみられてきた，自己利益最大化の仮定からの実際の人間行動の乖離について述べる．そして3節では，その背景にある人の心の仕組みに関するいくつかの興味深い議論について紹介する．

2. よく用いられるゲーム，よくみられる現象

　われわれは自分の利益に関心をもち，自己利益を最大化しようとする強い動機もたしかにもっている．しかし，これまでの実験の積み重ねから，人は自分の利益だけでなく他者の利益，行動，意図についても関心をもっており，それらを考慮して行動を変えていることが明らかになってきた．

　以下に紹介するゲームの中で，人が他者を考慮していることは3つの形で現れる．第一は，人は選択の結果としての利益について，「自分のものだけでなく他者のものも含めた選好をもつ」ということである．相手の利得を多くしようとす

る利他的選好や，自他の利得の差を最小にしようとする不平等回避的選好などがこれにあたる．

第二は，「人は相手の行動によって自分の選好を変える」ということである．協力的な相手には自分も協力的であろうとするが，そうでない相手には非協力的にふるまう，という条件付での協力は，このようなかたちで他者を考慮に入れた結果と考えられる．なお，このような，相手にされたことを同じように返す行動原理を互酬性（reciprocity）といい，協力に対して協力で応えることを正の互酬性，非協力に対して非協力で報いることを負の互酬性という．

第三は，「人は同じ結果であっても，それをもたらした相手の意図によって結果の受け止め方を変える」ということである．結果として得られる利得が同じであっても，それが相手のどのような意図に基づくと受け止めるかによって，心理的な利得は異なる．相手の意図の有無は，相手に報復したり返報したりする互酬的行動にも影響を与える．

行動的ゲーム理論では，プレーヤー自身の利得を組み込んだ効用関数[*1]だけでなく，他プレーヤーの利得を組み込んだ効用関数や，プレーヤーの信念の関数として利得を定めた効用関数も用いられ，古典的なゲーム理論では説明できなかった社会的な人間行動についての統一的モデル化と説明が目指されている（Kolm & Ythier, 2006）．さらに，ゲームにおける実際の人間行動を手がかりとして，人間の心の社会性の起源やはたらきに迫ることにも大きな関心が寄せられ，心理学や行動経済学だけでなく，神経科学や動物行動学も巻き込んで盛んに研究が行われている．以下では，社会的選好や互酬的行動を扱ううえでよく用いられる代表的なゲームと，そこで観察された実際の人間行動についてまず紹介する．なお，これらのゲームはくり返しプレイされる場合も多いが，以下のゲームの紹介では，とくに記述がない場合は，相手と将来会う可能性がない状況で一度だけプレイする場合について述べている．

最後通告ゲーム

実際の人間行動が，自己利益最大化の仮定のとおりにはいかないことを，鮮やかに示したのが最後通告ゲーム（ultimatum game）である．最終提案ゲーム，最後通牒ゲームとも訳される．

[*1] 効用関数については，本書9章2節も参照．

> **a. 最後通告ゲームの概要**
> このゲームは提案者と回答者の2人のプレーヤーで行われる．提案者は一定の金額（例，1000円）のうち任意の額を回答者に分配することを提案する．回答者が提案を受け容れれば，提案どおりに各々の金額が提案者と回答者に分配される．回答者が拒否すると，両者の受取額はともに0円になる．
> **経済合理性が予測する結果：** 提案を拒否した場合の結果は0円なので，回答者が合理的経済人ならば，0円よりも大きないかなる分配提案も受け容れられると考えられる．したがって，提案者は0円より大きな最小単位（1円）の分配を提案する．
> **実際のプレーヤーの行動：** 最も多い提案は40～50%の分配であり，平均提案額は30～40%である．平等やそれに近い分配は受容されるが，20%未満の提案は多くの場合拒否される（Camerer, 2003）．

　このゲームでは，小額分配という不公正に対して，利益をふいにしても拒否することで相手を罰するという負の互酬性について扱っている．ここで提案者が自分の利益を犠牲にして平等分配を提案する理由としては，以下のものが考えられる．ひとつは利他的選好や不平等回避的選好などの社会的選好であり，もうひとつは，「利己的な分配は，相手に拒否されるかもしれないのでやめておこう」という戦略的判断である．

　提案者の平等分配が，社会的選好によるのか，相手に拒否されないための戦略なのかを知るためには，独裁者ゲーム（dictator game）との比較が用いられる．これは，最後通告ゲームから回答者の拒否権を取り去ったもので，提案者が任意の額の分配を提案し，提案者と回答者には提案どおりの金額が分配される．合理的経済人の立場から考えれば，どんな小額の提案でも回答者に拒否される心配はないので，提案者は0円を提案すると予測される．しかし最も多い反応は50%と0%の提案であり，最後通告ゲームと同様に平等提案も多く見られるが，0%提案もある程度の割合でみられるようになる（Fehr & Schmidt, 2006）．

　回答者に拒否されるリスクのない独裁者ゲームで0%提案が増えるということは，最後通告ゲームでの平等提案の一部は，相手に拒否されないための戦略だったことを示している．しかし一方で，拒否されるリスクが皆無であっても，やはり平等提案が少なからず見られるということは，最後通告ゲームでの平等提案のいくらかは，利他的または不平等回避的な社会的選好によるものだということを示している．

2. よく用いられるゲーム，よくみられる現象

　これまでの実験のほとんどは先進国で行われてきたが，このゲームを 15 の伝統的な小社会[*2]で実施した研究では，最後通告ゲームで最もよく見られる提案額に，社会間でかなりの違いがあることが示されている（Henrich et al., 2004）．各社会における平均提案額には，焼き畑農業や狩猟採集を営むキチュア族（エクアドル）の 25% から，捕鯨で生計を立てるラマレラ族（インドネシア）の 57% までの幅があり，貨幣経済が浸透しているほど，また日々の食料獲得のために他者との協力が必要である社会ほど，提案額が大きくなることが明らかになった．このことは，われわれの公正感が経済的文化的要因の影響を受けて成り立っていることを示している．しかし，多様な集団を対象にしたこの研究でも，「相手に何も分配しない」という経済合理性を追求する集団は見られなかった．つまり，人が文化をこえて多少なりとも利他的選好を共有していることも，同時に明らかになったといえる．

　最後通告ゲームでは，提案者の提案には 0～100％ までの幅があるが，回答者の反応は，拒否するか受諾するかの二者択一である．これを，提案者の提案も二者択一にし，平等な分配と不平等な分配のどちらかを選択するようにしたものに，ミニ最後通告ゲーム（mini-ultimatum game）がある（図 10.1）．逆に，回答者の報復の度合いを連続的に調整できるようにしたゲームには，力ずくゲーム（power to take game）がある．このゲームでは両プレーヤーは最初に同額を与えられ，第一プレーヤーは回答者の手持ち金の何％を奪うかを決める．これを受けて回答者は自分の利益の何％をぶち壊しにするかを決める．第一プレーヤーは，

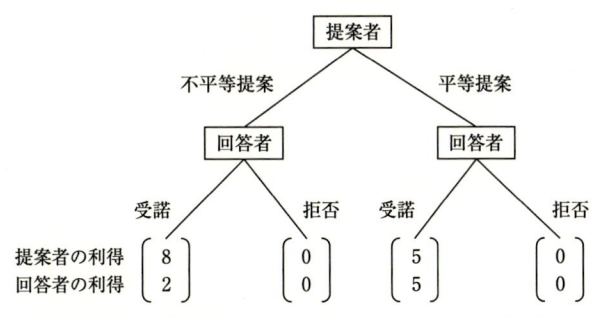

図 10.1　ミニ最後通告ゲーム（Falk et al.（2000）より作成）

提案者の利得／回答者の利得：不平等提案・受諾 [8, 2]，不平等提案・拒否 [0, 0]，平等提案・受諾 [5, 5]，平等提案・拒否 [0, 0]

[*2] マチグエンガ，キチュア，アチュアル，アチェ，チマネ，マプチェ（南米），アウ，グナウ，ラマレラ（東南アジア），トルグード，カザフ（中央アジア），オルマ，ハッザ，サング，ショーナ（アフリカ南東部），の計 15 社会．

回答者がぶち壊しにせずに残した金額から，設定した割合で奪った金額を自分のものとし，残りが回答者の取り分となる．力ずくゲームを用いた実験では，第一プレーヤーが奪おうとする割合は平均すると60%弱であった．初期額を努力に対する報酬として与えられた場合，回答者のぶち壊し率は100%と0%の2つに分かれ，強奪率が70〜80%以上の場合，ほとんどの回答者が100%をぶち壊したという（Bosman et al., 2005; Bosman & van Winden, 2002）．初期額が努力と関係なく与えられた条件では，低額の強奪に対しても高い割合でぶち壊しにするケースがみられている（Bosman et al., 2005）．

信頼ゲーム

最後通告ゲームが「不公正をコストをかけて罰する」という負の互酬性を扱っていたのに対し，「相手の信頼にコストをかけて応える」という正の互酬性を扱っているのが信頼ゲーム（trust game）である．後述のミニ信頼ゲームと区別して，投資ゲーム（investment game）とよばれる場合もある．

---

b. 信頼ゲームの概要

このゲームは投資者と受託者の2人で行われる．投資者は，最初に一定の金額（例：1000円）を与えられ，このうち任意の額を受託者に委ねる．受託者に委ねられた金額はn倍（$n>1$，例：3倍）に増やされ，受託者はこのうち任意の額を投資者に返還する．

経済合理性が予測する結果：　自己利益最大化を目指す受託者は，委ねられた金額を一切返還しないと予想される．したがって，投資者も何も投資しないと予想される．

実際のプレーヤーの行動：　投資者がまったく何も委ねなかったり，受託者が委ねられた金額を独占したりするケースは少ない．投資者は初期額の50%前後を受託者に委ね，受託者は増やされた金額の中から委ねられた額と同額程度を返還することが多い（つまり，信頼は報われないことが多い）．ただし，受託者の返還額は実験の手続きや文脈によりばらつきが大きい（Camerer, 2003）．投資者の投資額がある程度以上の場合には，受託者の返還額は投資額が上がるにつれて増える（Fehr & Schmidt, 2006）．

このゲームでは，リスクを冒して相手に結果を委ねる信頼行動とそれへの返報，という正の互酬性を扱っている．受託者に投資結果を独占されるリスクがあるにもかかわらず一定額を委ねるという行動は，利他的または不平等回避的な社

会的選好と，相手が「いくらかは割り戻してくれるはずだ」という信頼の両方を反映していると考えられる．また受託者の返金は，利他的または不平等回避的な社会的選好と，「信頼してくれた相手にお返しをしたい（お返しをしないのは心苦しい）」という投資者の信頼に対する正の互酬性から説明できる．両者の効果を区別するためには，最後通告ゲームと独裁者ゲームの比較と同様に，受託者の返報の機会がない状態で投資者役に金額を分配させたり，投資者からの受託ではなくただ与えられた金額を受託者役に分配させるなどのコントロール条件を設け，比較を行うことが可能である．

信頼ゲームでは，投資者の投資額も受託者の返還額も 0〜100% の範囲内で連続的に決定されるが，これを両者とも二者択一になるよう簡略化したものがミニ信頼ゲーム（mini-trust game）である（図10.2）．信頼ゲームを投資ゲームとよび，ミニ信頼ゲームを信頼ゲームとよぶ場合もある．

また，信頼ゲームでは投資者からの投資額が n 倍に増やされるが，逆に受託者側からの返還額が n 倍に増えるよう設定された「贈り物交換ゲーム（gift-exchange game）」とよばれるゲームもある．これは，労働市場を贈り物の交換にたとえたもので，雇用者と労働者の間で行われる．まず雇用者が賃金額を決める．労働者がそれを受け容れなければゲームは終了するが，受け容れる場合には，労働者は自分の努力の度合いを決める．労働者の努力は n 倍の利益を生み，雇用者の利得はそこから賃金を差し引いたものとなる．労働者の利得は，賃金から努力のためのコストを差し引いたものとなる．このゲームを用いた実験では，提示された賃金が高くなるほど，労働者の提供する努力レベルも高くなることが報告されている（Fehr et al., 1993）．

信頼ゲームは「相手への期待と返報」という正の互酬性を扱っているが，これ

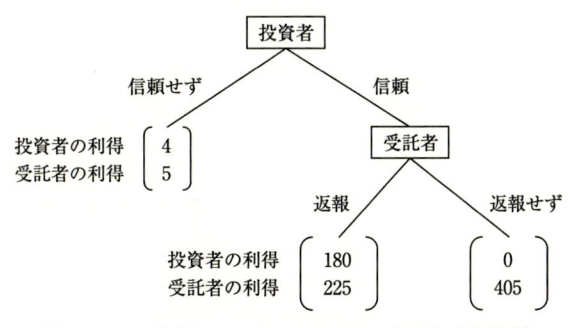

図10.2 ミニ信頼ゲーム（McCabe et al.（2001）より作成）

に裏切りや報復といった負のオプションを加え，正負の互酬性を同時に扱えるようにしたのがムーンライティング・ゲーム（moonlighting game）である．このゲームは，以下のような少し変わったカバーストーリーに基づいている．ムーンライターとは，本業とは別に隠れて仕事を請け負っている二重就業者のことをいう．ムーンライターは，作業に必要なお金を雇い主から持ち逃げすることもできれば，真面目に仕事に取り組むこともできる．雇い主は，ムーンライターが真面目に働いた場合は，約束どおり報酬を払うことも，値切ることもできる．ムーンライターがお金を持ち逃げした場合は，訴えることができるが，隠れて仕事を頼んでいた関係上，訴えることは雇い主にとってもダメージとなる．つまり，ムーンライターが先にまじめに働くか裏切るかを決め，それに対して雇い主は応じないか，コストをかけて応じるかを選ぶという状況である．

　このゲームでは，2人のプレーヤーは最初に同額を与えられる．ムーンライターである第1プレーヤーは，雇い主である第2プレーヤーに対して任意の額を奪うか渡すか（持ち逃げするか，まじめに働くか）を決める．奪った場合は，第2プレーヤーの初期額からその額が差し引かれ，第1プレーヤーのものとなる．渡した場合は，第1プレーヤーの初期額からその額が引かれ，そのn倍（$n>1$）が第2プレーヤーものとなる．第2プレーヤーは第1プレーヤーの決定を知らされたうえで，同様に第1プレーヤーに対して渡すか奪うか（報酬を払うか，訴えるか）を決める．渡した場合は第2プレーヤーの手持ち額からその額が引かれ，第1プレーヤーのものとなる．奪った場合は，第1プレーヤーの手持ち額からその額が引かれ，同時にそのn倍が第2プレーヤーからも差し引かれる．つまり，自分に損になっても相手を訴えるケースのように，n倍のコストをかければ第1プレーヤーにも損をさせることができる，ということである．手持ち額がマイナスにならないよう，奪ったり渡したりできる額には，通常上限が設けられる．

　このゲームでは，信頼に応えるという正の互酬性だけでなく，裏切りに復讐するという負の互酬性も同時に扱っている．このゲームを用いた実験では，第1プレーヤーの約3分の2がいくらか渡すほうを選んだ．奪うことを選んだ第1プレーヤーはほぼ全員が報復され，報復に支払われたコストは奪った額が大きいほど大きかった．しかし第1プレーヤーが渡した場合の第2プレーヤーの返報行動にはばらつきがみられ，上限まで提供された第2プレーヤーでも，その約3分の1は何も返さなかったという（Abbink et al., 2000）．正の互酬性は，負の互酬性ほどには強力ではないようである．

囚人のジレンマゲーム

たがいの選択の結果がたがいの選択の影響を受け合うという，相互依存的状況を取り扱ったゲームとして忘れてはならないのが，囚人のジレンマゲーム（Prisoner's Dilemma Game）である．このゲームでは，個人の利益追求が結果として両者の利益を損なってしまう状況での選択を扱っている．

---

c. 囚人のジレンマゲームの概要

共謀して罪を犯した2人の被疑者が別々に取調べを受けている．2人はそれぞれに「2人ともが黙秘（協力）すればそれほど重い刑にならずに済むが，自白すれば（裏切れば）捜査協力の見返りに自白者の罪は軽くなる」という司法取引をもちかけられる．誘いに乗って一方だけが自白すれば，自白者の罪は軽くなるが，黙秘したほうは逆に厳罰に処せられる．2人ともが誘惑に負けて自白すると，両者とも黙秘したより重い罪になってしまう．

この有名なストーリーに基づくゲームは，2人のプレーヤーで行われ，両者の協力と裏切りの組み合わせに基づく表10.1のような利得構造をもつ．

経済合理性が予測する行動： このゲームでは，相手の選択にかかわらず，プレーヤーの利得は裏切った場合の方が大きい．したがって，両プレーヤーは裏切りを選択すると予想される．

実際のプレーヤーの行動： 実験条件によって協力率は大幅に異なるが，多くの実験で少なからぬ協力選択が観察されている．

表10.1 囚人のジレンマゲームの利得構造

		プレーヤー2	
		協力	裏切り
プレーヤー1	協力	20, 20	0, 30
	裏切り	30, 0	10, 10

注）左の数値はプレーヤー1，右の数値はプレーヤー2にとっての結果を示す．

このゲームには，個人が自己利益最大化を追求しようとすると，全体としての利益が小さくなり，結果として追求したはずだった個人の自己利益までもが小さくなってしまう，というジレンマがある．しかし，かこみcにもあるように，実際には少なからぬ人々が自己利益最大化ではなく，全体としての利益を考慮した行動をとる．くり返しのある囚人のジレンマゲームの場合は，協力行動が利他的

な社会的選好によるのか,将来の協力を期待した互酬的戦略によるものかを区別するのは難しい.しかし相手と二度と会わない一度限りの状況での協力は,純粋に利他的または不平等回避的選好によるものと考えられる.

また多くの実験で観察されていることとして,他のプレーヤーの協力への期待とそのプレーヤー自身の実際の協力行動には関連がみられ,たとえ一度限りのゲームであっても,相手が協力すると思うプレーヤーほど自分も協力する傾向がある.ここで観察されるのは,誰にでも協力するという無条件の協力ではなく,協力的な相手にだけ協力する,という条件付協力である.これは,人の社会的選好が相手の選好によって変化する(利他的選好をもつ相手には利他的に接するが,相手が利己的選好をもつと思えば自分の選好も利己的になる)ケースとして考えられる.

囚人のジレンマゲームは2者間で行われるが,これを3人以上に拡張したものが,公共財ゲーム(Public Goods Game)である.このゲームでは,公共財の維持や,周囲の協力へのただ乗りといった問題を扱っている.

---

d. 公共財ゲームの概要

各プレーヤーは初めに一定額(例:1000円)を与えられ,そのうちいくらを公共財のために寄付するかを決定する.全員の寄付額の合計は n 倍(通常 $n>1$,例:2倍)され,各プレーヤーに均等に分配される.たとえば4人集団で,全員が400円寄付したとすると,各プレーヤーの利得は手元に残った600円+(400円×4人×2倍÷4人)=1400円となる.

経済合理性が予測する行動: このゲームでは,他のプレーヤーがどれだけ寄付する場合でも,プレーヤーの利得は寄付しない方が大きい.したがって,全プレーヤーはまったく寄付しないと予想される.

実際のプレーヤーの行動: 実験での各プレーヤーの寄付額は多様で,初期額の0〜100%にまで散らばることが多い.しかし一般に,寄付額の合計は初期額全体の40〜60%になることが多い(Ledyard, 1995).

---

3. 他者を考慮する心

強い互酬性

前節で紹介したゲームでの実際の人間行動は,われわれが自己利益最大化だけ

を気にかける合理的経済人とは違っていることを示している．相手と二度と会わない一度限りの状況においても，人は独裁者ゲームで少しでも相手に分け与えたり，囚人のジレンマゲームで協力したりする．そればかりでなく，最後通告ゲームでは，不公正な小額提案に対して自分の利益を減らしても罰を与えようとする．人は，少なくともある程度は，自分に何の見返りもなくても他者に協力的にふるまおうとし，非協力的な者には自分の利益を減らしても罰を与えようとする傾向をもっている．

こうした行動原理は，相手との関係がもたらす将来の見返りを期待した互酬性とは異なり，「強い互酬性（strong reciprocity）」とよばれる．こうした強い互酬性が人の心にどう備わっており，どう表れるのか，ということについては，現在活発に研究が進められている．中でも，社会的感情と相手の意図の推論は，強い互酬性の発動を支える心の仕組みとして注目を集めているものである．

協力を求める感情，不公正を拒む感情

近年活発になった神経経済学といわれる領域の研究は，ゲーム場面での神経活動を調べることで，相互協力関係が，そもそも人にとって快い体験であることを示している．脳には，報酬を予期したり実際に受け取ったりしたときに活動する特定の部位があるが（コラム8，9章7節参照），くり返しのある囚人のジレンマでの相互協力時に，こうした領域が活動することがわかっている（Rilling et al., 2002）．この活動レベルは，相手が人間であるときの方がコンピュータであるときよりも高く，他者と協力的関係を築くことが，（得られる利得額は相手を出し抜いた場合の方が大きいにもかかわらず）報酬となって快感情をもたらすことを示している．また，チャリティに寄付をした場合，自分は何も金銭を受け取るわけではないが，金銭を受け取るときと同じ部位に活動が見られている（Harbaugh et al., 2007）．その活動レベルは，自主的に寄付を決めた場合のほうが，強制的に寄付するしかなかった場合よりも強まる傾向も見られた．これらの結果は，二者関係のように特定の相手の存在が想起しやすい場合に限らず，より公共的な相互作用関係においても，自主的な協力が快感情につながっていることを示唆している．

協力し合うことが快感情をもたらす一方で，他者の裏切りはわれわれに強いネガティブな感情をもたらすようである．すでにみたように，最後通告ゲームでの過少提案は，利得をゼロにするというリスクを冒しても拒否されることがほとん

どである.

　フォークらは，この拒否行動が，プレーヤー間の不平等を是正するための行動なのか，不公正に報復するための行動なのかを調べようとした．具体的には，通常のミニ最後通告ゲーム（拒否すると，ともに利得はゼロになる：図10.1）と，拒否してもそれぞれ取り分が減らされるだけで，相対的な利得の比率や格差は変わらないようにしたゲームを比較し，拒否行動が不平等を是正できない状況でも生じるのかを検討した．その結果，不平等を是正できない状況では，拒否率は低下するものの，それでもやはり自己利益を犠牲にした拒否が一定の割合で見られることが示された（Falk et al., 2000）．不平等提案の拒否は結果の不平等を嫌う不平等回避的選好だけで説明できるのではなく，不公正に対する報復としての意味ももつと解釈できる．

　このような不公正への報復行動は，冷静な判断の結果というよりは，怒りのような強いネガティブ感情の発露として生じたらしいこともわかっている．たとえば，最後通告ゲームで回答者が自分の気持ちを文書で相手に伝えられるようにし，提案を拒否しなくても感情を表出したり伝えたりできるようにすると，分配額が2割以下であるような不平等提案を受諾する割合が顕著に高まり，同時に受諾した参加者のほとんどがネガティブ感情を伝えるメッセージを書いた（Xiao & Houser, 2005）．これは，不平等提案の拒否の一部が，相手への怒りの伝達を目的としてなされたことを示している．また，最後通告ゲームをプレイしているときの生理指標を測定した研究では，不公正な提案に直面することで，皮膚コンダクタンス反応（不快やストレスなどにともなう精神性発汗によって皮膚の電気伝導度が変化する反応）が生じたことが報告されている（van't Wout et al., 2006）．

　ゲーム時の神経活動を調べた研究では，不公正拒否とネガティブ感情の関係を示すより直接的な証拠が見出されている．人の脳には，痛みや嫌悪などの不快を感じた場合に特徴的に活動がみられる部位があるが（コラム8参照），最後通告ゲームで不公正な提案をされると，こうした部位の活動が活発になる（Sanfey et al., 2003）．その強さは不平等提案を拒否するか受け容れるかと関係しており，反応が強いほど不平等な提案を拒否する傾向があった．しかも興味深いことに，こうした反応は不平等提案が人間によってなされた場合にのみ生じ，コンピュータによってなされた場合には生じなかった．これは，不平等提案の拒否が他者の不公正に対するネガティブな感情に由来することを裏付けている．

　将来の見返りや評判の獲得などのメリットがなくても，コストをかけて他者の

不正を罰する行動は，「利他的な罰（altruistic punishment）」とよばれており，社会秩序を作り出し維持する上で重要な役割を果たしていると考えられている．神経経済学的な研究では，人が不正を罰するときにも脳の報酬にかかわる部位が賦活することが見出されている．たとえば，信頼ゲームの投資者が，受託者に罰を与えられるようにした研究では，返報してくれない受託者に罰を与えるときに，こうした部位に活動が見られた（de Quervain et al., 2004）．このことは，人間にとって不公正が不快であるだけでなく，自分の利益を減らしても裏切り者を罰するという利他的な罰が，報酬を受けるときと同様に快につながっていることを示唆している．

互酬性と意図

このように人は不公正に対して感情的に反応し，それを罰しようとする．しかし，結果として不公正であっても，それが相手の意図したことではない場合，人はそれをある程度は寛大に受け入れることもできるようだ．たとえば，最後通告ゲームで，相手が提案を乱数発生装置に従ってランダムに決定する場合には，不平等提案でも受け入れる割合が高まることがわかっている（Blount, 1995）．また，最後通告ゲームで得られるチップの交換レートを提案者と回答者で変えた条件を設けた実験では，提案者が交換レートの違いを知らずに分配する場合より，違いを知ったうえで不平等が生じるように分配している場合のほうが，拒否率が高かった（Kagel et al., 1996）．

さらにフォークら（Falk et al., 2003）は，10ドルを分配するミニ最後通告ゲーム（図10.1）で，提案者にとっての選択肢の片方を自分に8ドル，相手に2ドル（「8：2」）とし，もう一方の選択肢が「5：5」の場合と「10：0」の場合で，「8：2」提案の拒否率が異なることを示した．平等提案もできるにもかかわらず，あえて不平等な選択肢を選んだという前者の場合のほうが，可能な中で少しでも平等に近い選択肢を選んだという後者の場合より，拒否率ははるかに高かった．以上のような結果は，相手が「意図的に」不公正な行動をとっている場合，「ランダムに」「知らずに」「やむを得ず」不公正な行動をとってしまった場合に比べて，負の強い互酬性が発動しやすいことを示している．

不公正を罰する行動に相手の意図が影響するならば，「相手の善意に善意でこたえる」という正の互酬性の発動にも，やはり相手の意図が影響しているはずである．正の互酬行動は負の互酬行動ほどには強く表れず，初期の研究では相手の

意図の影響も明確には見出されてこなかった．しかし近年，正の互酬行動においても意図の効果を示す結果が報告されている．たとえば，ムーンライティングゲームでの第一プレーヤーが人間の場合，コンピュータの場合よりも，相手の受託額に対して多く返金する傾向がある（Falk et al., 2000）．ミニ信頼ゲーム（図10.2）では，提案者の平等提案が自主的に選択されたものである場合，強制的に選択させられた場合よりも相手に多く返報する選択が選ばれやすかった（McCabe et al., 2003）．

コックスら（Cox et al., 2008）は，ムーンライティングゲームで，第一プレーヤーの自由な決定に対して第二プレーヤーが決定する条件と，独裁者ゲームのように第一プレーヤーの決定を所与として第二プレーヤーの行動だけを取り出したコントロール条件を比較し，相手の意図が無関係なコントロール条件での分配額よりも，相手の信頼行動に対する返報額のほうが大きいことを示した．こうした結果は，相手が「意図的に」利他行動を行った場合に，「ランダムに」「強制的に」「所与として」その状態が生じたときよりも，正の互酬行動が引き出されやすいことを示している．

以上の知見から，人は単に結果的な金額の多寡やバランスに反応しているのではなく，それらの行動が搾取や信頼といった意図をもってなされたものかどうかに敏感に反応し，行動を変えているといえる．

意図を読む心，共感する心

ここまで，人が他者とのやりとりの中で，相手の意図を感知し，相互協力を喜び，不公正に憤る心をもっていることを述べてきた．こうした心の仕組みは，われわれの心にどう備わっているのだろうか．そのひとつの有力な説明概念が，「心の理論」（theory of mind）である．心の理論とは，他者の信念や思考などの心的状態を推論し，それを他者理解に用いる認知能力をいう（Premack & Woodruff, 1978）．ゲーム時の神経活動を測定した多くの研究では，同じ利得構造のゲームでも，相手が人の場合には心の理論に関する脳領域に活動が生じるが，コンピュータのようなランダムデバイスが相手のときには，そうした活動が見られないとしている（コラム8参照）．

また，報復される可能性のある最後通告ゲームと，その心配のない独裁者ゲームを比較した研究では，最後通告ゲームの場合に心の理論にかかわる領域の一部が強く活動し，しかも活動レベルは，戦略的に自己利益を追求する傾向を反映し

たマキャベリ的な性格特性と相関していた（Spitzer et al., 2007）．こうしたことは，われわれが他者を相手として決定する際に，他者の意図の検知や推論を含む高度な処理を行っていることを意味する．

　心の理論はおよそ4～5歳頃に獲得されるが，自閉症者ではそれ以降もこの能力に障害があることが知られている（Baron-Cohen et al., 1985）．自閉症者はゲームの構造や状況の変化に対して戦略を変えることが困難であり，最後通告ゲームでの低い提案を受け容れやすい（Mori & Yukihiro, 2009; Sally & Hill, 2006）．また，ヒト以外の霊長類では心の理論は限られたかたちでしか備わっていないことが示唆されているが（Povinelli & Bering, 2002），チンパンジーはミニ最後通告ゲームにおいて不平等な提案も受け入れることが明らかになっている（Jensen et al., 2007）．こうした知見は，心の理論が人の社会的意思決定の基盤となっていることを裏づけている．

　人の社会的意思決定にかかわっていると考えられるもうひとつの重要な説明概念は，他者の感情状態を自分のもののように感じる能力である共感（empathy）である．人の脳に，痛みや嫌悪などの不快を感じた場合に活動する部位があることはすでに述べたが，こうした部位が活動するのは，自分自身が不快を経験した場合だけではない．他者が身体的な痛みにさらされている様子を見たときにも，まるで自分が痛みを経験しているかのように，こうした部位は活動する．さらに，その活動の度合いは「それが誰の痛みであるのか」によっても左右される．

　この点について，シンガーらは順序つきの囚人のジレンマゲームを用いた興味深い研究を行っている（Singer et al., 2006）．参加者は常に，相手の選択を知らされずに先に決定する第一プレーヤーとしてゲームに参加する．参加者の決定内容を知った上で自分の選択をする第二プレーヤーは2人いるが，いずれも実験協力者であり，片方は参加者の信頼に応えるが，もう片方はそれを裏切るよう行動する．ゲーム終了後，参加者は痛みに関する別の実験という教示のもとに引き続き参加し，先ほどのゲームの相手が手に痛み刺激を受けているのを見る．このときの脳活動を計測すると，信頼に応えてくれた相手が痛みを感じているときには痛みや共感にかかわる部位が活動したのに対し，信頼を裏切った相手が痛みを感じていても活動は生じなかった．そればかりか，報酬にかかわる部位が賦活しており，裏切り者が苦痛にさらされることに快を感じていることが示唆された．この結果は，一般に女性に比べて共感性が低いとされる男性参加者でのみ見られたものだが，人が感じる快や不快が相手の行動によって変わる，という社会的選好

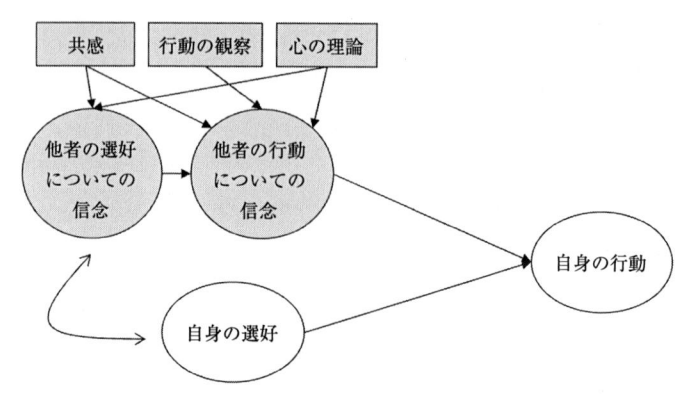

図10.3 シンガーによる行動決定モデル（Singer 2009より作成）

のモデルを，神経活動という点から裏づける結果となっている．

こうしたことを踏まえ，シンガーは，図10.3のような社会的意思決定における行動予測モデルを提案している（Singer, 2009）．ここでは，相互協力を求め，不公正を拒むというわれわれの行動が，感情的な共感と，認知的な意図の推論の2つの過程に支えられると考えている．

合理的経済人を前提とした伝統的なゲーム理論では，行動の決定因は自身の選好のみであった．しかし，われわれの選好は，他者の選好や行動についての信念にも影響を受ける．他者という不確実性に対処することは，社会的生物である人間に課された重要な適応課題である．行動的ゲーム理論は，この不確実性への対処を視野に入れることで，人の心がどのようにこれを解いているのかを明らかにする研究枠組みを提供した．共感や心の理論が，公正さや利他性といった人間の社会性を形作るうえでどうかかわるのか，さらなる研究の発展が期待される．

―――― コラム8 ●神経経済学 ――――

近年，社会的・経済的な判断や意思決定にともなう心の動きを，その神経基盤とのかかわりから探ろうとする研究が盛んになっている．最近ではこうした研究領域を「神経経済学（neuroeconomics）」とよぶことも増えてきた．

こうしたアプローチが開く1つの可能性として，利得や損失にともなう主観的効用を，報酬に対する神経活動として測定できることがあげられる．人が報酬を予期したり，実際に受け取ったりする際には，脳の奥に位置するいくつかの部位が活動することが知られている．その代表的なものが線条体（striatum）である．大脳の基底部には，尾状核（caudate），被殻（putamen），側坐核（nucleus accumbens）

3. 他者を考慮する心

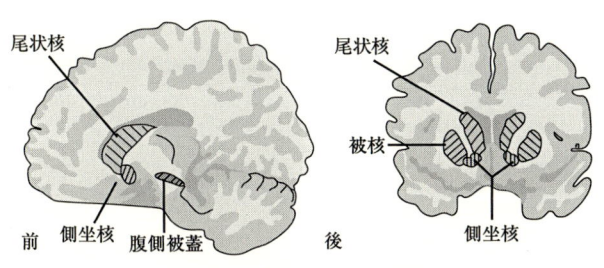

図10.4 報酬にかかわる脳部位

などの核があるが（図10.4），線条体は，このうちの被殻，尾状核などをさす（側坐核を含む場合もある）．人が報酬を受け取ると，中脳の腹側被蓋という部位からドーパミンという神経伝達物質が放出され，線条体の側坐核や尾状核はその投射を受けて活動する．情報はそこからさらに眼窩前頭皮質（orbitofrontal cortex）などに伝わっていく．本章で紹介した研究は，他者と協力しあったり，寄付をしたりするときにもこのような脳活動が生じることを見出しており，利他行動が人に心理的に報酬をもたらしていることを示している．

逆に，苦痛や不快を感じたときに活動することが知られているのが，島皮質（insula）や扁桃体（amygdala）である（図10.5）．島皮質は，前頭葉と側頭葉の境目の奥に位置しており，身体的な痛みや，嫌悪と関連した刺激に対して反応する．扁桃体は尾状核の先に位置しており，外部刺激の快・不快レベルを判断したり，危険・不快・脅威などに反応して回避反応をとらせたりする働きがよく知られている．においや食べ物などへの反応だけでなく，他者の表情などの社会的信号の読み取りとも深いかかわりが指摘される部位でもある．本章で紹介した，不公正な提案に対して島皮質前部が活動するという知見は，人が結果としての利得だけでなく不公正という社会的刺激に対してもネガティブに反応することを示している．

こうした利他行動や不公正に対する反応は，人を相手とした場合に強く見られる．人間とコンピュータを相手として，同じ利得構造をもつ状況での意思決定を比

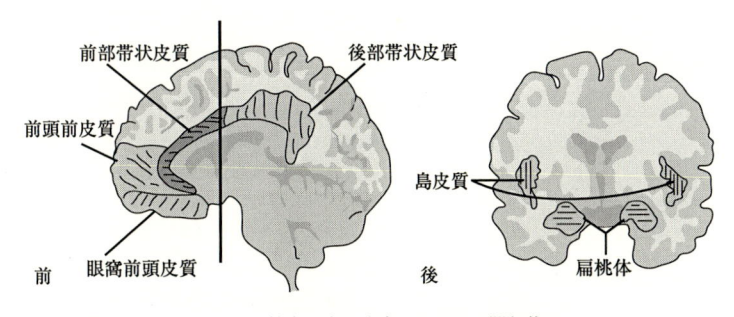

図10.5 社会的意思決定にかかわる脳部位

較した研究では，相手が人間のときに強く活動する部位が他にも報告されている (Gallagher, et al., 2002; McCabe et al., 2001; Rilling et al., 2004; Sanfey et al., 2003). 多くの研究で共通しているのは，内側前頭前皮質（medial prefrontal cortex）や眼窩前頭皮質などの前頭葉の内側部から底部にかけての領域と，前部帯状皮質（anterior cingulate cortex）などの帯状回周辺の領域（図10.5）である．これらは心の理論の神経学的基盤と考えられる部位と一致しており，人が他人を相手に決定するときに，より洗練された高度な推論を行っている可能性を示している．

前頭葉内側部は，社会的・感情的な出来事を表象することにかかわり，登場人物の心的状態の理解が必要なマンガや物語の理解などに関連して活動する（Adolphs, 2003）．同時に長期的な目標を考慮したり，将来の計画を立てたり，個々の認知的機能を上位の行動に向けて統合したりすることにも広くかかわっている．また，「多くの人の命を救うために一人を犠牲にするか」などの道徳にかかわる課題でも活動が見られることが明らかになっている（Moll et al., 2005）．帯状回近傍については，とくに前部は，前頭葉内側部と同様に登場人物の内面を推測するときに活動する（Gallagher et al., 2000）ほか，他者が痛みを感じている様子を見たときにも活動し，共感性が高い人ほど活動レベルも高いことがわかっている（Singer, 2009）．

また，信頼ゲームを用いた研究では，「自分が反応を決める場面」では帯状皮質の中央部が，「相手の反応がわかる場面」では帯状皮質の前部と後部が特徴的に活動することが報告されている（Tomlin et al., 2006）．これは帯状皮質が「出来事を引き起こすのが自分か他人か」を単純にコード化するのにかかわっている可能性を示しており，心の理論に障害があるとされる高機能自閉症者では，このうちの「自分が反応を決める場面」の活動が低いことも報告されている（Chiu et al., 2008）．

しかし，心の理論とのかかわりは，側頭葉など他の部位でも指摘されている．これらの領域がたがいにどのように連携して社会的意思決定に影響しているのかについては，盛んに研究が進められている最中であり，現時点でははっきりとはわかっていない．

文献

Abbink, K., Irlenbusch, B., & Renner, E. (2000). The moonlighting game: An experimental study on reciprocity and retribution. *Journal of Economic Behavior & Organization*, **42**, 265–277.

Adolphs, R. (2003). Cognitive neuroscience of human social behavior. *Nature Reviews Neuroscience*, **4**, 165–178.

Baron-Cohen, S., Leslie, A. M., & Frith, U. (1985). Does the autistic child have a "theory of mind"? *Cognition*, **21**(1), 37–46.

Blount, S. (1995). When social outcomes aren't fair: The effect of causal attributions on preferences. *Organizational Behavior and Human Decision Processes*, **63**(2), 131–144.

Bosman, R., Sutterb, M., & van Winden, F. (2005). The impact of real effort and emotions in the power-to-take game. *Journal of Economic Psychology*, **26**(3), 407–429.

Bosman, R., & van Winden, F. (2002). Emotional hazard in a power-to-take experiment. *The Economic Journal*, **112**(476), 147–169.

Camerer, C. F. (2003). Dictator, ultimatum, and trust game. In C. F. Camerer (Ed.), *Behavioral game theory: Experiments in strategic interaction*. Princeton: Princeton University Press. pp. 43–117.

Chiu, P. H., Kayali, M. A., Kishida, K. T., Tomlin, D., Klinger, L. G., Klinger, M. R., & Montague, P. R. (2008). Self responses along cingulate cortex reveal quantitative neural phenotype for high-functioning autism. *Neuron*, **57**(3), 463–473.

Cox, J. C., Sadiraj, K., & Sadiraj, V. (2008). Implications of trust, fear, and reciprocity for modeling economic behavior. *Experimental Economics*, **11**(1), 1–24.

de Quervain, D. J. F., Fischbacher, U., Treyer, V., Schellhammer, M., Schnyder, U., Buck, A. & Fehr, E. (2004). The neural basis of altruistic punishment. *Science*, **305**(5688), 1254–1258.

Falk, A., Fehr, E., & Fischbacher, U. (2000). Informal sanctions. *IEER Working Paper*, **59**, Available at SSRN: http://ssrn.com/abstract=245568 or DOI: 245510.242139/ssrn. 245568.

Falk, A., Fehr, E., & Fischbacher, U. (2003). On the nature of fair behavior. *Economic Inquiry*, **41**(1), 20–26.

Fehr, E., Kirchsteiger, G., & Riedl, A. (1993). Does fairness prevent market clearing? An experimental investigation. *The Quarterly Journal of Economics*, **108**(2), 437–459.

Fehr, E., & Schmidt, K., M. (2006). The economics of fairness, reciprocity and altruism: Experimental evidence and new theories. In S. C. Kolm & J. M. Ythier (Eds.), *Handbook of the economics of giving, altruism and reciprocity* . Vol. 1. North-Holland: Elsevier. pp. 615–691.

Gallagher, H.L. & Frith, C.D. (2003). Functional imaging of 'theory of mind.' *Trends of Cognitive Sciences*, **7**, 77–83.

Gallagher, H.L., Jack, A.I., Roepstorff, A. & Frith, C.D. (2002). Imaging the intentional stance in a competitive game. *Neuroimage*, **16**, 814–821.

Harbaugh, W. T., Mayr, U., & Burghart, D. R. (2007). Neural responses to taxation and voluntary giving reveal motives for charitable donations. *Science*, **316**(5831), 1622–1625.

Henrich, J., Boyd, R., Bowles, S., Camerer, C., Fehr, E., & Gintis, H. (Eds.). (2004). *Foundations of human sociality: Economic experiments and ethnographic evidence from fifteen small-scale societies*. New York: Oxford University Press.

Jensen, K., Call, J., & Tomasello, M. (2007). Chimpanzees are rational maximizers in an ultimatum game. *Science*, **318**(5847), 107–109.

Kagel, J. H., Kimb, C., & Moserb, D. (1996). Fairness in ultimatum games with asymmetric information and asymmetric payoffs. *Games and Economic Behavior*, **13**(1), 100–110.

Kolm, S. C., & Ythier, J. M. (2006). *Handbook of the economics of giving, altruism and reciprocity*. 1st ed. Vol. 1. North-Holland: Elsevier.

Ledyard, J. O. (1995). Public goods: A survey of experimental research. In J. H. Kagel & A. E. Roth (Eds.), *The handbook of experimental economics*. Princeton: Princeton University Press. pp. 111–194.

McCabe, K. A., Houser, D., Ryan, L., Smith, V. L., & Trouard, T. (2001). A functional imaging study of cooperation in two-person reciprocal exchange. *Proceedings of the National Academy of Sciences of the United States of America*, **98**(20), 11832–11835.

McCabe, K. A., Rigdon, M. L., & Smith, V. L. (2003). Positive reciprocity and intentions in trust games. *Journal of Economic Behavior & Organization*, **52**(2), 267–275.
Moll, J. Zahn, R., de Oliveira-Souza, R., Krueger, F., & Grafman, J. (2005). The neural basis of human moral cognition. *Nature Reviews Neuroscience*. **6**, 799–809.
Mori, K., & Yukihiro, R. (2009). Autistic children are not rational maximizer: Bargaining behavior in children with autistic spectrum disorders. *Manuscript* submifled for publication.
Premack, D., & Woodruff, G. (1978). Does the chimpanzee have a theory of mind? *Behavioral and Brain Sciences*, **1**(4), 515–526.
Pruitt, D. G., & J Kimmel, M. (1977). Twenty years of experimental gaming: Critique, synthesis, and suggestions for the future. *Annual Review of Psychology*, **28**, 363–392.
Rilling, J. K., Gutman, D. A., Zeh, T. R., Pagnoni, G., Berns, G. S., & Kilts, C. D. (2002). A neural basis for social cooperation. *Neuron*, **35**(2), 395–405.
Rilling, J. K., Sanfey, A. G., Aronson, J. A., Nystrom, L. E., & Cohen, J. D. (2004). The neural correlates of theory of mind within interpersonal interactions. *Neuroimage*, **22**, 1694–1703.
Sally, D., & Hill, E. (2006). The development of interpersonal strategy: Autism, theory-of-mind, cooperation and fairness. *Journal of Economic Psychology*, **27**(1), 73–97.
Sanfey, A. G., Rilling, J. K., Aronson, J. A., Nystrom, L. E., & Cohen, J. D. (2003). The neural basis of economic decision-making in the ultimatum game. *Science*, **300**(5626), 1755–1758.
Singer, T., Seymour, B., O'Doherty, J. P., Stephan, K. S., Dolan, R. J., & Frith, C. D. (2006). Empathic neural responses are modulated by the perceived fairness of others. *Nature*, **439**, 466–469.
Singer, T. (2009). Understanding others: Brain mechanisms of theory of mind and empathy. In P. W. Glimcher, C. F. Camerer, E. Fehr & R. A. Poldrack (Eds.), *Neuroeconomics: Decision making and the brain*. London: Academic Press.
Singer, T., Seymour, B., O'Doherty, J. P., Stephan, K. E., Dolan, R. J., & Frith, C. D. (2006). Empathic neural responses are modulated by the perceived fairness of others. *Nature*, **439**, 466.
Spitzer, M., Fischbacher, U., Herrnberger, B., Gron, G., & Fehr, E. (2007). The Neural signature of social norm compliance. *Neuron*, **56**(1), 185–196,
Tomlin, D, Kayali, M. A., King-Casas, B., Anen, C., Camerer, C. F., Quartz, S. R., Montague, P. R. (2006). Agent-specific responses in the cingulate cortex during economic exchange. *Science*, **312**, 1047–1050.
van't Wout, M., Kahn, R. S., Sanfey, A. G., & Aleman, A. (2006). Affective state and decision-making in the Ultimatum Game. *Experimental Brain Research*, **169**(4), 564–568.
Xiao, E., & Houser, D. (2005). Emotion expression in human punishment behavior. *Proceedings of the National Academy of Sciences of the United States of America*, **102**(20), 7398–7401.

第11章

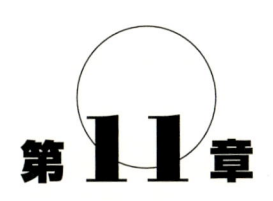

意思決定以前の選択から考える

坂上貴之

　本書では，広く「選択」の問題を取り扱ってきた．しかしあるものを選択するということはどういうことなのだろう．人間はよく好きなものを選択肢から選ぶといわれる．そして「好き」を測ったり理解したりするために，それを「選好」という言葉におきかえて，「選好度」や「選好の形成」を論じたりする．

　だが，これまで見たこともないさまざまな選択肢がたくさん並んでいたり，同じ選択肢ばかりがたくさん集まっていていたり，さらには選びたいものが見つからなかったりする場合に，それでも人間はなんらかの選好によって，選択肢のどれかを選ぶのだろうか．それとも何か別の方法で選択するのだろうか．ここでは，こうした問題を検討してみよう．

1. 同一物間選択

　同一物間選択（identical options）とは，等価な価値をもった複数の選択肢から1つの選択肢を選ぶ場面をいう．たとえば，スーパーマーケットで，同じ品物が陳列されている棚から1つの品物を選択する場合や，目的地まで等価なルートが複数あるとき，そこから1つのルートを選択する場合などである．このような場合，「両端のどちらか一方」といった偏った選択肢を選ばないとか，「行けるところまで進んでから曲がるようなルート」を好むとかいった，ある特定の選択行動が現れることがわかっている（Christenfeld, 1995）．

> **a. 同一物間選択**（Christenfeld, 1995）
> **第1実験：スーパーマーケットにおける商品選択**
> 　南カリフォルニアの4店舗のスーパーマーケットを対象に，各店舗で最低3列に

陳列されている同一種の商品を2週間にわたって調査した．補充係は買い物客が品物をとるとすぐに補充をするので，データは最後に補充してからある品物を客がとったかどうかについて見た．

買い物客は，40商品中37商品を第1列と最終列の両端を避けて，中央の場所から選んでいた．40商品のすべてをまとめた表11.1を見る限り，棚にいくつ並ぼうが両端は避けられている．

表11.1 スーパーマーケットに陳列された同一の品物の各列からの購買数 (Christenfeld, 1995) 陳列数ごとに分けて記載してある．

品物が選択された列の場所	陳列数					
	3	4	5	6	7	8
1	65	44	5	11	4	2
2	147	83	4	15	9	5
3	71	75	10	15	6	3
4		22	6	8	4	2
5			6	11	3	3
6				10	3	3
7					1	3
8						2
観察対象となった商品の種類	20	13	2	3	1	1
両端からの実際の選択 (%)	48	29	35	30	17	17
両端からの選択の期待値 (%)	67	50	40	33	29	25

第2実験：公衆トイレにおけるトイレットペーパーの選択

海岸にある男性用公衆トイレで実験が行われた．男性用には4つの同じ個室があり，各個室には4つの同じトイレットペーパーのホルダーが付いている．表11.2で個室Aというのが一番出入り口に近い側で，ホルダーは利用者の右手側に真横に並んでいる．雇われた警備員が10週間にわたって1週に1回ロールを交換した．

表11.2 10日分の調査で必要だった4つの個室の各々にある4つのトイレットペーパーホルダーでのロールの交換数 (Christenfeld, 1995)

個室	ホルダー				割合 (%)
	1	2	3	4	
A	5	7	4	3	22
B	5	9	9	4	31
C	5	6	8	6	29
D	2	6	4	3	17
割合 (%)	20	33	29	19	100

注) 個室記号 (A〜D) およびホルダー番号 (1〜4) は並び順を表す．

そのデータは表11.2である．個室の位置，ホルダーの位置，この2つについて利用者は明らかに中心部への選好を示している．
第3実験：同一図形からの選択
　220人の学部生を対象に，1ページの質問紙に書いてある一列の3つの円の1つに，「×印を書き込む」，ないしは「4つの×印から1つを選んで丸で囲む」ことが求められた．表11.3にあるように，ここでも両端は避けられ，中心部に印がつけられている．

表11.3 3ないし4個の同一選択肢からの選択数（Christenfeld, 1995）

	並んでる項目	
選択	3つの○印	4つの×印
1	10	37
2	23	85
3	9	42
4		14
両端からの選択の割合（％）	45	29
期待値（％）	66	50

　第1実験の結果では，確かに「両端」からの商品選択が避けられている．しかし買い物客は中心部の列が入れ替えられるのが速いということを知っていて，新しい製品を手に入れるべく中心部の列から選んでいるのかもしれない．したがって，そのような入れ替えのスピードが速いということ，いいかえれば「新鮮さ」が問題にならない場面を考慮したのが第2実験である．この場合でも，あきらかに中心部に選好が示されていた．ただこの実験でも，わずかな便利さの違いが選好の中心化傾向として現れたという批判があるかもしれない．続く，第3実験ではその点も避けるために，まったく同じものが単に並べられた．そしてここでも，明らかに両端は避けられ，中心部に印が多かったのである．
　彼の研究での知見は，別のフィールドでも確認されている（かこみb．参照）．

b．行列上に配置されたくじ（増田・坂上・井上・鎌倉，1995など）
　この実験で用いられた選択場面では，縦5行，横4列からなる行列状に配置された20個のくじが，左右一組ずつ合計40個用意されていた．実験参加者は，①左右どちらかの組から1個だけ選択する，②どちらかから10個選択する，③両方から合わせて10個選択する，という3つの条件のいずれかにさらされた．すべての条件でのくじの期待値は，等しくなるよう調整されていた．

192　第11章　意思決定以前の選択から考える

　左右2つの組では当たり確率と当たり金額が異なっており（片方は低い当たり確率だが高い当たり金額，もう一方は高い確率だが低い金額），この実験の本来の目的は，上の3種類の選択条件のもとで，どちらの選択場面が選ばれるのかを調べるものであった．しかし，そこでの選択結果を再分析すれば，参加者が5×4の行列のどこを一番先に選んだかを知ることができる．すべての参加者の第1回目の選択だけを使ったが，左右両方から選べる条件③については，一方から他方に切り替えた最初の選択も第1回目の選択として記録された．ただしこの条件の参加者で，左右どちらか一方の組からしか選ばなかった参加者のデータは分析からはずした．3つの条件でほぼ同一の結果が得られたため，すべての条件をプールした結果（123例）をまとめたのが図11.1である．

　この図から，下2行はほとんど選ばれず，左右ともに中心により近い側の上半分に反応が集中したこと，とくに左から2〜3列目，上から2〜3行目の，たった4ヵ所に全選択の約63％（78例）が集中すること，がわかった．つまり，行列状に配置されたくじを選択する場面では，第1回目に，行列下部のくじはめったに選択されず，中央少し上の領域からくじを選択するのである．

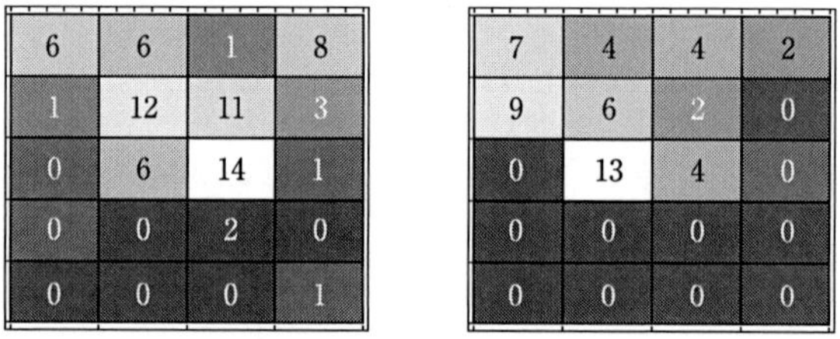

6	6	1	8
1	12	11	3
0	6	14	1
0	0	2	0
0	0	0	1

7	4	4	2
9	6	2	0
0	13	4	0
0	0	0	0
0	0	0	0

図11.1　5行4列2面に配列されたくじからの第1回目の選択場所とその選択数
色が明るいほど多くの選択が集まっていることを示している．

　しかし，アタリらによれば，複数回の選択を許した場合には少し異なる結果が得られるという（Attali & Bar-Hillel, 2003）．彼らはフォークの研究（Falk, 1975）をまとめ，くじ引きのように考えて10×10のセルよりなる行列に10個印をつけることを求めたところ，行列の縁の部分は，上の研究のようにほとんど選ばれないという共通の結果が得られた（中央値は2で，ランダムに選ばれた場合のほぼ半分の値）が，中心領域もそれほど選好されなかったと報告している．さらに彼らは，5×5の行列に3個印をつける実験（Ayton & Falk, 1995）でも，さまざまな教示の下で縁の部分が避けられる一方，ちょうど真ん中のセルも避けられていたと述べている．そして四隅と真ん中のセルを取り除くと，縁の部分に比べ内側

部分にさらに多くの選好が見られたという．このような嫌エッジ傾向（edge aversion）については，後に再びふれたいと思う．

同一物間での，こうした特徴的な選択行動を説明するのに，クリステンフェルドは「心的努力（mental effort）の最小化」という考え方を提案している．つまり，忙しい買い物客は同じものから1つを選ぶのに，できるだけ手間をかけないようにしているのだというのである．しかしその一方で，スーパーマーケットの事例で見てきたように，製造年月日の古いものほど端のほうに寄せられていることを経験した買い物客は，「生活の知恵」として次第に中心部を選択するようになったのかもしれない．残念ながらこれだけの証拠からは，この2つを区別することも，またこれ以外の理由を考えることもできない．

2. 反応バイアス：選ばれやすい内容の選択肢

同一物間選択では，同一物で構成された複数の選択肢の場所に注目した．選択肢がすべて異なるような場面で選択がなされるが，選択肢についての質問そのものがなかったり，選ぶべき回答とは無関係であるような場合には，どんな選択が行われるのであろう．いいかえれば，選択肢そのものに選ばれやすさといったものはあるのだろうか．

葛谷（1958）は「非組織的な」テスト場面で，反応がどのように歪むかを大学生を用いて調べた．

c.「非組織的な」テストでの反応傾向（葛谷，1958）
　まず30問ある質問の解答用に，一行に10個ずつ3行にわたって質問番号を印刷した紙を配り，次のような教示が与えられる．
　　「これからお願いするのは皆さんにどんな質問であるかわからないとき，どのような答えをするか見ようとするごく簡単なテストです．私が第1問といったら，ある質問が出されたのだと思ってください．次に私のほうで，その答えを2つ乃至4つ皆さんに示しますから，その中でこれが一番正しいと思うものを1つだけ選んでその紙の番号の右横に書き込んでください．（後略）」
　つまり「非組織的な」テスト場面というのは，実際には何も問われず，ただ選択肢だけが与えられて，そこから1つを選ぶ場面である．
　選択肢の中には「第1-第2-第3」や「はい-いいえ-わからぬ」といった3選択

肢のものや,「1-2-3-4」や,「A-B-C-D」といった4選択肢のものがあり,これを
この項目順に提示したり,逆順に提示したりした.

　ここでは,それらの結果についてだけを見ることにしよう.「第1-第2-第3」
では「第1」に50～60%,「第2」に10～15%,「第3」に25～35%強の選択
があり,選択肢の並べ方には依存していない.葛谷の論文で比較対象としてあげ
られていた海外での同様な研究（Berg & Rapaport, 1954；以降BRで表す）の結
果も位置には依存していないが,「第1」「第2」「第3」の順となっている.「は
い-いいえ-わからぬ」では,「はい」に50%以上の選択が集まり,残り2つで
16～26%を分け合っている.BRでも「はい」に50%前後の選択がなされてい
て,やはり位置とは関係がない.
　ところが,4選択肢では国内と国外とでやや結果が異なる.BRでは「1-2-3-
4」において,真ん中の2と3に70%強の選択が集まっているのに対して,葛谷
ではこの領域に対して45～55%強の選択しかなく,位置への依存はとくに見ら
れない.「A-B-C-D」ではBRで約65%が中央の2つに集まっているのに対し,
葛谷ではそのような位置へのバイアスは見られず,Aに対して50～60%近い選
択が集まっている.
　このような現象は,反応のある種の測定場面に現れる個人や状況に依存した反
応様式と考えられ,反応バイアス（response bias）や反応傾向（response set）
（Cronbach, 1946）といった用語が当てられており,また質問内容とはあまり関
係なく回答するような場合には反応スタイル（response style）とよばれること
もある（志堂寺, 1999）.もともとこれらの現象は,知覚研究や,感覚刺激とそ
の反応間の関数関係を取り扱う心理物理学で問題となっていた（Gescheider,
1997）.したがって「信号強度以外の要因で決定される,他の反応よりもある反
応を選好する観察者の傾向」を矯正するさまざまな手続きがこの領域で発達して
いく.
　しかしその一方で,リカート型の質問形式（たとえば,「否定する-どちらかと
いえば否定する-どちらでもない-どちらかといえば肯定する-肯定する」といっ
た5項目からなる順序性をもった尺度への反応を求める形式）において,多くの
回答者が中央の「どちらでもない」を選択してしまう中心化の傾向や,質問紙調
査（一般にいうアンケート調査）の質問項目において,社会的基準に照らして望
ましい回答や肯定的な回答をする傾向も反応バイアスの1つと考えられている.

これらについても種々の矯正の試みが提案されており，中心化傾向を避けるために項目数を増やしたり，偶数にしたりすることなどの効果が検討されてきた．

さて話を葛谷とBRの研究に戻すと，その結果では，3つの選択肢の場合には回答する選択肢の意味内容に対して強いバイアスが観察された．しかし4つの選択肢の場面では，BRで観察されていた強い位置に関するバイアスが，葛谷では観察されないという食い違いが生じた．この違いを簡単に説明できる仮説はないが，葛谷で得られた各選択肢でのほぼ同数の選択は，意味内容でのバイアスと位置バイアスとの相殺の結果と解釈できるかもしれない．なぜなら，葛谷の対象者たちはこれまで「第1」とか「はい」といったポジティブな項目に多くの選択を行っており，これがそのまま4選択肢の場面での傾向となっていたとすれば，「1」や「A」にもっと高い選択割合があってもおかしくないからである．いずれにしろ，このような「非組織的な」テスト場面では，回答者は選択肢の言語的な内容に注目し，同一物間選択場面で見られた位置の効果は弱くなると考えられる．

3. 多肢選択肢問題での選択と正答が置かれた位置

たとえば，5つの選択肢よりなる問題がずらりと50個ばかり並んでいる試験を考えてみよう．これは質問紙調査ではないので，どれかが正答になっているはずである．もちろんよく理解している分野であれば，何かの手がかりを探して正答を見つけることができるだろうが，理解不足だったり，まったくちんぷんかんぷんな分野の試験だったりしたら，私たちはどのように「選ぶ」のであろうか．あるいはそれを作成する側は，どこにその正答を置くのであろうか．この疑問に答えようとしたのがアタリら（Attali & Bar-Hillel, 2003）である．

彼らはまず，「作成する側がどこに正答を置くか」ということから出発した．なぜなら，解答する側については，本当に知識をもっていて選んでいる場合と，推測で選んでいる場合などを区別して考える必要があるからである．

d. 問題作成者側の正答位置（Attali & Bar-Hillel, 2003）
　この作成者側の研究には，400名の学生に4選択肢問題を毎週作らせてカードに記入させそれを分析した，前節でもあげたバーグら（Berg & Rapaport, 1954）の先行研究がある．その結果では，「5.4%-23.7%-57.1%-13.8%」というように正解の

場所が分布するという.

アタリらは同様な試みを，さまざまな属性をもつ125名（平均年齢29歳）を対象に行った．彼らは「自分が答えを知っている4選択肢問題を作ってほしい」と依頼された．その結果，集められた問題の正解があった場所は，「24.8%-32%-32.8%-10.4%」というように分布していた．また65名の知り合いや友人たちに，「人気テレビ番組からの問題を作ってくれ」といってその正解の位置を見たところ，「10.8%-32.3%-46.2%-10.8%」であった．こうして，問題作成者には中心に正解を置く傾向もしくは嫌エッジ傾向があることがわかった．

一方，解答者はどのような選択を行うのだろうか．同様にアタリたちの研究から引用しよう．

e. 解答者側の解答位置（Attali & Bar-Hillel, 2003）

彼らは，前節で述べた非組織的なテストとよく似た，次のような問題を127名の心理学の学部学生に与えた．

「4選択肢の問題が2つあるが，解答する内容（たとえば都市の名前）はなくなっていて今は解答欄だけがある．正解がどこにあるかを推測してほしい．」

実際の問題は，問1「ノルウェーの首都は何？」，問2「オランダの首都は何？」であり，各問の下に「A，B，C，D」の4つの選択項目がただ並んでいるだけだった．69名の学生はこの2問を行い，58名の学生は問1の4項目のどれか1つにすでに○が記されているものを見たうえで問2に答えた．

69名の問1の分布は「10.1%-47.8%-40.6%-1.4%」で，問2の分布は「15.9%-30.4%-37.7%-15.9%」であった．58名の問2の分布は「20.7%-34.5%-37.9%-6.9%」であった．すべてを合わせてみると，およそ70〜80%が中心部のBとCを選択していることになる．

今度は40人のイスラエル人学生に，「日本語の"とぐち"というのはどういう意味か」と質問し，「A. Door B. Window C. Wall D. Floor」から選択させた．この場合は，問題も選択肢もちゃんと与えられているが，解答者はおそらく推測しかできない例であろう．結果は「20%-57.5%-7.5%-15%」でおよそ65%が中心部を選択した．

ここまでの議論は，問題数がたかだか数個の場合の選択傾向についてみたものであった．本格的なテストになるとどうなるのだろうか．たとえばイスラエルのテストとその評価にかかわる国立研究機関が作ったPETとよばれるテストは，他の多くのテストに見られるように，後になるほど問題は難しくなる．したがって終了時間が迫ってくると，残りは適当に，たとえば同じ場所に印をつけるよう

3. 多肢選択肢問題での選択と正答が置かれた位置

になる．最後からさかのぼって同じ場所を選び続けている場合を取り上げ，その連続回数と，選んでいる場所との関係を調べてみると，たとえば回数が4回の場合は64%，10回以上では87%というように，連続回数が長いほど中心部が選択される傾向があった．このような違いは見られるものの，問題数が多い場合には，上述したような中心化の傾向や嫌エッジ傾向は，他の効果と相殺されて見えなくなってしまう．それは，よく作られているテストではそもそも大きな偏りが修正されており，受験者がそれをある程度心得ていれば，自分の選択を別の方略に従って変容してしまう可能性があるからである．

しかしそのような専門家によるテストの作成が，本当に偏りがないかというとそうでもないと彼らは述べている．表11.4には4選択肢もしくは5選択肢のさまざまなテストでの正解の位置の割合が示されているが，中心部へのわずかな偏りが，頑健に観察されることがわかる．しかも彼らの調査によれば，偏りの修正によって，極端にバランスされすぎて（つまり一様分布にあまりに近い形になりすぎて）いるという．

ここでの問いは，問題作成者はどこに正答を置き，正答を導く知識がない人間は多肢選択肢のどこを選ぶか，というものであった．その結果は，同一物間選択

表11.4 さまざまなテストでの正答位置の割合（%）（Attali & Bar-Hillel, 2003）

テスト	問題数	A	B	C	D	E	中央部の%
4選択肢							
PET pilot（1997-1998）	8905	25	26	25	24	–	51
10 Operational PET tests（1997-1998）	1640	25	24	23	27	–	48
Yoel（1999）	2312	24	28	27	21	–	55
Offir & Dinari（1998）	256	20	27	29	24	–	56
Kiddum（1995）	1091	24	26	26	24	–	52
Open University（1998）	258	27	27	25	21	–	52
Gibb（1964）	70	24	34	21	20	–	56
Trivia（1999）	150	23	27	27	23	–	53
SAT（Claman, 1997）	150	29	23	23	25	–	47
5選択肢							
SAT（Claman, 1997）	1130	19	20	22	21	19	63
MPI（1988-1999）	1440	18	22	21	21	18	64
INEPE（1998）	432	18	25	21	19	18	64
GMAT（GMAC, 1992）	402	17	19	23	22	19	64

注）テストの内容の詳しい情報は論文を参照のこと

や反応バイアスの一部で見られたような，中心化傾向，もしくは嫌エッジ傾向が観察されていた．それではいったい人間は中心部を選ぶことが好きなのであろうか，それともエッジ（両端や縁部分）を嫌うのだろうか．すでにあげたいくつかの研究（Falk, 1975; Ayton & Falk, 1995）は，「中心部がいつも選ばれるわけではない」という例を提供している．ただし，これらは行列であるので，一列に並べられたものと同等に考えることはできない．

一方，表11.4の下部にある5選択肢問題での結果からは，「真ん中に正答を置く割合がとくに多いというわけではない」ことがわかる．しかしこれも表11.1のように，1列に置く同一物の数が7つ以上になってくると，やはり真ん中が極端に選好されないという事実から，行列での場合も含め，選択肢の数に影響されるのかもしれない．アタリらは，これらのことから自分たちの論文では中心化傾向と嫌エッジ傾向の2つをとくに区別しないで用いるとしている．この2つを厳密に分析する研究は，今後に待たねばならない．

4. 異質選択肢がある多肢選択肢問題

前節と同じような多肢選択肢問題でも，そこに少数の異質なものがあった場合にはどのような選択が起こるのだろうか．こうした問題を直接取り扱った実験はほとんどないが，期せずして異質なものを選択肢の1つとして取り入れた研究がいくつかある．

ルービンスタインら（Rubinstein, Tversky, & Heller, 1996）は，一方が宝を隠す役，もう一方が宝を探す役となって競う宝探しゲームを使い，どこに宝を隠すのかを調べた．

f. 宝探しゲーム（Rubinstein et al., 1996）
参加者は代わる代わる隠し役と探し役に別れ，図11.2に示すような6セットの選択肢のどこかに隠し役は宝を隠し，探し役は隠れていそうな選択肢を推測する．見つければ探し役の勝ち，そうでなければ隠し役の勝ちとなり，勝者は10ドルを得ることができると教示された．

図11.2にあるとおり，下線が引いてあるものが異質な選択肢となっている．6問中3つ（1, 3, 5）が選択肢に図形を用い，3つ（2, 4, 6）が言語を用いている．また異質な選択肢に正（5, 6），負（2, 3），中性（1, 4）のものが用いられているものがそれぞれ2つずつある（このセット自体に中心化傾向がある点は興味深い）．

4. 異質選択肢がある多肢選択肢問題

探し役62例，隠し役53例での選択の割合の結果を表11.5に示した．太字下線で示したのが異質な選択肢である．探し役，隠し役の両方で端を選んだ割合は平均すると30%にすぎず，今まで述べてきた中心化-嫌エッジ傾向を同じように示しているといえる．また，この傾向は異質選択肢が置かれた位置に大きく影響されているようには見えない．

(1) 顔 顔 顔 顔
(2) polite rude honest friendly
(3) 顔 顔 顔 顔 顔
(4) A B A A
(5) 顔 顔 顔 顔
(6) hate detest love dislike

図11.2 実験で用いられた質問セット（Rubinstein et al, 1996）
異質選択肢は点線で示してある．

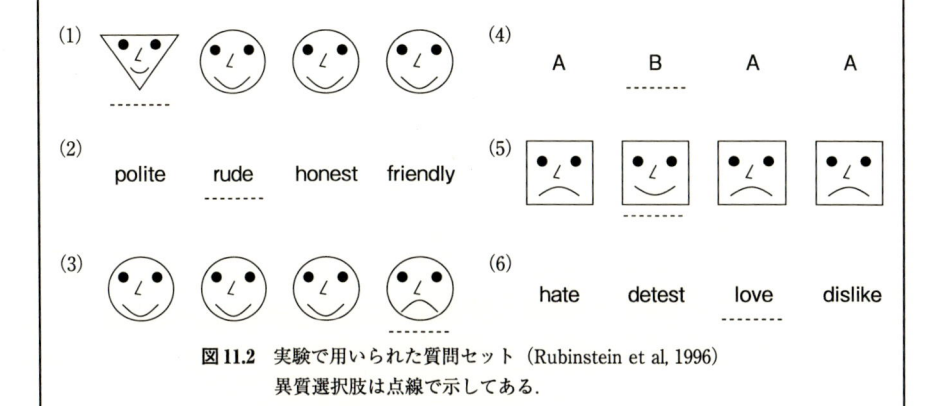

表11.5 各6つのセットで選択した選択肢の位置の割合（Rubinstein et al., 1996）
（左：探し役，右：隠し役）

セット＼位置	1		2		3		4	
1	**29**	**23**	24	23	42	43	5	11
2	8	15	**40**	**26**	40	51	11	8
3	7	21	25	26	34	34	**34**	**19**
4	13	9	**31**	**36**	45	40	11	15
5	16	15	**55**	**40**	21	34	8	11
6	20	11	21	23	**55**	**38**	14	28
平均	15.5	15.7	32.7	29.0	39.5	40.0	13.8	15.3

注）太字下線は異質選択肢を表す

103名の参加者を用いた追加実験では，4つの選択肢がまったく同じなもの3つと，「南・東・北・西」のように選択肢は違うが異質なものを含まないもの3つの計6セットからなるもので，同様なゲームを行った．このゲームでも前ほどではないものの嫌エッジ傾向が観察され，探し役で36%，隠し役で43%しか端を選んでいなかった．各セットでの結果が述べられていないので推測の域を出な

いが，嫌エッジ傾向が弱くなったのは，「南・東・北・西」といった選択肢がもつ反応バイアスの効果の可能性がある．

ショウら（Shaw et al., 2000）はクリステンフェルドの「心的努力の最小化」の仮説を確かめる3つの実験を行っている．その第2実験では対称性（symmetry）の選好によって中心化傾向を説明できるかを検討した．

75人の学部学生（3分の1男性，3分の2女性）は，その目の前に3つの椅子が等しい間隔で並んでいるのを見る．25人ずつ振り分けられた3条件があり，空席条件では3つの椅子には何もなく，左席条件では左の椅子に，右席条件では右の椅子に学生のザックが置いてある．もし質問が出たら，「前の実験で参加者が間違えておきっぱなしにした」と言うが，それ以外は何も言わない．すべての条件で「楽に調査ができるよう好きな席に座ってほしい」と言われ，その後，テレビ視聴の習慣についての短い調査が行われる．「心的努力最小化」では中央の椅子がどの条件でも選ばれる一方，「対称性選好」では空席条件で中央の椅子が，そのほかの条件ではザックと対称になる場所に座るという予想であった．結果は空席条件で「左-中央-右」の順に「8%-76%-16%」，左席条件で「0%-68%-32%」，右席条件で「32%-68%-0%」となり一貫して中央の椅子が選ばれ，「対称性選好」の仮説は棄却された．

最後に，坂上・増田（2008）が行った予備実験の結果をあげておこう．

g. 国旗クイズ（坂上・増田，2008）

この予備実験では，心理学研究室の関係者（教員，大学院生，学部生），複数の大学の学部学生計90名の参加者（18～60歳，平均24歳で女性48人，男性42人）を対象に，国旗を用いたクイズ形式で行われた．クイズは6問からなり，タイ王国，アイルランド，スリナム共和国，エリトリア国，バルバドス，キューバ共和国それぞれの国旗に最もよく似ているものを，すぐ下に描かれた5つの小さな国旗の選択肢から選ぶものであった．

タイ，アイルランド，キューバは比較的知名度がある国名，残りは知名度の低い国名として選んだ．第1, 2, 4, 5問の各問に用意されていた5つの国旗のうち，いくつかがよく知られている国旗となっていた（ただしその国旗は正解ではない）．第1問では左右どちらかの端と中央，第2問では左右両端（しかし後の結果で片方のみの国旗が知られていることがわかった），第4問では第1問と逆の側の端と中央，第5問では左右両端にこれらよく知られている国旗が配置され，「異質な」選択肢として準備された．問題の一例を図11.3に示す．

いくつかの問題のバージョンをまとめ，異質選択肢の位置でそろえた結果（各

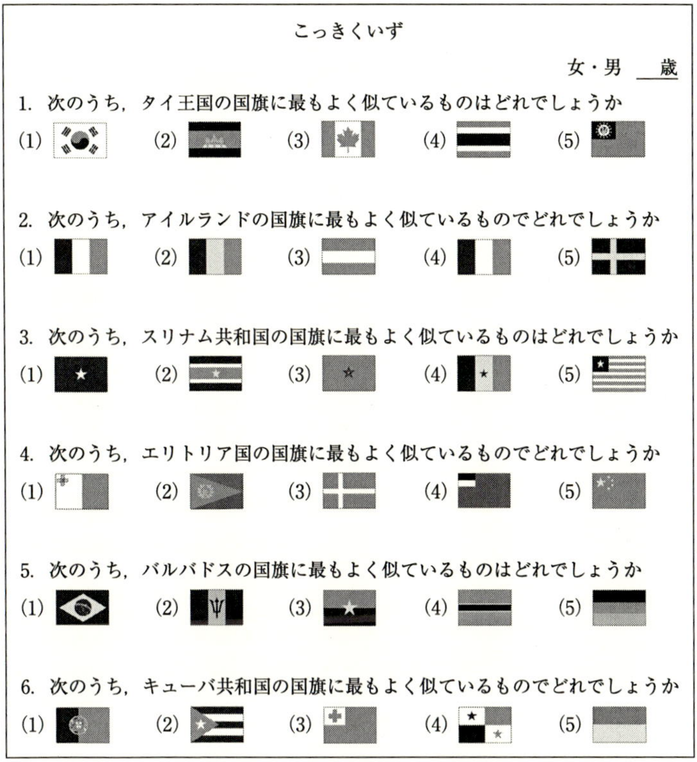

4. 異質選択肢がある多肢選択肢問題

こっきくいず

女・男　　歳

1. 次のうち，タイ王国の国旗に最もよく似ているものはどれでしょうか
   (1) 　　(2) 　　(3) 　　(4) 　　(5)

2. 次のうち，アイルランドの国旗に最もよく似ているものでどれでしょうか
   (1) 　　(2) 　　(3) 　　(4) 　　(5)

3. 次のうち，スリナム共和国の国旗に最もよく似ているものはどれでしょうか
   (1) 　　(2) 　　(3) 　　(4) 　　(5)

4. 次のうち，エリトリア国の国旗に最もよく似ているものでどれでしょうか
   (1) 　　(2) 　　(3) 　　(4) 　　(5)

5. 次のうち，バルバドスの国旗に最もよく似ているものはどれでしょうか
   (1) 　　(2) 　　(3) 　　(4) 　　(5)

6. 次のうち，キューバ共和国の国旗に最もよく似ているものでどれでしょうか
   (1) 　　(2) 　　(3) 　　(4) 　　(5)

図 11.3　国旗を用いた多肢選択肢問題の例

質問＼項目	1	2	3	4	5
1	**<u>1</u>**	13	**<u>1</u>**	15	15
2	**<u>5</u>**	5	6	7	**<u>22</u>**
3	8	14	15	7	1
4	8	18	**<u>2</u>**	16	**<u>1</u>**
5	**<u>1</u>**	22	4	18	**<u>0</u>**
6	15	17	3	5	5

質問＼項目	1	2	3	4	5
1	15	19	**<u>0</u>**	9	**<u>2</u>**
2	**<u>20</u>**	10	11	3	**<u>1</u>**
3	2	8	18	10	7
4	**<u>1</u>**	27	**<u>0</u>**	12	5
5	**<u>0</u>**	24	7	13	**<u>1</u>**
6	4	14	2	11	14

図 11.4　左右対称の異なるバージョンでの国旗を用いた多肢選択問題における選択数
質問は6つのセット（行）よりなり，参加者は5つの項目の国旗のどれかを選択する．太字下線は当初参加者がよく知っていると考えられていた国旗の場所でここでは選択数の減少が観察されるはずであった．

45名ずつ）を図11.4に掲げた．太字下線が異質な選択肢である．

　第2問での選択の分布から，端に置いた国旗はよく知られているもの（スウェーデン王国）と想定して配置されていたが，実際にはこれを間違って選択したものが多く，参加者にはほとんど知られていない国旗であったことがわかる．それ以外についてはよく知られている国旗であることが，低い選択率から読み取れる．この2つの異なるバージョンにおいて共通して観察された結果は以下のとおりである．

　（1）第3問と第6問は異質な選択肢を含まない，逆をいえばどれもまったく知らない（無知性とよんでおく）と考えられる選択肢から構成されていた．予測どおり第3問では強い中心化-嫌エッジ傾向が見られたが，第6問では逆に中心が避けられる傾向が見られた．

　（2）第5問では左右両端に異質選択肢が置かれた．予測ではこれら異質選択肢が単に無視されるだけであれば，両者は等しく両端にあるので，選択は中央に集まると考えられる．しかし結果は中央を避けた選択が観察された．

　（1）の結果については，検討可能な複数回なされた研究結果がほとんど見つからないが，たとえばアタリら（Attali & Bar-Hillel, 2003）の問1「ノルウェーの首都は何？」，問2「オランダの首都は何？」では，問1の88％から問2の68％へと中心化傾向が弱まる結果を見出すことができる．反応バイアスの研究のため，選択肢の項目は問題ごとに異なっているが，バーグら（Berg & Rapaport, 1954）の中心化傾向が見られた4選択肢についてだけ追ってみると，後ろにいくほど同様な中心化傾向の減衰が見られる．坂上・増田（2008）の本実験においても，同様な減衰が確認されている．

　（2）の結果は，組織的な研究が必要な，まったく新しい知見である．なぜならその解明は，（上の結果ともあいまって）こうした同一物間もしくは無知性の選択肢間での選択のメカニズムと深く関連する可能性があるからである．ショウら（Shaw et al., 2000）は，「心的努力の最小化」以外の選択のメカニズムを追及するなかで「注意の焦点の移動」についてふれている．異質選択肢が，もしも注意の焦点を移動させるのになんらかの効果をもつとすれば，そしてここで取り上げているような選択がこの焦点に大きく影響されるとすれば，中央を避けた選択の分布についての1つの説明になるかもしれない．

5. 選択からの逃避：「五分五分」回答

　これまでのトピックは，選択しようとする何かがあらかじめあるが，複数の選択肢間に位置以外の違いがまったくない場合（同一物間選択）や，選択しようとする何かは何も（与えられ）ないが選択肢間には明瞭な違いがある場合（反応バイアスのある選択），選択しようとする何かは与えられても選択肢のどれにそれが相当するかがわからない場合（多肢選択肢問題での選択）を取り扱ってきた．そしてこれらの異なる選択場面にもかかわらず，特別な条件（たとえば反応バイアスや選択のくり返し）が加わらない限り，中心化-嫌エッジ傾向が，どの場面でも頑健に観察されることが示されてきた．しかしこのような傾向は，認知的負荷の軽減や注意の焦点の移動といった「積極的な」選択の方略の1つとしてだけ見ることができるのだろうか．本節では中心化-嫌エッジ傾向のもうひとつの側面，すなわち「消極的な」選択の方略に光を当ててみたい．

　筆者らは，高齢者が示す選択にかかわる特徴ある行動に注目した（増田・坂上・広田，1997）．それは「選択逃避」と名づけられ，「リスク選択肢を含む選択を避けたり，選択自体を行わないことで，現状維持を図る行動」と定義された．この選択逃避を具体的に見ていくために，ワラッハラ（Wallach & Kogan, 1961）によって作成された選択ジレンマ質問票（Choice Dilemma Questionnaire: CDQ）から選んだ以下のような質問を見てみよう．

> **h. 選択ジレンマ質問票の例**（Wallach & Kogan, 1961）
> 　A氏は結婚していて，1人の子供がいる電気技師で，大学を卒業してから5年間，ある大きな電気会社に勤めています．彼には，ほどほどですが十分な給料があり，退職後の年金もついている終身雇用が保証されています．ただし，給料は退職するまで大きく上がりそうにありません．ある集まりでA氏は，新しくできた小さな会社に誘われましたが，その会社の将来は不確実です．新しい仕事では，はじめから今より高い給料がもらえ，その上，もし会社が大手との競争に勝ち抜ければ，会社の所有権の一部を得ることができる可能性があります．あなたがA氏にアドバイスすると考えてみて下さい．以下に，新しい会社が財政的に健全である確率がいくつかあげられています．あなたがA氏に対して，新しい職に移ることを勧められる最低の確率を選んで下さい．
> 　　□会社が財政上健全なのは，10のうち1の見込み

□会社が財政上健全なのは，10のうち3の見込み
□会社が財政上健全なのは，10のうち5の見込み
□会社が財政上健全なのは，10のうち7の見込み
□会社が財政上健全なのは，10のうち9の見込み
□いかなる確率であっても，A氏は新しい仕事につくべきでないと考えるなら，ここを選んで下さい．

(増田ほか，1997, p.458；一部改変)

　ワラッハらはいくつものこうした質問への反応の分析から，高齢者が用心深く，危険を避ける傾向があると考えた．しかしその後，高齢者は，実際には最も保守的な回答，上例では「いかなる確率であっても，A氏は新しい仕事につくべきでないと考えるなら，ここを選んで下さい」という選択肢を選んでいることが多く，それが「用心深い」高齢者像を作っているとの指摘がなされた．つまり高齢者は見込みの高低にかかわらず不確実な選択自体を拒否するために，最も保守的な回答を利用している．増田らは，このような選択逃避が，学習や記憶の心理学実験での課題で高齢者が無回答をする傾向（省略エラーとよばれる）とも関連していると述べている．

　選択逃避は，このようなタイプの質問紙に特有の現象なのだろうか．フィショフら（Fischhoff & Bruine de Bruin, 1999）は，ある事象の確率の推定を求める質問紙への記入の際に現れる「50％」という回答に注目し，これが確率の表明とは異なったものではないかと考えた．たとえば，エイズのリスクについて10代の若者にインタビューすると彼らは「五分五分（"fifty-fifty"）」というが，これは確率ではなく「本当にわからない」ということを意味している．フィショフたちは，このような「自分の信念の状態を表すのにどんな確率を用いたらよいかを知らない状態」を表現する言葉の1つとして，「認識的不確実性（epistemic uncertainty）」を当てている[*1]．

　この種の不確実性は，自分でその確率推定を生み出さなくてはならないような自由回答形式の質問に比べて，明確な選択肢が選べ，「数量的な」思考を求められるような形式の質問の方が，きっと小さくなるに違いない．彼らの実験とその

---

*1 この用語は，安全やリスクの評価にかかわる領域では，自然界に存在するランダム性（aleatory uncertainty）と対比させて「知識や認識にかかわる不確定性」という意味で使われ，科学や認識の発達によって減じることが可能な不確定性として区別されている．したがってここでは誤解を避けるためにこの用語は用いない（p.106の表6.1を参照）．

結果を見てみよう．

> **i. 五分五分（"fifty–fifty"）**（Fischhoff, & Bruine de Bruin, 1999）
> 「予防なしにセックスをしてエイズになる確率は？」「爆弾の脅威でこの1年で少なくとも1回大学が休校になる確率は？」といった問題を4問用意した．そしてその推定が，0～100％の間の数で回答欄に自由回答させる場合（自由回答群）と，両端に0と100のラベルがある101個の目盛り（10おきにやや大きめの目盛りと数字が付いている）があるスケールにチェックを入れることで回答させる場合（スケール群）とで，どう異なるかを比較した．最後に各推定への確信度や問いの明瞭性についての判断を求められた．また参加者の半数には，「まったくわからない」を選ぶことができる機会が与えられた．
> 「まったくわからない」を選ぶことができた参加者120名中の27.5％は，4問中少なくとも1問にこの答えをチェックしていたが，ほとんどが1ないし2問しかこの選択を選ばなかった．また「まったくわからない」を選んだ人数は，自由回答群ではスケール群の約2倍いたが，そこに有意差はなかった（13.9％対7.9％）．
> この「まったくわからない」という選択を除外して，それ以降の分析を行ったところ，すべての問いにおいて50％と答える割合は自由回答群がスケール群よりも大きく，とくに「80代までに，あなたががんになる確率は？」「この1年で部屋や家に誰か侵入して何かを盗む確率は？」の2問で，有意差が観察された（それぞれ「15.9％対5.3％」「13.0％対3.5％」）．

こうしてこの研究からは，仮説どおり自由回答群のほうが50％と回答する割合が高いことがわかったが，自由回答群とスケール群との違いは，本当に明確な選択肢の有無や「数量的な」思考にあるのだろうか．増田ら（Masuda, Sakagami, & Hirota, 2008）は，自由回答を求める質問であってもそこに付加されたわずかな違いが，50％と回答する割合を変化させることを示した．

> **j. 回答例示が選択に与える効果**（Masuda et al., 2008）
> 次のような問題文を用意した．
> 「一生の間に以下のことによってあなたが被害（「怪我」「病気」「財産の喪失」など）にあう可能性はどのくらいあると思いますか．0％が「まったくない」，100％が「必ずある」として，あなたが推測した割合に一番近い数字を □ に記入してください．」（この後に自力で避けられる可能性をきいているが略す．）
> この問題文のあとに，そのまま続けて，「① 自動車，② 食品添加物，③ 暴力犯罪，④ お酒・アルコール，⑤ 原子力発電，⑥ タバコ，⑦ 伝染病，⑧ 飛行機」のそれぞれについて，自由回答を求めるフィショフらと同じような自由回答群と，問

題文のすぐあとに,「例　地震 50 %」という,囲みの中に50という数字を入れた質問に対する回答例を挿入した回答例示群の2つの群を用意した.
　参加者195名の結果では,自由回答群のほうが回答例示群に比べ,自動車とタバコの2つについて有意に50%と答える割合が高かった.また食品添加物,原子力発電,伝染病,飛行機でも有意差はないが,自由回答群のほうが回答例示群よりも50%と答える割合が多く,残りの2つではわずかだが自由回答群のほうが少なかった.

　「五分五分」回答についての研究は,まだほとんど手がつけられたばかりであり,本当にわれわれが考えてきた選択逃避の1つの方略であるかどうかについても,まだ確定したわけではない.そもそもこのような質問紙調査では,かなり以前から中心化-嫌エッジ傾向が認められてきており,この傾向が「五分五分」回答と同じかどうかを検討する研究も,これからぜひ実施される必要がある.しかしながら質問自体に答えることを避けようとする傾向が存在すること,それが50%という形で表現されてしまう可能性は,今後こうした質問紙の設計をする際に,十分考慮すべきであろう.

6. 原始的な選択原理からの出発

　ここでは5つの中心化-嫌エッジ傾向にかかわる現象を紹介した.同一物間選択では,一度に複数個配列された同一物からの選択において,人間が中心化-嫌エッジ傾向を示すことを見た.質問が示されないで,ただ複数の異なる選択肢から選択するときにも,選択肢に固有な反応バイアスによって弱められるものの,レベルのそろった選択肢の場合に対してはこの傾向が示された.多肢選択肢問題の作成者も解答者も同様な強い中心化-嫌エッジ傾向を示す.この傾向は,問題の中に,(反応バイアスが起こりうる)異質な選択肢を入れた場合でさえ,頑健に観察される.しかし,何度も同じような問題を経験すると中心化-嫌エッジ傾向が小さくなっていくことから,その強度の持続性はそれほど高くない可能性がある.さらにこの傾向は質問紙調査の自由回答にも現れ,しかもそれが質問自体からの逃避の方略となっている可能性が指摘された.
　この章のはじめに,「人間はなんらかの選好によって,選択肢のどれかを選ぶのだろうか」という問いかけを行った.極論すれば,遺伝子に書き込まれたなんらかの空間的配置に対してもたらされる選択傾向が,私たちをして中心付近にあ

る選択肢を選ばせているのかもしれない.この選択傾向を「遺伝的」選好とよべば,確かにこの問いは肯定されるのであろう.しかし4節でふれたように,数多くの同質の選択肢に埋め込まれた異質選択肢がもたらす効果はかなり複雑で,それに対応するだけの遺伝的選好を想定することはあまり節約的ではない.選択肢が同一か,あるいはその性質がよく知られていない場合に起こるこの種の選択行動は,他の章で取り扱われた選択行動と異なり,もっと原始的で単純な原理によって支配されているのかもしれない.しかしだからといって,この場面で取り扱われた選択行動が,とるに値しない,研究の価値がないものというわけではない.人間の選択は,どんな場合でも,おそらくこの場面で取り扱われた選択行動からはじまるのだから.

文 献

Attali, Y., & Bar-Hillel, M. (2003). Guess where: The position of correct answers in multiple-choice test items as a psychometric variable. *Journal of Educational Measurement*, **40**, 109-128.

Ayton, P., & Falk, R. (1995). *Subjective randomness in hide-and-seek games.* Paper presented at the 15th biannual conference on Subjective Probability, Utility, and Decision Making, Jerusalem, Israel.

Berg, I. A., & Rapaport, G. M. (1954). Response bias in an unstructured questionnaire. *Journal of Psychology*, **38**, 475-481.

Christenfeld, N. (1995). Choice from identical options. *Psychological Science*, **6**, 50-55.

Cronbach, L. J. (1946). Response sets and test validity. *Educational and Psychological Measurement*, **6**, 475-494.

Falk, R. (1975). *The perception of randomness.* Unpublished doctoral dissertation (in Hebrew, with English abstract), Hebrew University, Jerusalem, Israel.

Fischhoff, B., & Bruine de Bruin, W. (1999). "Fifty-fifty"=50%?. *Journal of Behavioral Decision Making*, **12**, 149-163.

Gescheider, G. A. (1997). *Psychophysics: The fundamentals*, 3rd ed. Mahwah, N.J.: Lawrence Erlbaum Associates.（宮岡徹（監訳）(2002).　心理物理学——方法・理論・応用（上・下） 北大路書房）

葛谷隆正 (1958).　非組織的場面における反応傾向　教育心理学研究, **5**, 102-109.

増田真也・坂上貴之・広田すみれ (1997).　高齢者の意思決定——選択からの逃避　心理学評論, **40**, 457-465.

増田真也・坂上貴之・井上すみれ・鎌倉やよい (1995).　不確実状況における複数回選択の効果 (2) 加齢との関連　日本心理学会第59回大会（沖縄・琉球大学）大会論文集　p. 867.

Masuda, S., Sakagami, T., & Hirota, S. (2008). *How to control epistemic uncertainty "fifty-fifty".* Poster presented at the 29th International Congress of Psychology, Berlin, Germany.

Rubinstein, A., Tversky, A., & Heller, D. (1996). Naive strategies in competitive games. In W. Albers, W. Guth, P. Hmmerstein, B. Moldovanu, & E. Van Damme (Eds), *Understanding strategic interaction.* New York: Springer-Verlag.

坂上貴之・増田真也（2008）．複数の無知性選択肢間でのヒトの選択行動　日本基礎心理学会第27回大会（東北大学）ポスター発表
Shaw, J. I., Bergen, J. E., Brown, C. A., & Gallagher, M. E. (2000). Centrality preferences in choices among similar options. *The Journal of General Psychology*, **127**, 157-164.
志堂寺和則（1999）．反応バイアス／反応傾向　中島義明ほか（編）　心理学辞典　有斐閣
Wallach, M. A., & Kogan, N. (1961). Aspects of judgment and decision making: Interrelationships and changes with age. *Behavioral Science*, **6**, 23-36.

索引

2 AFC 111
401 (K) 61

AHP 164
AUC 59
BDM メカニズム 141, 144
　──の実験 146
COD 14
CS 93
CVM 法 152
DRH 83
DRL 83
FI 80
FR 33, 81
FT 83
O_{max} 42
P_{max} 40
PR 42
SMarT 61
US 93
VI 15
VT 72

%分位点 111

ア　行

曖昧性 5, 105, 129, 130
曖昧性忌避 125, 127
曖昧性選好 128
アカゲザル 82
アジア伝染病問題 160, 162
アセスメント研究 45
アタリ (Attali, Y.) 192
アノマリー 6
アレの逆説 158, 162
安定性 39
安定な結婚問題 142

イェーツ (Yates, J. F.) 121, 131
意思決定 1
意思決定研究 10, 157
異質選択肢 198
1 位価格 153
1 位価格オークション 57
1 次性報酬 63
一般性 39
一般マッチング法則 16, 22
意図 171, 181, 182
因果関係 101
因果帰納 101
インセンティブ中立 5
インセンティブ両立的メカニズム 141
インフレーション（インフレ） 64

ヴィッカレー (Vickrey, W.) 140

エルスバーグ (Ellsberg, D.) 129
エルスバーグのパラドクス 125

応用行動分析 48, 75, 77
オークション 57, 134, 152
贈り物交換ゲーム 175
オペラント条件づけ 9, 70

カ　行

開放経済的実験環境 36, 48
価格 33
価格弾力性 34
確実性幻想 122
確実性等価 144

学習心理学 89
確証バイアス 116
確信事例 97
確率に対する確率 130
確率判断 162
過小マッチング 16
仮想評価法 152
過大マッチング 16
価値 1, 69, 79, 80
　強化子の── 31, 47
価値観数 161
価値指標 84
価値誘発理論 152
価値割引 20
カーネマン (Kahneman, D.) 3, 117, 160
カービー (Kirby, K. N.) 57
株式プレミアム・パズル 60
加法性の公理 126
カメレール (Camerer, C.) 133
眼窩前頭皮質 186
感情 100, 165, 179
完全マッチング 15
　──からの逸脱 16
感度 16

キー暗期 70
ギガレンツァー (Gigerenzer, G.) 118, 166
危険愛好的 145, 158
危険回避的 144, 158
記述的アプローチ 10
記述的決定理論 160
記述的理論 170
基準比率 116
　──の無視 117
期待効用理論 146, 149, 151, 157, 167

期待値 157
キーつつき 74, 79
規範的アプローチ 10
規範的意思決定理論 157
規範的理論 170
逆マッチング 26
客観的確率 105
客観的随伴性 96
客観的不確実性 107
キャリブレーション 104, 109
──における文化差 119
キャリブレーションカーブ 112, 113
──における測度 112
強化 10, 69
──の効果 82
強化子 10, 26, 53, 69, 84, 85
──の価値 31, 47
──の効力 31
強化子間の関係 37
強化真価 47
強化スケジュール 9
強化率 73, 80, 85
共感 183, 184, 186
供給曲線 35
共立スケジュール 74
極限法 55
曲線下面積 59
切り替え反応後強化遅延 14
禁煙 65
近視眼的の損失回避 61
金利 63

偶然的確率 105
クリステンセン（Christensen, C. J.) 47
グリーン（Green, L.) 54, 59
グレイス（Grace, R. C.) 79, 80
群間比較法 38
クンルーサー（Kunreuther, H.) 128, 133

傾向説 105
結果 90
決定係数 41, 56, 59

ゲーテ（Goethe) 140
ゲーム 6
ゲーム理論 169, 170
嫌エッジ傾向 193, 197, 200, 203, 206
顕示選好理論 152
嫌リスク→危険回避的，リスク忌避的

高確率要請 77
高確率要請連鎖技法 76
公共財ゲーム 178
交差価格弾力性 37
口頭オークション 153
行動価格 12, 33
行動経済学 3, 11, 32
行動健康経済学 30
行動生態学 11
行動的意思決定（理論） 3, 156
行動的ゲーム理論 169, 170, 171
行動配分 26
行動分析学 2, 31, 69
行動モメンタム 69, 75, 78, 85
行動薬理学 42
購買行動 2
効用 11, 157
効用関数 28
好リスク→危険愛好的，リスク志向
合理的経済人 169, 178
合理的決定者 160
心の理論 182-184, 186
誤差モデル 118
互酬性 171-175, 178, 181
　強い── 179
個体内比較法 38
固定確率法 111
固定値法 111
固定比率スケジュール 33
古典的条件づけ 92
古典力学 75
好ましさ 11
五分五分 204
コミットメント 61
ゴールトン（Galton, F.) 117

コルモゴロフ（Kolmogorov, A. N.) 105
混合弾力性 36

サ　行

最後通告ゲーム 172, 179-183
財の価値 31
サヴェッジ（Savage, L. J.) 127
サーキットブレーカー 86
サーストン（Thurstone, W. P.) 133
サーティ（Saaty, T. L.) 164
サプライズ指標 111
サンクコスト効果 128
参照点 161
3色問題 126

シェフリン（Shefrin, H.) 60
時間割引 64
刺激-強化子随伴性 75, 76, 84
試行 39
自己拘束 20, 61
自己高揚 121
自己制御 2→セルフ・コントロール
事象間の共変関係 90
自信過剰 114
──の文化差 121
自信不足 114
指数関数 55, 58
持続 78
自尊感情 121
実験 7
実験環境 151
実験経済学 3, 54
実験的行動分析 31, 75
質問紙調査 194
実用的推論スキーマ 102
質量 75
支配戦略 146
支払い意志（額） 137, 150
4分位指標 111
自閉症 183
社会心理学 78

索引

社会的選好　169, 171, 172, 178
社会割引　24
シャクリー（Shaklee, H.）　97
自由オペラント型実験　39
終環　79, 83
集合知　108
囚人のジレンマゲーム　177, 183
収入同値定理　153
主観確率　105, 108
　——の導出　109
主観説　105
主観的価値　11
主観的期待効用理論　106, 127
主観的等価点　5
需要　33
　——の価格弾力性　34
　——の法則　37
需要関数　30, 32, 40, 47
需要曲線　33, 81
需要弾力性　79, 80, 84
消去　72
条件刺激　93
条件付協力　171, 178
証券取引市場　134
勝者の呪い　153
衝動性　19, 54
消費行動　36
消費量　33
情報処理のバイアス　116, 118
初環　80, 83
所得　36
処方的アプローチ　164
事例に基づいた判断　117
進化　100
神経経済学　181, 184
信号検出理論　114
心的努力　193
信用リスク　64
信頼ゲーム　174, 175, 182
信頼性　39

随伴関係　4
随伴性　89, 100, 101
　——の指標　92
　——の評定　95

随伴性学習　94, 102
随伴性判断方略　97
スキナー（Skinner, B. F.）　82
スコアリング・ルール　112
ズコウスキ（Zukowski, L. G.）　131

制御幻想　132
生息地マッチング　25
生態学的合理性　167
成分　70, 74, 79
セイラー（Thaler, R. H.）　61
セッション　39
セルフ・コントロール　2, 19, 54, 58, 61, 62
選好　12, 79, 83, 84, 151
選好逆転（現象）　20, 59, 148
先行給餌　72
線条体　184, 185
選択　2, 189
　——の推移性　18
選択行動　6
選択行動研究　10, 11
選択ジレンマ質問票　203
選択逃避　203
選択反応比　13
選択反応割合　13
前部帯状皮質　186
戦略的操作　142, 144

相関関係　100
双曲線関数　21, 55, 56-58
相互依存的状況　169, 177
相対的強化子効力　42
速度　75
測度　90
ソマティック・マーカー　165

タ 行

代替　37
代替財　37
代替性　27, 37
代表性ヒューリスティック　163
タイムアウト　86

多元スケジュール　70, 74, 79, 83
多肢選択肢　195
多変量ベキ関数　22
ダマシオ（Damasio, A. L.）　165
段階的要請法　78
弾力性　83
弾力的需要　34

チェン（Cheng, P. W.）　102
遅延割引　53, 62
　——の応用　62
　——の測定　54
遅延割引関数　53
力ずくゲーム　173
中心化傾向　191, 195, 197, 202, 203, 206
調整法　56

強い互酬性　179
強さと重みモデル　117

低確率要請　77
手がかり　90
テスト　196
デルファイ法　108

同一物間選択　189, 190
トヴェルスキー（Tversky, A.）　3, 117, 135, 160
等価点　54
投資　60
同時選択手続き　13
統制選好理論　152
島皮質　185
独裁者ゲーム　172, 182
独立　37
独立強化子　37
独立性公理　159
戸田正直　100
賭博者の錯誤　163
ドル・オークション　153

索引

ナ行

内側前頭前皮質　186
ナイト（Knight, F.）　104
ナイトの不確実性　105
難易効果　115

2位価格　153
2位価格オークション　57, 141, 150
2次確率分布　125, 130
2次性報酬　63
二者択一場面　12
2色問題　126
2値事象　90, 91
人間の随伴性学習　94
　──の基礎メカニズム　97
認識的確率　105, 106
認識的不確実性　107, 204
認知主義　103
認知的意思決定研究　11

ネヴィン（Nevin, J. A.）　71, 74 -76, 79, 80, 82
ネテルソン（Natelson, B. H.）　83
年金　61

脳内電気刺激　83

ハ行

バイアス　16, 117
バイアス矯正　166
パヴロフ（Pavlov, I. P.）　92, 93
パヴロフ型条件づけ　92-94
ハーシュ（Hursh, S. R.）　26, 80, 83
ハッキング（Hacking, I.）　105
ハト　74, 79
ハーンスタイン（Herrnstein, R. J.）　13
判断　110
　──の方略　97

事例に基づいた──　117
反応-強化子随伴性　75, 76
反応傾向　194
反応減少操作　71, 74, 81
反応行動分析　76
反応支出　42
反応支出関数　40, 42
反応スタイル　194
反応バイアス　193, 194
反応率　73, 76, 82

ピアソンの積率相関係数　91
非回帰的予測　117
非確信事例　97
比較性無知仮説　136
ヒース（Heath, C.）　135
非弾力的　80
非弾力的需要　34
批判的思考　100
非標準化需要分析　43
ヒューストン（Houston, A.）　23
ヒューリスティックス　100, 117, 163
標準化 O_{max}　45
標準化 P_{max}　45
標準化価格　45
標準化需要分析　43, 45
標準化消費量　45
標本サイズの無視　117
表明選好理論　152
比例尺度　91
頻度説　105

フィンドレイ（Findley, J. D.）　13
フィンドレイ型選択手続き　14
封印オークション　153
封鎖経済的実験環境　36, 48
フォローアップ　78
フォン・ノイマン（von Neumann, J.）　157, 165, 167
不確実性　4, 89, 104, 156
　──に関する不確実性　130
　ナイトの──　105
複合スケジュール　70

ブライア・スコア　112
フリードマン（Freedman, J. L.）　78
ブレイクポイント　42
フレーミング効果　160→枠組み効果
プレレック（Prelec, D.）　60
プロスペクト理論　3, 161
分割表　90
分別刺激　70

並立スケジュール　13
並立連鎖スケジュール　13, 79, 83
ベキ関数　16
ベースライン　71, 81
ベナルツィ（Benartzi, S.）　61
ヘロドトス　152
変化抵抗　69, 83, 84
勉強行動　66
変動時間スケジュール　72
扁桃体　185

報酬　53, 179, 181, 184, 185
報酬量　62
補完　37
補完財　37
補完性　27
ホーム・バイアス　135
ホリオーク（Holyoak, K. J.）　102

マ行

末端過剰　114
末端不足　114
マッチング関数　9
マッチング法則　10, 13, 26, 31, 73
マーフィー（Murphy, J. G.）　30

ミクロ経済学　3, 32

無差別　13
無条件刺激　93

索　引

無知性　104, 130
ムーンライティングゲーム　176, 182

名義尺度　91
メイザー（Mazur, J. E.）　58
メイス（Mace, F. C.）　77, 85
メカニズム・デザイン論　142

モルゲンシュテルン（Morgenstern, O.）　157, 167

ヤ 行

薬物中毒　65

有能感仮説　125, 135

予測過剰　114
予測不足　114

ラ 行

楽観主義　116

ラックリン（Rachlin, H.）　54, 55
ラット　81, 102
ランダム調整量手続き　56

リカート型の質問形式　194
リクテンシュタイン／リヒテンシュタイン（Lichtens-tein, S.）　113, 148
利己的バイアス　116
離散試行型実験　39
離散的な値の導出　110
離散分布　112
リスク　4, 104
リスク忌避的　158
リスク志向　158
リスク性　130
リスク・プレミアム　144
理想自由分布理論　25
利他的な罰　180
リチャーズ（Richards, J. B.）　56
利用可能性ヒューリスティック　113, 164

リンダ問題　117, 163
累進比率スケジュール　42
レスコーラ（Rescorla, R. A.）　93, 94
連言錯誤　117, 163
連合学習　96
連続的な値の導出　111

ローウェンスタイン（Loewenstein, G.）　60
ローネ（Roane, H. S.）　86

ワ 行

枠組み効果　160, 162
ワトソン（Watson, J. B.）　92
割引率　54, 59

編者略歴

坂上貴之（さかがみたかゆき）
1953年　東京に生まれる
1984年　慶應義塾大学大学院社会学研究科博士課程修了
現　在　慶應義塾大学文学部教授
　　　　文学博士

朝倉実践心理学講座 1
意思決定と経済の心理学　　　定価はカバーに表示

2009年11月25日　初版第1刷
2016年 2 月25日　　　第4刷

編　者　坂　上　貴　之
発行者　朝　倉　邦　造
発行所　株式会社　朝　倉　書　店
　　　　東京都新宿区新小川町 6-29
　　　　郵便番号　162-8707
　　　　電　話　03(3260)0141
　　　　FAX　03(3260)0180
　　　　http://www.asakura.co.jp

〈検印省略〉

© 2009〈無断複写・転載を禁ず〉　　シナノ印刷・渡辺製本

ISBN 978-4-254-52681-3　C 3311　　Printed in Japan

JCOPY　〈(社)出版者著作権管理機構　委託出版物〉

本書の無断複写は著作権法上での例外を除き禁じられています．複写される場合は，そのつど事前に，(社)出版者著作権管理機構（電話 03-3513-6969，FAX 03-3513-6979, e-mail: info@jcopy.or.jp）の許諾を得てください．

好評の事典・辞典・ハンドブック

脳科学大事典	甘利俊一ほか 編	B5判 1032頁
視覚情報処理ハンドブック	日本視覚学会 編	B5判 676頁
形の科学百科事典	形の科学会 編	B5判 916頁
紙の文化事典	尾鍋史彦ほか 編	A5判 592頁
科学大博物館	橋本毅彦ほか 監訳	A5判 852頁
人間の許容限界事典	山崎昌廣ほか 編	B5判 1032頁
法則の辞典	山崎 昶 編著	A5判 504頁
オックスフォード科学辞典	山崎 昶 訳	B5判 936頁
カラー図説 理科の辞典	山崎 昶 編訳	A4変判 260頁
デザイン事典	日本デザイン学会 編	B5判 756頁
文化財科学の事典	馬淵久夫ほか 編	A5判 536頁
感情と思考の科学事典	北村英哉ほか 編	A5判 484頁
祭り・芸能・行事大辞典	小島美子ほか 監修	B5判 2228頁
言語の事典	中島平三 編	B5判 760頁
王朝文化辞典	山口明穂ほか 編	B5判 616頁
計量国語学事典	計量国語学会 編	A5判 448頁
現代心理学［理論］事典	中島義明 編	A5判 836頁
心理学総合事典	佐藤達也ほか 編	B5判 792頁
郷土史大辞典	歴史学会 編	B5判 1972頁
日本古代史事典	阿部 猛 編	A5判 768頁
日本中世史事典	阿部 猛ほか 編	A5判 920頁

価格・概要等は小社ホームページをご覧ください．